以语用为取向的小学语文教学实践研究

天津市中小学教师继续教育中心　编

天津出版传媒集团

天津科学技术出版社

图书在版编目(CIP)数据

以语用为取向的小学语文教学实践研究 / 天津市中小学教师继续教育中心编. —— 天津：天津科学技术出版社,2021.12

(天津市中小学"学科领航教师培养工程"团队攻坚成果系列丛书)

ISBN 978-7-5576-9784-6

Ⅰ.①以… Ⅱ.①天… Ⅲ.①小学语文课－教学研究 Ⅳ.①G623.202

中国版本图书馆 CIP 数据核字(2021)第 273054 号

以语用为取向的小学语文教学实践研究
YI YUYONG WEI QUXIANG DE XIAOXUE YUWEN JIAOXUE SHIJIAN YANJIU

责任编辑:王　彤
责任印制:兰　毅

出版:天津出版传媒集团
　　　天津科学技术出版社
地址:天津市西康路 35 号
邮编:300051
电话:(022) 23332397 (编辑室)
网址:www.tjkjcbs.com.cn
发行:新华书店经销
印刷:天津午阳印刷股份有限公司

开本 710×1000　1/16　印张 19.125　字数 310 000
2021 年 12 月第 1 版第 1 次印刷
定价:128.00 元

目　录

小学语文统编教科书"习作例文"的使用策略

天津市南开区教师发展中心　杨慧莉

　　"习作例文"是统编教科书"习作单元"的一个重要组成部分。习作例文教学的有效与否,直接关系到习作单元整体教学效率的高低。目前,由于教师对习作例文定位不准,造成将例文当作略读课文来"教"的现状,削弱了"用"的功能。如何用好这一范例,提升习作单元的效率,是我们致力研究的课题。本文将结合习作例文的特点、功能定位、使用原则等,进一步探讨习作例文的使用策略。

一、对习作例文的整体认识

(一)习作单元的创新编排

　　统编小学语文教科书执行主编陈先云先生在全国教材培训会上指出:"统编教科书创新单元编排体例,以习作能力发展为主线组织单元内容,改变了传统的完全以阅读为中心的编排体系,在重视培养阅读理解能力的同时,引导语文教学更加关注表达,改变多年来语文教学实践中重阅读、轻习作的现状"①。具体到教科

---

①陈先云.统编小学语文教科书的体系构建、编排创新及育人价值[R].2018(6).

书,从第二学段开始,每册独立编排一个以培养习作能力为主线的习作单元。以落实习作单元整体设计,步步推进,最终达成习作目标的编写特点。

习作单元在编排上自成体系,具有整体性特点。每个习作单元的课文分精读课文、习作例文两类,精读课文更加注重学习文章的表达方法,习作例文进一步巩固、补充表达方法。其间,以“交流平台”的形式对本单元学习到的表达方法进行梳理和提示;“初试身手”提供片段练习或实践活动,让学生试着用学到的方法练一练。最后,在充分获得感性认识的基础上,学生掌握一定的习作方法,进行单元习作。

纵观整个习作单元,“习作例文”发挥着极其重要的作用。从编排上看,“习作例文”安排在“精读课文”“交流平台”“初试身手”之后,“习作”之前,承上启下;从内容上看,它既与精读课文互为补充,又发挥了指导习作的作用,强化了读与写的关联性;从功能上看,习作例文发挥着示范借鉴的作用。

(二)习作例文的特点

1.示范性:名家名篇示范引领,初步建立文体意识

统编教科书含八个习作单元,一共编排了 16 篇习作例文,分别围绕观察、想象、写事、写景、写物、写人、围绕中心意思写、表达真情实感八个习作要素展开。选文多为经过编者改编的名家作品,且涵盖了多种文体形式。这些选自名家名篇、不同文体的例文经过改编后,从文章立意、材料选择、篇章结构、段落安排、叙写方式、遣词造句等方面,都是学生学习写作的最佳范式,极具示范性,多角度、全方位地起到引领作用,解决了以往教科书中“有例无范”的问题。

表1-1　统编教科书习作例文内容编排

册次	语文要素	习作例文	体裁	作者
三年级上册	仔细观察,把观察所得写下来	《我家的小狗》 《我爱故乡的杨梅》	记叙文 散文	博·日哈 王鲁彦
三年级下册	发挥想象写故事,创造自己的想象世界	《一支铅笔的梦想》 《尾巴它有一只猫》	童话 童话	张晓楠 卢颖
四年级上册	写一件事,把事情写清楚	《我家的杏熟了》 《小木船》	记叙文 记叙文	周蓉

续表

册次	语文要素	习作例文	体裁	作者
四年级下册	学习按游览的顺序写景物	《颐和园》 《七月的天山》	游记 游记	袁鹰 碧野
五年级上册	搜集资料,用恰当的说明方法,把某一种事物介绍清楚	《鲸》 《风向袋的制作》	说明文 说明文	于功
五年级下册	初步运用描写人物的基本方法,具体地表现一个人的特点	《我的朋友容容》 《小守门员和他的观众们》	记叙文 记叙文	任大霖
六年级上册	从不同方面或选取不同事例,表达中心意思	《爸爸的计划》 《小站》	记叙文 记叙文	张婴音 袁鹰
六年级下册	选择合适的内容写出真情实感	《别了,语文课》 《阳光的两种用法》	散文 散文	何紫 肖复兴

从表 1-1 可以看出,围绕同一语文要素的两篇习作例文的文体基本一致,但也有个例。如三年级上册习作单元中两篇例文:《我家的小狗》记叙了"我"与小狗"王子"之间发生的有趣故事;《我爱故乡的杨梅》经改编后侧重描写杨梅特点。这两篇例文表达方式不同,一个记叙,一个描写,但都指向了"留心观察"这一语文要素。且两篇例文在内容上都选择了发生在作者身边的,需要细心观察才能有所发现的真实事件,并按顺序把事情的经过写得很清楚。如此安排,旨在帮助学生初步建立文体意识,了解不同的表达方式,同时让学生体会不同文体指向的是同一语文要素。

2.工具性:"旁批""习题"搭建支架,多元建构习作任务链

统编教科书的每一篇习作例文都配有课文旁批与课后习题。例文在富有启发的地方加以批注,指明习作中可以参考使用的方法、表达的规律;在值得探究处提出问题,引导学生深入思考并提供试练的机会。在"旁批"和"习题"的任务驱动下,学生通过真实的写作情境,让写作知识从抽象还原到具体,从呈现的静态走向操作的动态,最终实现独立阅读、分享交流、习得技巧。以五年级上册第五单元"把一种事物介绍清楚"为例,这个单元的精读课文《太阳》《松鼠》和习作例文《鲸》《风向袋的制作》都是说明文,后两篇习作例文的课后题和旁批梳理后如表 2。

表1-2 《鲸》《风向袋的制作》旁批和课后题

语文要素		搜集资料,用恰当的说明方法,把某一种事物介绍清楚	
习作例文	《鲸》	课后题:对照批注和课文内容,说说课文运用了哪些说明方法来介绍鲸的特点。	旁批1:"近四十吨重""约十八米长",用词非常准确。 旁批2:通过作比较、列数字,鲸的庞大就具体可感了。 旁批3:这段话具体描述了不同种类的鲸的食物类型和捕食方式。 旁批4:很形象地写出了鲸的呼吸。
	《风向袋的制作》	课后题:说说课文是如何把制作风向袋的过程介绍清楚的。	旁批1:首先介绍制作风向袋需要准备的材料和工具。 旁批2:用"第一""第二"等词语,有条理地写出了制作风向袋的步骤。 旁批3:运用列数字的说明方法,把制作过程写得更清楚。

由表1-2可以看出,两篇例文都是与学生言语水平非常接近的选文,但是言语风格不同。首先,从两篇例文的课后题来看,《鲸》一文更倾向于说明方法的掌握和运用,表达手法与本单元两篇精读课文一致,因此本篇例文适合学生自读自悟,进一步感受说明文的写法,并在习作中尝试运用;《风向袋的制作》更贴近学生的生活,是在前面的学习中没有涉及的说明文形式,所以本文能拓宽学生的视域,激发学生阅读和学写说明文的兴趣。其次,从两篇例文的旁批来看,《鲸》从旁批3、4可以看出例文对从鲸的种类、生活习性、形体特点等方面来介绍,注重说明方法的运用。《风向袋的制作》从旁批1、2可以看出更加强调有条理地表达。从旁批和课后题中,我们除了能深刻地感知写作对象不同、习作要求不同、写作知识所搭建的言语支架不同之外,还能感受到习作例文将写作知识呈现在两种不同类型的文章中,使其成为一个整体又互相补充,最终实现将学到的写作知识发展为"写作支架",成为学生聚焦中心、布局谋篇的工具和手段,充分运用到单元习作中。

3.系统性:系统呈现知识结构,聚焦落实语文要素

统编本小学语文教科书总主编温儒敏曾说:"和以往教科书比较,现在的编法是希望有一个系列,更能激发学生写作的兴趣,也比较有'抓手',比较方便教学实施[①]。"从习作的编排体系上看,习作知识的呈现是一个系统性的螺旋上升阶梯状,如图 1-1 所示。

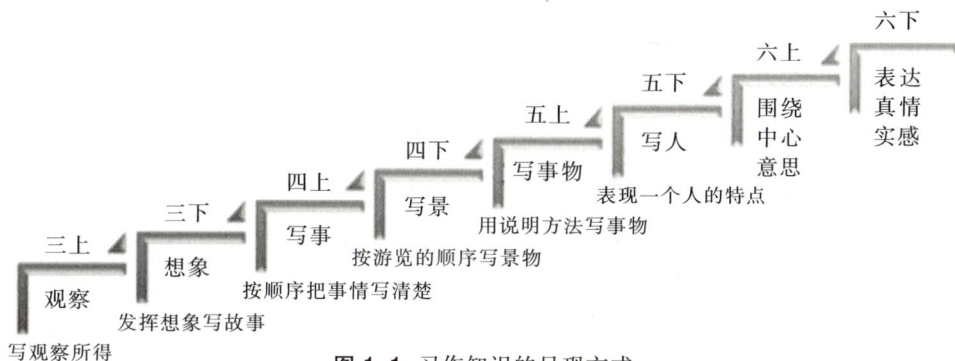

图 1-1 习作知识的呈现方式

（图中内容：）
六下　表达真情实感
六上　围绕中心意思
五下　写人　表现一个人的特点
五上　写事物　用说明方法写事物
四下　写景　按游览的顺序写景物
四上　写事　按顺序把事情写清楚
三下　想象　发挥想象写故事
三上　观察　写观察所得

　　这种有梯度的螺旋式上升,也体现在习作例文的篇幅、语言的变化上,比如三年级下册的习作例文篇幅较短,约 400 字,语言通俗活泼,基本上没有特别难理解的内容;到了四年级下册,篇幅加长至 600 字左右,多了一些较为生僻的字词;到了六年级下册,习作例文篇幅更长,有 1000 余字,在用词上也多了诸如"自修""老阳儿"等与学生生活有一定距离的词。

　　除此之外,习作例文在选择与编排上,也遵循了这一原则,所选例文与精读课文围绕语言要素,相互印证、彼此强化。例文的选择大都处于学生的最近发展区,是学生可以够得到、摸得着的参照样本。

　　如四年级上册习作单元"了解作者是怎样把事情写清楚的",学生学习两篇精读课文《麻雀》《爬天都峰》后能明确"写一件事,要把事情的起因、经过和结果写清楚"。两篇习作例文《我家的杏熟了》《小木船》都是学生生活中真切发生的事情,学生自然而然在读文中产生共情。《我家的杏熟了》写了奶奶给小伙伴分杏的事,按照起因、经过和结果的顺序记叙得很清楚;《小木船》重点写了"我"和陈明友谊破裂及和好的过程,里面也暗含着事情的起因、经过和结果。可见,学生已经在精读课文的学习中掌握了"写清楚"的方法。这时候,就可以放手让学生自学这部分,将学习的重点放在《我家的杏熟了》是怎么把奶奶"分杏"这件事写清楚的;《小木船》中尽管"我"和陈明的矛盾持续了很长一段时间,为什么课文只用"转眼几个月过

[①]温儒敏."部编本"语文教材的编写理念、特色与使用建议[J].课程·教材·教法,2016(11):11.

去了"一句交待。学生的习作能力在系统性的单元学习中不断强化,明确写一件事不仅要注意把事情的起因、经过和结果写清楚,还要能够将重点部分写清细节,不重要的部分简单写,做到有详有略。

(三)习作例文的使用现状

明确了习作例文的特点,再来看看习作例文的使用现状。在实际教学中,习作例文在单元教学中处于"尴尬"境地。从教师问卷调查来看,44.74%的教师认为习作例文的核心作用是综合呈现本单元学习的写作方法。这一理解虽然关注了语文要素,但也把习作例文定位得比较窄。这种定位使习作例文与课文的功能有很大程度的重叠。在使用例文时,55.79%的教师将其理解为在习作前教学,占比最高,这一理解也较为片面。许多教师认为习作例文的主要作用是综合呈现本单元学习的写作方法,对它的定位较为简单;大多在单元习作前进行教学,使用手段较为单一;课堂教学与略读课教学相似,教学侧重点有所偏颇;重视习作前、习作后的指导,轻视习作中的有效帮扶。教师的这些认识,造成了将习作例文当作课文来"教"的现状。

从学生问卷调查来看,对于"在课上如何学习习作例文?",有28%的学生当作精读课文来学,50.1%的学生当作略读课文来学,14.7%的学生大部分时间自己读,7.2%的学生选择其他。对于"习作课上,你一般会在什么时间使用习作例文?",习作前使用占30.1%,习作中使用占45.8%,习作后使用占9.5%,不使用占14.6%。对于"你觉得习作例文的作用是什么?",23.1%的学生认为是范文,照着写就行;23%的学生认为提示了单元习作的要点;53.9%的学生认为拓宽了写作的思路。

比较来看,学生在习作中使用例文的占比最高,且大部分学生认为习作例文拓宽了习作的思路。这就不得不让我们深思:在习作单元的教学中如何以学定教,顺学而导,按需指导。因此,我们在习作例文的使用上要找准定位,建立"用"的意识,把例文转化为完成单元习作的支架,解决习作教学的重难点。在此过程中,培育学生的核心素养,发展语用能力,让学生更加轻松地欣赏、评价、修改作文。不仅学会写作,而且在语言表达、审美和思维能力上也有所提升。

二、习作例文的功能定位

要找准例文在习作单元中的定位,首先要明确习作单元的整体目标,并与学生的习作能力衔接,进而才能准确地制订出适合学情的习作例文教学目标。王荣生博士根据选文功能及功能发挥方式,将教科书中的选文划分为"定篇""例文""样本""用件"四个基本类型①。笔者认为,习作例文不能简单地归为其中的某一类。因为在不同的教学时机,习作例文是有不同的功能定位的:基于驱动性任务,习作例文应发挥"例文"的作用,重在习作方法及策略的示范;基于学生习作的关键步骤,习作例文应发挥"用件"的作用,重在选材、构思及表达上的借鉴使用;基于学生习作成果,习作例文应发挥"样本"的作用,重在与文本交往中"生成"写作方法。

(一)紧扣教科书,明确单元目标

统编教科书的习作单元每部分都承担着相应的习作功能,但同时又集中指向单元的语文要素。教学时,要紧紧围绕培养学生习作能力这条主线,明确单元的教学目标,将单元学习材料作为一个整体开展教学。

以统编小学语文教科书五年级下册第五单元为例,单元语文要素是"学习描写人物的基本方法",习作要求是"初步运用描写人物的基本方法,具体地表现一个人的特点"。围绕上述语文要素和习作要求,本单元安排了《人物描写一组》《刷子李》两篇精读课文和《我的朋友容容》《小守门员和他的观众们》两篇习作例文。这些文章中的人物形象鲜活,作者运用了多种描写人物的方法,突出了人物的特点。如《摔跤》生动刻画了小嘎子的一连串动作,表现了小嘎子的机灵;《他像一棵挺脱的树》细致描写了祥子结实健美的身体,表现出祥子旺盛的生命力;《刷子李》写了曹小三在观察师父刷墙时发生的心理变化,侧面反映出刷子李的高超技艺。两篇习作例文通过借助旁批及课后题,指导学生进一步明确如何运用描写人物的基本方法,具体地表现一个人的特点。结合本单元的语文要素,"学习描写人

---

① 王荣生.语文科课程论基础[M].北京:教育科学出版社,2014:295-345.

物的基本方法"就成为本单元教学的重点,成为单元教学的整体目标,进而在本单元各部分的教学中都要围绕这一目标展开。明确了单元目标,才能充分发挥"习作例文"综合呈现本单元学习的写作方法,以及供学生从不同角度进行模仿借鉴,帮助学生拓宽习作思路,同时提供评价习作范本的作用。

(二)关注衔接,找准例文目标

统编教科书习作单元的编排从观察、想象到写事、写景、状物、写人,凸显了学生习作能力的逐步提升。教科书三至六年级共涉及写人类型的习作8篇,习作要求各有侧重。从三年级的"写出人物特别的地方"到四年级的"从几个方面介绍人物特点",再到五年级的"选择典型事例突出人物特点""初步运用描写人物的基本方法具体地写出一个人的特点",习作能力点清晰明确,能力训练层层递进,难度要求螺旋上升。如五年级下册第五单元首次提出"初步运用描写人物的基本方法",对学生而言有一定的难度,而习作例文通过旁批和课后题,提示学生关注范例片断包含的写法。下表是归纳出的《我的朋友容容》和《小守门员和他的观众们》两篇习作例文的习作能力点。

表1-3 习作能力点分析

能力点		初步运用描写人物的基本方法,具体表现一个人的特点	
习作例文	《我的朋友容容》	课后题:默读课文,结合批注,想一想课文是怎么写容容这个人的,这样写有什么好处。	旁批1:课文细致地描写了容容的动作,表现了她取报纸的不容易。 旁批2:容容一天没有取到报纸就发脾气,这个事例体现了她"忠于职守"。 旁批3:容容追问"我"的话,显露出她的天真、好奇。 旁批4:容容的动作、神态和她忍不住告诉"我"的话,突显了她的可爱。
	《小守门员和他的观众们》	课后题:默读课文,说说课文是怎样通过对小守门员和观众的外貌、动作或神态的描写,表现出人物的不同特点的。和同学交流,哪个人物给你的印象最深。	旁批1:课文对小守门员穿着的描写,符合他的身份;对他动作、神态的描写,表现出他是个尽责的守门员。 旁批2:课文描写了观众的外貌、动作或神态,表现了他们不同的特点。

从表中可以发现,两篇例文从不同角度示范了写人的方法。《我的朋友容容》四处批注,重在引导学生关注课文是怎样写容容这个人的。《小守门员和他的观众们》两处批注,提示了对人物外貌、动作和神态等的描写及其表达效果。课后题引导学生结合批注,进一步体会具体表现人物特点的方法。由此,结合单元目标和学生已有习作能力,可以制订本单元习作例文的教学目标:能结合例文和批注,进一步感知写人的具体方法,并学习运用例文写人的方法。

三、习作例文的使用原则

教学原则是有效进行教学必须遵循的基本要求和原理,对教学中的各项活动起着指导和制约的作用。教师在教学中只有正确地贯彻教学原则,才能更好地引导学生的学习,使学生的身心和素养获得发展。习作例文在使用过程中,提出三条教学原则,包括过程性原则、自主性原则和创造性原则。

(一)过程性原则

"过程"在现代汉语词典中的解释为"事情进行或事物发展所经过的程序"。任何事物的发展都需要经过一定的过程,过程是通往目标的必经之路。《义务教育语文课程标准(2011 年版)》(以下简称《课程标准》)关于习作教学实施建议部分提出:"习作教学应抓住取材、立意、构思、起草、加工等环节,指导学生在写作实践中学会写作。重视引导学生在自我修改和相互修改的过程中提高写作能力[1]。"基于此,习作例文的使用应贯穿在学生的整个习作过程中。可以在习作前使用,用作模仿借鉴的材料;在习作中穿插使用,用作完成习作的支架;在习作后使用,用作习作的对照材料。教师要针对学情,合理统筹教学环节,适时使用习作例文,达成习作教学目标。

---

[1]中华人民共和国教育部.义务教育语文课程标准(2011 年版)[S].北京:北京师范大学出版社,2012:22.

(二)自主性原则

统编小学语文教科书执行主编陈先云先生指出:"教师教学时需要了解学生的已知是什么,在学习过程中还需要关注学生真实的学习状态,根据学生的学习状况、认知水平和发展的需要,把教科书中对学生来说最有价值的学习内容提炼出来[①]。"因此,对于习作例文的教学,教师要明确学生的学习"起始点"、能力"增长点"。在写作的过程中,每一个步骤都可能会遇到困难,"习作例文无论内容还是形式,都具有示范性,对学生习作是极好的引领,同时也是评价的标尺"[②]。教师要充分激发学生学习的自主性,引导学生结合自己遇到的困难,从选材、构思、格式、结构、修辞、写法等多个角度,有选择地借鉴模仿习作例文。

(三)创造性原则

"创造"即在原有内容基础上进行创新。《课程标准》关于习作教学实施建议部分提出:"在习作教学中,应注意培养学生观察、思考、表达和创造的能力。为学生的自主写作提供有利条件和广阔空间,减少对学生习作的束缚,鼓励自由表达和有创意的表达。"教师要从传统的教学理念中跳脱出来,树立以学生为主体的教学理念。激发学生学习的内驱力,逐步养成积极主动的学习态度,探究思考,合作学习,形成创造性的学习效果。因此,在习作例文的使用上,同样提倡创造性使用。习作中,学生根据习作需求有选择性地使用例文;习作后,在和例文的对比中不断完善与创新,在与同伴互相写批注的过程中进行创造性实践。

四、习作例文的使用策略

如前文所说,习作例文是学生进行习作实践的重要参考资源,在方法、构思、篇章结构等方面为习作的顺利开展提供支架和借鉴,应该在教学的各个环节充分

[①]陈先云.新教材、新理念、新方法(全国第三届小学语文青年教师赛课专家评课)[R].2018(10).
[②]陈睿.习作例文"教什么""怎么教"[J].教育视界,2020(11):9.

发挥其引导作用。下面以五年级下册为例谈谈习作例文的使用。

(一)基于任务驱动,发挥"例文"功能

"例文"的含义源于语文教育前辈夏丏尊先生对语文课程的看法。他认为所谓的"例文",即是说明"共同的法则"和"共通的样式"的例子。就统编教科书习作单元而言,习作例文即是说明"语文要素"与"习作要求"的例子。习作前,教师要引导学生阅读例文和批注,梳理例文的习作方法,深入体会单元语文要素与习作要求。

"选取人物的典型事例"是五年级下册习作单元的重点,习作例文为学生提供典型事例选取的参考范例。教学中,首先让学生带着"如果让你写一个人,要具体表现这个人的特点,你准备怎么写"的问题阅读两篇例文,从例文中习得对自己习作有帮助的方法,再进行交流,教师可及时借助批注进行指导。如《我的朋友容容》选取了两件事来写人物的特点。教师可结合第二处批注"容容一天没有取到报纸就发脾气,这个事例体现了她'忠于职守'",引导学生发现:选择典型事例才能表现人物特点。接着,可以让学生结合第三、四两处批注思考:例文写的另一件事是什么?表现了容容怎样的特点?学生通过阅读例文和批注,明确了另一件事是容容给"我"寄信,运用语言、动作和神态描写表现容容的天真可爱、好奇心强。最后,教师可结合课后题,让学生结合批注,想一想课文是怎么写容容这个人的,这样写有什么好处。这样,学生对"选择典型事例表现一个人的特点"有了更加直观、真切的感受。《小守门员和他的观众们》选取了足球比赛的一个场景,描写了众多人物的外貌、动作等,为学生拓宽了选材思路。教学中可引导学生将两篇例文进行比较,发现例文在选材上的不同点。

"描写主要人物的语言、动作、外貌、神态、心理"是本单元习作的另一个重点,教科书用大量的批注指出习作例文对人物描写方法的运用。教学中,可以让学生自主学习,细化批注内容,圈画出对自己习作有帮助的人物描写。如以下教学片断:

师:除了在精读课文中学习了人物描写的方法外,习作例文又能给我们带来哪些帮助呢?请同学们翻开 78 页,默读这两篇例文,一边读一边结合书上的批注圈画出值得学习的内容(学生自读,并圈画)。谁来说一说。

生:《我的朋友容容》第2自然段中"……容容总是搬着椅子,爬上去,踮起脚,从大门口的邮箱里取出报纸来,然后……"这一段中"搬着椅子、爬上去、踮起脚、取出、奔来"的动作描写,让我感觉容容取报纸很不容易。

师:没错,这一系列的动作描写特别细腻,突出了人物特点,更能体现容容的忠于职守。

生:《我的朋友容容》第6到15自然段是语言描写,写出了容容的天真、好奇。比如,"信是什么""那么我也可以寄信给好朋友吗""就拿这样的信封寄吗",读起来很有意思。

师:言为心声,这是容容和"我"之间的对话,细致的语言描写也是表现人物的好方法。

生:《小守门员和他的观众们》第2自然段"看那个留平头的小守门员,他身穿深蓝色运动服,浅蓝色短裤,脚穿运动鞋,戴着手套"写了小守门员的外貌。我感觉他是一个专业守门员。

师:对了,透过小守门员的衣着,我们马上就可以知道他的身份。

生:我补充一下,第2自然段"只见他分腿弯腰,上身前倾,目光警惕地注视着前方,膝盖磕破了也毫不在意……"我觉得他膝盖磕破了也坚持比赛,他很尽职尽责。

师:你捕捉到了小守门员的动作和神态,将神态描写和动作描写结合在一起往往能非常生动地呈现出人物当时的样子,突出人物的特点。你也可以尝试表现你笔下的人物。

生:我发现文中3、4自然段还描写了观众的外貌、动作和神态。这让我想到了《刷子李》中的侧面描写。

师:好,你能把精读课文的学习收获迁移到习作例文中,了不起!文章中简单写一写身边其他人的外貌和神态,也能侧面表现比赛的精彩,表现人物特点。

师:大家的收获可真不少,那我们是不是一股脑把所有的人物描写方法全用上,就能把文章写好呢?

生:不是,要选取最能表现人物特点的方法。

师:对,和选择典型事例一样,选择描写人物的方法也要根据人物的特点来定。

以上这个教学片段中,学生根据自己的阅读感受,交流习作例文带给自己的启示,如在阅读《我的朋友容容》这篇例文时,学生通过"搬""爬""踮""取出""奔来"等一系列动作描写,体会她的忠于职守;透过"这是什么""信是什么""那么我也可以寄信给好朋友吗""就拿这样的信封寄吗""到哪儿去寄呢"等一系列语言描写,体会出了容容的好奇心强、天真可爱。在阅读《小守门员和他的观众们》这篇例文时,通过"他身着深蓝色的运动衣,浅蓝色的短裤,脚穿运动鞋,戴着手套"这一系列的穿着描写,明确了小守门员的身份;发现了观众的外貌动作描写,表现了人物不同的特点。这个环节充分发挥了学生的主观能动性,他们在圈画词句的同时,进一步明确了如何运用多种描写方法,把人物特点写具体,使人物的形象更加鲜活,进而在自己的习作中尝试运用。

(二)基于关键步骤,发挥"用件"作用

习作教学中的例文不是"学材",而是"用件"。所谓"用件",是指这些例文不是让学生去阅读的,而是在习作中借鉴例文的某些内容去完成"与该选文或多或少有些相关"的任务。教师在组织学生写作时,尤其要发挥例文作为"用件"的功能和作用。

1.借鉴例文,完善"初试身手"

五年级下册第五单元"初试身手"安排了两项活动,旨在引导学生运用写人的方法进行实践,通过实践进一步感受"具体表现人物特点的方法",为单元习作打下基础。教师可指导学生借助例文修改、完善自己的习作,最终完成单元习作任务。学生在"初试身手"的练笔中,有的写同学,有的写家人。他们借鉴例文的写法,基本能够运用人物描写的方法写出一位同学课间十分钟的表现或列举出较为典型的事例表现家人的性格特点。在教学过程中,可组织学生围绕单元重点进行评议。针对学生习作片段中存在的问题,借助例文进行修改。如在描写动作时不能准确使用动词,可提示学生阅读例文《我的朋友容容》中对容容取报纸时的动作描写,并结合批注感受其表达效果;描写家人特点只罗列事例,忽视记叙顺序,可以参照例文《我的朋友容容》的习作思路帮助学生梳理出典型事例的叙述顺序及叙述重点,从而为学生搭建支架,为完成单元习作奠定基础。

2.借鉴例文,完善单元习作

学生在完成本单元习作任务时已经明确了文章选材,也学习了运用人物描写表现人物特点的方法,但在习作中很可能在安排典型事例,谋篇布局时遇到困难。此时,习作例文的篇章结构就可以拿来借鉴。例如《我的朋友容容》一文按时间顺序结构文章,先写"一天没有取到报纸就发脾气",再写"给我'寄信'",用"有一天""不料过了一天"这样的短语串联起两件事。用"每天早上"几个字引起下文、写容容拿报纸的样子等写作方法,都可以拿来借鉴。《小守门员和他的观众们》一文在描述众多人物的过程中,作者采用了分段表述的方式,使文章更加清晰、易读,也为学生习作提供了方法。教学中,笔者结合课后题引导学生就"文中哪个人物给你留下的印象最深,为什么"这个问题展开讨论,边讨论边批注,合理梳理出例文《小守门员和他的观众们》的结构图。

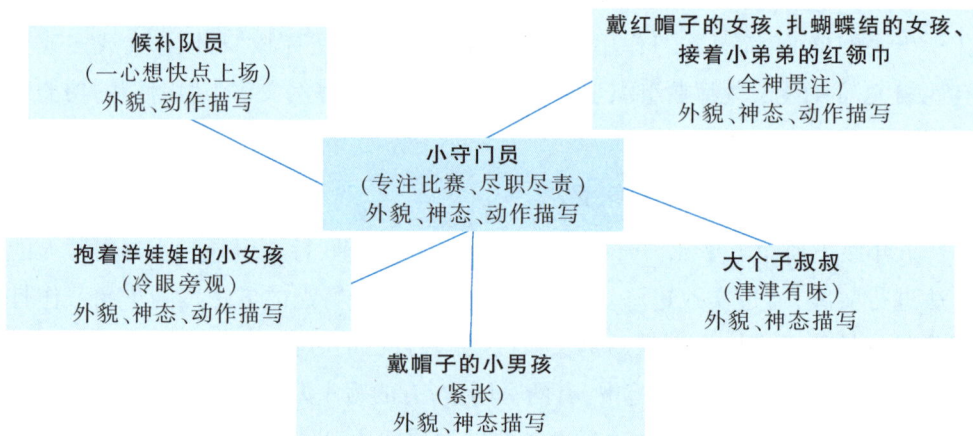

图 1-2 《小守门员和他的观众们》结构图

从结构图可以发现:小守门员作为场景中的主要人物,通过对他和观众们的外貌、动作、神态描写,表现出了人物的不同特点。

(三)基于习作成果,发挥"样本"作用

"样本"体现了和"例文"不同的学习观,"样本"的教学内容是在学生与文本对话的过程中动态生成的。依照笔者的理解,当我们把习作例文理解为"样本"时,学

习就不再聚焦于"语文要素",而是要把注意力转向"样本"本身。"样本"是一类文章的"样品",理解了这一个"样本",与之相关的能力和方法也就随之生成了,触类旁通就有了可能。就习作单元而言,理解习作例文这个"样本"的关键不在阅读,而在写作,因此要在学生经历了习作之后,再看例文,才能发挥其作为"样本"的作用。具体地说,可以有以下两种使用策略。

1.对照例文,批注同伴习作

当完成习作后,学生可以根据例文中批注的提示,对组内同伴的习作进行批注,以此促进学生深入思考。可以仿照例文中的批注,围绕单元目标对同伴的习作进行批注,关注同学的习作是不是具体地表现了人物的特点。如果没有,可以借助例文给出改进的建议。在"对照例文,批注习作""借助例文,给出建议"的过程中,学生依据自己的经验与习作例文进行了对话,会随之生成许多"写作知识",从而对"具体表现人物特点"产生更加清晰的认识。

2.借助例文,解决共性问题

教师在讲评习作时,还可以借助例文对学生存在的共性问题进行二次指导。就本次习作而言,一个普遍的问题是"为描写而描写"。学生虽然运用了人物描写的方法,但并没有突出人物的特点,反而显得画蛇添足。如,有一位同学写了一篇名为《小书虫》的作文,一开始就进行了大段外貌描写。这种以外貌描写开篇的"套路"在小学生习作中很常见。如:

我们班有一个"小书虫"——润泽。为什么他有这个"名号"呢,让我来告诉你吧。

润泽长着一头乌黑的头发,一对浓浓的眉毛,一双水汪汪的大眼睛,像两颗黑宝石。眼睛下面的鼻子小巧玲珑,最有特点的是一张小嘴巴,红红的嘴唇像涂了口红,非常可爱。

润泽非常爱看书,特别是科学知识的书,令他爱不释手。无论什么时间,只要他闲下来,就会捧着书津津有味地看起来。下课了,教室里热闹极了,可是润泽却静静地坐在座位上,认真地看书。过了一会,上课铃响了,可他还在专心致志地读书,一直到老师过来提醒,才充满不舍地把书合起来。

......

针对这种情况,教师请学生再次阅读《我的朋友容容》这篇例文,看一看例文

的开头有没有介绍容容的外貌,写一个人是不是必须在开头写外貌。学生通过交流,达成共识:在《小书虫》这篇习作的开头加入的外貌描写与要表达的中心没有关系,所以没有必要,要删掉。教师顺势启发:"到底哪里需要加入细致的描写,更能突出'小书虫'的特点呢?"学生们通过讨论,发现3处地方值得加入细致的描写,从而突出"小书虫"的特点。找到准确位置,该怎么改呢?教师再次带领学生回顾课文和例文的相关句段并指导学生修改。教学片段如下:

师:同学们,大家读一读《小书虫》的前三个自然段,你觉得有没有写出人物特点?

生:第三自然段写出了润泽爱看书的特点。

生:第二自然段的外貌描写跟"小书虫"没有太大的关系,放在哪篇作文中都可以。

师:对,这样的外貌描写在这次习作中还不少呢!大家再读读两篇例文,看一看例文在哪里加入的外貌描写。

生:《我的朋友容容》开头没有外貌描写,文中有很多神态描写,写出了她的天真、可爱。

生:《小守门员和他的观众们》第二自然段运用了外貌和神态描写,展现了小守门员的身份和他的尽职尽责。

师:看来,外貌描写要符合人物特点,并不一定在文章的开头,否则就是画蛇添足了。再看这篇《小书虫》吧,到底哪里需要加入细致的描写,更能突出"小书虫"的特点呢?

生1:我觉得第二自然段修改为"润泽小小的鼻子上架着一副黑框眼镜,文质彬彬的,活脱脱的一个小书虫",就能够体现他的身份和爱看书的特点了。

生2:我认为第三自然段可以加上看书时的神态,"下课了,教室里热闹极了,他却一个人坐在书桌前一动不动,眼睛盯着手中的书,不时还咧开嘴笑了笑,沉浸在书的世界,丝毫不受外界的干扰"。

生3:上课前这一部分,还可以加上语言描写,"上课铃响了,润泽还在盯着手中的书。老师走到了润泽身边,轻轻拍了拍他的胳膊,润泽竟然嘟囔起来:'别烦我,这段介绍可有意思呢!'同学们顿时哈哈大笑,润泽吃了一惊,抬起头来看到老师,飞速地把书收到书箱里,不好意思地趴在书桌上。老师叹了口气,说:'你呀,可真是个小书虫！'"

　　师：同学们在这三处添加了细致的描写，一个"小书虫"的形象生动地呈现在我们面前。大家看看自己的习作，再对比例文进行修改吧！

　　这个教学片段中，学生通过自主阅读、交流修改，达成了共识：对人物的描写一定要细致，要符合人物的特点，才能让人物鲜活起来，才能在读者眼前呈现出画面感。教师顺势提出对比例文修改自己的习作。这样的习作指导，教学效果很好。

　　综上所述，对于"习作例文"的教学，教师应该遵循统编教科书的编写理念，明辨"用"例文而非"教"例文的概念。对此，我们在教科书的实施过程中更应该深度研读教科书内容，了解编者意图；基于学生的习作需要，用好例文；注重不同学段间的关系与衔接，循序渐进地提升学生的写作能力。以实现学生从"学语文"到"用语文"的转变，全面提升学生的语文素养。

基于读写平衡的习作单元整体教学模式研究

天津市东丽区教师发展中心　朱家军

对于统编教材的实践,人教社小学语文教学专业委员会理事长陈先云这样说:"用新教材,就一定要用新教材的理念来教,一定要转变观念。不然,这套教材有可能被教得一塌糊涂。"这句话在提示每一个语文教师,要把握统编教材编写特点,顺应创新点去设计适合新教材的教学方式,提升统编教材课堂教学的有效性。

统编教材创新点很多,"读写并重"是一大特点,其表现形式在"双线组元"的单元结构形式及其内容的编排上。这是第一个把阅读和表达放在并重地位的教材,而且单元内容间彼此关联密切,互相作用,阅读中蕴含着表达的技巧,习作表达的时候需要运用习作技巧的支撑,这意味着教师在单元教学时,要运用指向于写作的阅读理念,在教学中注重单元内容间的融合,注重读写结合,以读促写,有目的地读,有效率地写,让阅读为写作服务,读写间趋于平衡,避免"一头沉"。"读写并重"特点还表现在教材册次间与一册单元间读写内容的统筹安排,既设计了阅读策略单元提升阅读能力,还设有特殊习作单元和普通习作单元提高习作素养,内容安排上明显体现读写均衡的特点。教材紧紧围绕儿童主体与语文本体两个关键要素,构建了符合语文学科基本规律,又适合学生身心发展特点的语文能力发展体系,在重视培养阅读能力的同时,加大语言表达能力的训练,特别是书面表达在教科书安排上比重明显增加,达到阅读理解和语言表达内容上的均衡。内容上"均衡",其实是为教学达到阅读训练与写作训练的一体化设计,促进阅读能力训练与习作能力训练的一种平衡。教学时需要勾连学生能力发展的横、纵向联系,将阅读要素转化为习作要素,以读促写,写后再读,在读写平衡中落实语文要素,提升写作能力。

读写平衡也叫"平衡读写",源于美国小学"平衡读写"教学模式,含义为通过朗读、分享阅读、指导阅读、独立阅读、单词学习和习作这六个教学组成部分,实现英语教学从教师指导学习向学生自主学习的转移。学生能养成良好的阅读习惯,提高阅读能力,形成分解单词、分析语言结构的能力,并将所学运用到写作中,达到与他人交流信息、沟通想法的目的①。同是语言类学科,语文单元整体教学的最终目的也是通过对单元内容的融合,创造各种语文活动,达到习作技能的提升,完成单元佳作,使读写达到平衡的境界。

在对特殊习作单元与普通习作单元整体教学研究的过程中,我们在努力使学生阅读的需求和习作的需求趋向一致。特殊习作单元在导读页明确提出了重要训练点,单元各栏目的安排也与训练点一脉相承,加强整体教学,使读和写进行无界融合、无缝对接。普通习作单元中,最后的单元大作文要求仍与单元导读中的语文要素有密切关系,亦可以对单元内容有的放矢地进行整体设计。教材这样设计的目的,就是希望教师执教时,能充分利用这个特点,统整盘活各个栏目,设计适切教学模式与策略,去解决小学习作教学效率这个语文教学的瓶颈问题,寻求阅读训练与写作训练间的平衡。

因此,基于读写平衡的单元整体设计既是对统编教材设计理念和编排特点的融会贯通,也是促使学生主动获取习作技能,写出佳作的主要策略。只有对"双线组元"的单元内容逐一"透视",明确单元训练任务,统筹兼顾课文、课后题、读写训练等各项内容的教学价值取向,找准读写教学的平衡点,以单元整体教学活动进行读写平衡教学,才能使读为写服务,使写反哺于读。

---

①张雪薇.英语广场[J].学术研究,2014(8):138-140.

一、"透视"单元内容间的关系,探寻读写教学的平衡点

凡事要透过现象看本质,才能把握规律,促进事物良性发展。教学亦是如此,单元教学内容呈现在教材中,不经研读,不经"透视",就不能发现其教学的价值,直接影响教学设计的架构与效果。

教材执行主编陈先云指出:"学生在学习习作单元之初,教师要让学生明白,本单元学习主要是写一篇习作,单元中各项内容都是围绕此次习作编排的,各项内容之间环环相扣,体现了语文学习的整体性和综合性。"既然是一个不可分割的整体,教学的时候就不应碎片化去教学,而应透过内容的安排看到栏目内容之间内涵的统一,再做统整融合式教学设计。

"写一篇习作"所需的方法就是这个单元整体设计的平衡点,这个平衡点就是阅读训练与写作训练的"交点"——写作技能。平衡点哪里来?需要对单元内容进行"透视",寻找训练的"交点",学生在学习活动的驱动下,逐渐靠近"交点",才能使训练达到平衡,得到习作技能,写出作文。下面就统编教材中普通单元、特殊习作单元以及教材中的读写实践训练来谈谈平衡点的确定。

(一)"透视"普通习作单元中的读写平衡点

普通习作单元也在导读页上明确提出了阅读要素和习作要素,突出语言学习的实践特征,更体现了由阅读方法向习作技能转化的特点。一般通过两方面体现单元平衡点。

1.在单元要素间找平衡点

单元语文要素并不都是读写的平衡点,需要进行整合提炼,找到读写的契合点。有的契合点很容易找到,有的就需要进行分析提炼。例如,三年级上册第六单元是一个普通的阅读单元,人文要素是以一首诗歌中的语言呈现的:祖国,我爱你。我爱你每一寸土地,我爱你壮美的山河。言外之意就是本单元内容都是体现祖国河山之美,教育学生热爱祖国山河,体现社会主义核心价值观。语文要素包括两个方面,阅读要素是借助关键语句理解一段话的意思,习作要素是试着围绕一个意思写,读写要素间相契合的平衡点就是学会围绕中心意思构段。这就是把读转化为写,把阅读能力转化为习作能力,在语文要素间找到了平衡点。再如,三年级下册第四单元,人文主题为"自然界如此奇妙,留心观察,会有新的发现",语文要素是借助关键语句概括一段话的大意。习作要素是观察事物的变化,把实验的过程写清楚。语文要素是提升学生概括段意的能力,习作要素要求把实验的过程写清楚,表面看找不到读写平衡点,但其实细琢磨,实验的每个步骤都需要用关键句来写出特点,所以读写要素间的平衡点为在实验的过程中写好关键语句。

2.在单元内容间找平衡点

走进单元栏目中的内容,读写训练无处不在。阅读内容和写作内容在分布上是几乎均等的,平衡点需要通过多个语文活动来逐步靠近,使读写趋于平衡。我们还是来看三年级上册六单元,一部分是阅读内容,安排了四篇描写阴晴旦夕、草木虫鸟的文章,如《古诗三首》《富饶的西沙群岛》《海滨小城》《美丽的小兴安岭》。而写的训练更是如影随形,步步跟进。

首先就是课后题中体现读写平衡点——段中体现中心意思。比如,《富饶的西沙群岛》课后的小练笔:从下面的图中选择一幅,写几句话。这个训练不单单是简单写几句话就可以,而是需要将单元阅读要素转化成习作要素,符合构段的特点。先写关键句,再围绕关键句写清内容,做到段落紧凑完整,中心明确。再如,《美丽的小兴安岭》一课,书后选做题:你的家乡哪个季节最美?为什么?写一段话和同学交流。课文写的就是小兴安岭一年四季之美,每个段落中并没有像前两课中出现的围绕关键句写一段话,这个时候需要同学们仿照课文的写法进行练笔迁移运用,用关键句或者不用关键句都可以,但是一定要把季节的特点表达出来,这又是一个读写平衡的练习。

其次是单元作文体现读写平衡点——在作文中体现围绕关键句构段。本单元的习作要求是:这儿真美。同样是针对所有阅读课后的一个大作文练笔实践,从整个单元角度考量,又体现了整体上的读写平衡。在"交流平台"中,我们看到这样一句话:我们习作的时候,也可以学着这样写。这明显提示是将阅读要素转化为习作要素,促进学生习作中迁移运用。"这样"就是指前面两个小朋友交流的有关阅读要素的作用:开头的关键句和后面所写的内容是契合的,可以帮助学生快速概括

段意。关键句不一定在开头,有可能在中间和结尾,阅读时要找一找。关键句可以提升概括段意的速度,促进阅读能力的提升。"这样写"是指单元习作中为了写清楚、写明白,易于读者理解,就要运用"围绕关键句去写一段话"的方法写自己喜欢的身边的美景。

再有,读写结合的平衡点还体现在"语文园地"的"词句段运用"中——怎样围绕关键句写话。一是看词语想画面,写句子。这个词语明显是关键句中的核心词语,所写句子要与这个核心词语相契合,才能把这一段话写清楚,写明白,写得完整而紧凑,此训练跟语文要素紧密相连。二是直接给出关键句,围绕关键句去想象画面,写出与关键句相契合的内容。两个练习都是需要学生建立与生活经验之间的紧密联系,在情境中运用词语,进一步提升学生构段的能力,提升语言表达的准确度、清晰度、完整度。

可见,单元的阅读内容与写作训练处处相连,密不可分,读的训练与写的需求达成一致,趋于平衡。这样的单元案例还有很多,在栏目的安排上都达到了读写内容的均衡、读写训练的平衡,为单元整体教学设计提供了有效整合的条件。所以,单元整体的设计可按照读写能力发展的进阶来组织教学内容,以读写任务统整文本语境、学生已有经验和生活语境,这是提升学生习作能力的必由之路。

(二)"透视"特殊习作单元中的读写平衡点

普通单元的读写平衡体现得如此明显,特殊的习作单元更体现了以读促写、读写结合的鲜明特点,教师需要在"读写并重"的内容中做深入分析、理解、整合,使学生的读写训练平衡发展,有效落实习作技能。

1."透视"单元整体,在读写大循环系统中体现读写平衡

特殊习作单元每个栏目都是编者精心安排的,彼此间前后关联,为学生获得习作技能发挥重要作用。比如六年级下册第三单元"让真情在笔尖流淌",本单元安排了导读页,接着是精读课文两篇:《匆匆》和《那个星期天》,之后安排了"交流平台"和"初试身手"两个小栏目。习作例文两篇:《别了,语文课》和《阳光的两种用法》,本单元最后安排了一个大作文《让真情自然流露》。本单元的人文主题是"让真情在笔尖流露"。语文要素有两个,一个是阅读要素:体会文章是怎样表达情感的;另一个是习作要素:选择合适的内容写出真情实感。通过分析,我们发现

整个单元内部形成了读写平衡的两个循环系统,一个是读写活动的大循环,另一个是读写活动的小循环,大小循环的路径盘活了整个单元的读写训练。

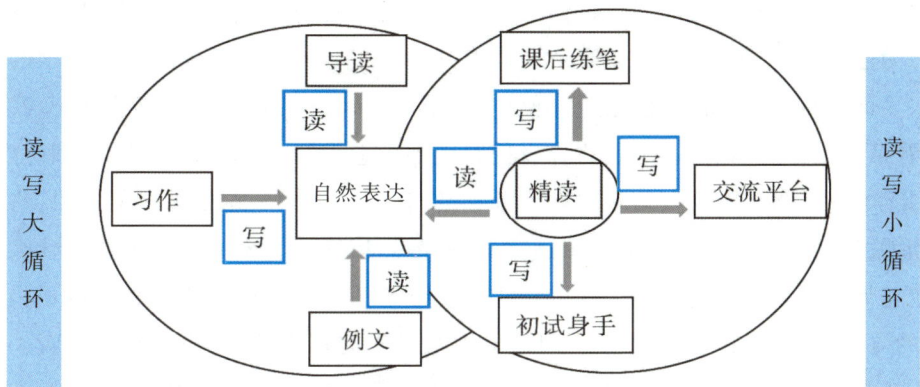

图 2-1 读写训练

围绕单元语文要素,教材遴选了"优质材料"做整体安排,在课后练习题、交流平台、初试身手中力图体现对语文要素的训练,遵循从读学写的规律,让读写趋于平衡。另外,这个习作单元内容的编排顺序更突出了边读边写、读写结合的特点。从精读课文中学习方法,在初试身手中尝试运用方法,利用例文再次学习体会表达效果,最后是通过单元习作展示学习成果,形成了"读—写—再读—再写"的"跟进式"学习活动体系,每篇文章的课后题更是从"读—说—写"的角度进行仿写训练,又设置了一个更小的读写循环,明显地体现了习作单元读写平衡,以读促写的教学价值内涵的统一。

《别了,语文课》和《阳光的两种用法》是两篇习作例文,在读写大循环中起到助推的作用,旨在让学生为写而读,进一步感受写法的效果,促使学生边读边想,边写边读、边写边改,写出优秀作文。例文通过两种方式使学生主动阅读:一是以课后题为问题支架,引导学生去发现、去体会情感表达的方法;二是以批注的方式来回答书后问题,印证融情于事、内心独白、语言反复等方法的表达情感的效果。批注具有重要的提示作用,启发学生在单元大作文中运用这些方法写作,也带动学生到文中继续发现情感表达更自然、更恰当的地方。

2."透视"精读课文,在读写小循环系统中体现读写平衡

我们再着眼读写小循环来看读写平衡的特点。《匆匆》一文的课后练习题 2 和

课后练习题 3 分别指向单元阅读要素及习作要素的训练。第 2 题前面部分"找出一连串的问句"这一活动,学生很容易找到 10 个带问号的语句。而此题后面的要求"说说表达了作者了怎样的内心感受,体会这样表达有什么好处"则是训练重点,为落实整个单元"体会文章是怎样表达情感的"这一训练点提供了教学的抓手。显而易见,这一练习题重点引导学生体会"连串问句"对表达情感的好处。我们再看第 3 题,这是难点,"为什么作者能写得如此感人"也是侧重落实单元训练点,需要学生去体会:作者要写摸不着看不到的时间,却选择了司空见惯的现象,将时光形象化,强烈地表达了"时光流逝之快"的浓烈情感。"你对时间的流逝有什么感触?仿照第 3 段写下来"则指向习作的训练点,启发学生也像作者那样选取不易察觉的寻常景物,去抒发自己在不同情境中对时光的真实情感,也许是和作者一样"流逝之快"的真切感受,也可能是"挨时间"的真实情感。通过细致研读,我们发现连课后题都体现了读写平衡的特点,前一要求提供教学的抓手,引领学生去品读;后一个要求体现读写及时结合,为后续学生能"选择合适的内容写出真情实感"做好铺垫。

《那个星期天》一文综合了各种表达情感的方法表达小男孩复杂的情感变化,读来让人感同身受。课后题有了非常大的变化,都是指向"读",似乎没有"写"的训练,但与紧随其后的两课写法的对比以及"交流平台"和"初试身手"栏目联系起来看,仍然体现出读写间的平衡。《那个星期天》课后练习题 2 仍然是指向"体会课文是怎样表达真情实感"单元训练重点。但与《匆匆》不同的是:前面的要求并没有安排先找句子,而是通过例句引导学生去关注句子中"我"的"具体细致的叙述",以括号里的问题为学习支架,一步步引导学生边读边想,体会这些叙述中流淌的"是什么情感,为什么不直接写"等等问题。很明显,教材为学生提供了在阅读中体会情感的抓手和示例,使学生深刻体会了"内心独白式""融情于景式"表达情感的效果。而后面的学习则使学生进入自主"体会"情感的阶段,是通过"找一找"类似语句去"仔细体会"这样的活动,让学生内心与主人公情感产生共鸣,进而体会人物内心感受。课后练习 3 是两篇精读课后对情感表达方法上异同的梳理,是学生体会情感后进入高阶思维活动阶段的训练。需要学生概括、总结、对比、分析两课写法,进而领悟情感表达方法的多样性与丰富性,这一思维训练的结果直指单元习作要素:使学生认识到要根据情感表达的需要,选择合适的内容来写。由此分析可见:课后题从体会方法到比较方法,其最终目的都是让学生能体会情感表达的效果,在作文中会通过书面语言淋漓尽致地表达情感,达到读与写的平衡发展。

再联系读写小循环中的"交流平台"和"初试身手"两个栏目,紧承精读之后,又使读写活动趋于平衡。"交流平台"是从"读"的角度对情感表达方法做总结梳理,但每一句话都提到怎样"写文章",如"写文章就像说话一样,要抒发自己的真实情感"。再如"有时,我们也可以把心里想说的话直接写出来,抒发自己的情感"。可见,交流平台交流的目的是让学生"会写"。"初试身手"栏目是从"写"的角度,让学生初步尝试选择合适的内容表达情感,从阅读到交流怎样写,再到"小试牛刀",这三者遵循了读中体会—读后总结—结后练笔的一站式读写循环体系,为写出特色,写出真情,做好了铺垫。"交流平台"中以精读课中的实例总结了两个比较突出的表达情感方法:融情于人、事、景、物的间接表达情感和直接抒发情感,用"有时""有时"提示学生在作文时最忌"无病呻吟",作文中可根据情感的需要选择适宜的方法抒发情感。后面的"初试身手"栏目对融情于景的方法提供了训练项目:第一部分给出例段,重在读中引"导",以心情好与不好看到的景物各不相同为例抒发情感,让学生去反复读,表达效果显而易见;第二部分直接给出多个情境仿写,重在提笔而"练",学生可任选合适的内容表达好、坏心情。仅仅这个小栏目中就形成了读写间的平衡,这是整个大单元读写结合中的小循环读写活动,小循环读写活动的质量直接影响大作文质量,犹如人体中的各个循环系统一样,只有循环系统正常运转,人体才能保持在一个相对稳定的状态,使肌体得到平衡,才能健康生存。

综上所述,无论是课后题的体会情感的示例,还是交流平台的总结归纳、初试身手的尝试练习,都指向学生掌握写法,为写而读,学以致用。但写并不是"无病呻吟"式地强"呕"硬"憋",唯有为学生打开生活的天窗,才能尽情倾诉、表达。因此,单元大习作"让真情自然流露"以生活中每个人都经历过的丰富感受触动学生的心弦,让印象最深的一次感受从学生脑中闪现出来,确定为素材,然后引领学生理清事情的思路,具体写出印象深刻的内容,用本单元学习的方法自然而然地表达变化的情感,落脚点在写好佳作上,整个单元读写平衡的特点非常清晰地呈现出来。

（三）"透视"练笔实践中的读写平衡点

统编教材改变了传统的完全以阅读为中心教材体系，在课后练习、语文园地等栏目增加了很多动笔写的实践机会，这些大大小小的练笔实践如闪亮的星星，均匀地散落在教材的各个角落，读与写的巧妙融合，读与写的完美结合，使教材发挥了促进学生听说读写能力整体发展的作用。语文教育家叶圣陶先生提出了"听说读写并重"的理论。在叶圣陶看来，这四项"并重"是有其深刻的心理学依据的，他认为语文能力的培养，重在让学生真正理解，从实践中悟得真谛，触类旁通，养成习惯。听说读写全面训练，把学生的眼、耳、口、手等多种感官通道都利用起来，能充分发挥感知的积极功能，体现听、说、读、写四种能力的相互迁移、同步发展与优势互补的规律①。统编教材落实了叶圣陶的语文教学理论，在书面表达的安排上，除了习作，还提供了大量练笔的机会，穿插在阅读训练之中，比如课后小练笔，园地中的"词句段运用"等等，很多都是围绕动笔"写"来设计的。所有的训练要求都是结合生活实际，提供真实的语境，训练目标非常明确，或结合单元训练重点的及时练笔，或针对年段学生语言表达的能力提升点进行设计。比如六年级下册第二单元的语文园地中的"词句段运用"栏目，这就是一个实践练笔。如何体现读写平衡呢？我们来看题目要求：读下面的句子，说说加点的部分有什么共同的特点。再从后面的词语中选择一两个，发挥想象，仿写句子。这个练习明显是基于对一、二单元课文内容的阅读，例句出自这两个单元的课文，读后进行写的训练，让学生自主选择核心词语进行想象仿写，读的目的是让学生体会比喻和夸张的表达效果，进而选择情境进行书面表达训练，达到学以致用，读写平衡。

教材中还有很多处实践练笔都体现了读写目的一致的特点，没有漫无目的地读，也不可能有"无病呻吟"地写，统编教材的读写训练都是结合具体语境，指向明确、目标清晰的训练，达到读写平衡发展的目的。

---

①董菊初.叶圣陶语文教育思想概论[M].北京：开明出版社，1998：164–169.

二、调研习作单元教学现状，理性分析探寻对策

(一)从教师角度看单元教学问题

1.穿新鞋走老路

大多数教师仍然按照过去教材教学的方式，一课一课、一个栏目一个栏目、零碎地去教，教到哪里算哪里，直到把单元的栏目内容都过一遍，就算结束了本单元的学习。没有找到单元教学的平衡点，因此无法盘活单元整体教学，影响学生对单元习作技能掌握的效果，直接影响单元作文的质量。对于习作出现的问题，有的教师宁可去花大量时间批阅，也不反思单元整体教学方式方法的使用，浪费了宝贵的时间。有的教师在遇到问题时，引领学生"回锅""热一热"学过的习作方法，对于学生有没有夯实习作技能，却很少思考自身教学存在的问题。

2.批阅作文时苦叹无写法

在习作单元的学习中，读写主体是学生，教师起点拨、引导作用，使学生获得习作能力后写出单元习作。但教学之后，大多数老师批阅学生作文的时候叫苦连天，不是抱怨单元写作方法没有用上，就是抱怨单元课文学习等于白学，仍然是停留在之前的习作起点上，习作效果不佳，仿佛文中写作方法的学习只是走走过场而已，学生写作的时候不能自然提取方法，有效迁移，将写法抛诸九霄云外。

3.学生习作能力的序列比较模糊

统编教材每个学段、每个年级学生的习作能力是呈螺旋式上升趋势的，因此每个单元的习作需要按照年段习作要求进行指导和评价。同一文体在不同的学段，写作要求会有变化和提升。有的老师对写景、写事、写人等文体在不同阶段学生习作能力的序列不清楚，所以在评价时标准也很模糊。比如指导六年级的学生写记事作文，但学生作文水平仍停留在四年级的要求上，教师没有按习作能力的序列发展进行指导，导致学生作文水平低幼化现象比较严重。

4.单元内部栏目的教学价值不清晰

统编教材的双线组元是一大特色,单元内所有内容的安排围绕核心要素的落实紧密地联系在一起,为凸显语文要素各自发挥作用,教学价值各不相同。但仍有大部分教师研读文本不到位,每个栏目与其他栏目的关系如何,落实语文要素发挥的作用是什么,怎样将有密切关系的栏目进行统整,读写结合的平衡点是什么,这些都需要教师深入研读单元内容,确定读写支点,为读写平衡发展进行整体化教学。否则,只让学生简单记忆概念性知识,进行简单的练习,浮皮潦草地过一遍内容,都不利于提升单元整体教学的质量。

(二)从学生角度看

1.学生作品不符合年段习作要求

大多数学生经过一个单元的学习,能完成最后大作文,但是在文章的重点部分落实本单元习作技能要求上,仍停留在学习的起点,没有达到年级习作要求的目标。比如,学生要在五年级写说明文,其作品就不能停留在三年级的写作水平。五年级的说明文要高于三年级的要求,选择描写的事物,以及所运用的方法和技巧,要适应高年级的要求。再如,低年级写小动物和中年级写《我的动物朋友》,要求不一样,习作情境也会发生变化,作品需要有年段的变化,不达标和任意拔高要求都是违背课程标准要求的做法。

2.单元写作方法对提升作文质量效果不佳

每个年级的每个单元都有具体的习作技能要求,比如写出"特点鲜明"的人的方法,写出"想象奇特大胆"的童话方法,还有"移步换景"的写景方法等等,这些习作技能对完成单元作品起着至关重要的作用,单元作品也因为这些习作技巧的使用有别于学生之前同体裁的作文写法,体现螺旋式上升的习作能力序列。但是,有大部分学生学习本单元后,最后的习作效果变化不大。比如三年级就开始编童话,学生的作品中要让读者感受到童话丰富的想象,激发学生热爱童话、喜欢写作的信心。到了四年级下册八单元仍然有编写童话故事的练笔,虽然具备想象神奇大胆的特点,但是在有趣味和刻画童话中人物形象品质上却体现得不够。也就是说,单元精读课文的指导作用没有发挥出来,迁移运用的效果不佳,读与写之间没有达到平衡的目的,自然影响习作的效果。

3.自我评改的能力没有得到提升

义务教育语文课程标准 2011 年版在第二、第三学段的习作要求中指出:愿意与他人分享自己的习作。修改自己的习作,并主动与他人交换修改,做到语句通顺,行款正确,书写规范、整洁①。这个要求强调学生应具有独立修改和互评习作的能力,使作文达到文从字顺的目标。学生自我评改的能力应随着年级的增长逐渐增强,但通过调查发现,学生不能主动与同伴交流习作,大多数学生存在书写不规范、用词欠准确、写法运用不到位等现象。从三年级上学期开始,统编教材就为落实课标的学段习作要求,开始在每单元习作要求中强调"写好后,读给同伴听";或者强调"写完以后小声读读,看看句子是否通顺,然后分小组交流各自写的故事"。到学期末的习作要求中就更体现了读后的自我评价,如写好后大声读一读,看看你写的内容有没有表达出当时快乐的心情。和同学交流习作,跟他们分享你的快乐。如果有同学看不明白的地方,可以试着修改一下,让别人更明白。可见,在中、高年级各个单元都需要学生形成自我评改的能力,使学生明白"文章不厌百回改"的道理,让自我评改成为一种能力,一种良好的写作习惯,使单元习作达成课标学段目标中"自我评改"的要求。

(三)理性分析,探寻根源

以上师生习作问题的出现,涉及对统编教材编写特点、学生习作心理、教师习作教学规律等方面内容的深入研究与探索,学习本体在单元学习活动中情感的激发、语言的表达、思维的发展都没有得到最大限度地激发和提升,单元整体学习中留给学生独立思考的时间和空间极为有限,学生作为学习者的主体地位没有得到真正意义上的尊重,需要从以下几方面进行单元整体教学的改革和探索。

第一,教学观念需要转变。要基于统编教材双线组元的特点,基于深度学习的理念和单元整体教学的理念,在深入研读单元内容及教学价值的基础上进行整体设计,促进阅读训练向习作训练的转化,使读写达到平衡,使学生的学习从浅表

---

①中华人民共和国教育部.义务教育语文课程标准(2011 年版)[S].北京:北京师范大学出版社,2012:13.

化、碎片化向深层次、整体化学习行进。

第二,构建有效单元整体教学模式,选择合适的教学方法,促进学生对习作内容、习作方法的理解,设计合理适切的学习活动、学习支架,创设激发儿童联系实际生活的情境,体现学生主动学习,从简单地读写和处在浅表的思维学习活动进入高阶思维状态,运用综合、分析、运用、评价等学习方式,自主获取习作技能,学以致用,让习作技能的习得为学生写作助力。

第三,作为教师,要清楚统编教材单元习作能力的序列安排,设计单元习作的具体评价标准,为学生能够自评、互评习作提供可参考指标,在评价中提升学生自我评改作文的能力和素养。

第四,每个儿童都有好奇心和求知欲。若将枯燥的学习设计成有趣的活动,能带动学生更有兴致地深入学习单元知识。单元整体教学避免从学生习作的方法入手,还要融入有情有趣的活动作为“润滑剂”,点燃学生创作的思维火花,激发愿意表达的欲望,唤起学生主动表达的能动性。教师要善于将静止的单元内容设计成灵动的语文实践活动,使学生带着习作的需要和任务去培养学生阅读、思考、迁移、运用的能力,在自我表达的需要中积极地探究写法,形成认知,内化成写作技能,提高习作的效率。

第五,要将单元学习内容与学生生活实践紧密相连,把真实的生活用文字真实再现出来,使所掌握的习作技能为其服务于社会,形成关键能力和必备品质,提高学生核心素养。习作技能的学习不仅仅是会写一篇文章,当学生走向社会,为社会服务的时候,学生能把一件事情、一个事物、一个剧本、一个人物、一个观点很规范得体地讲给他人,让他人更好地了解事物特点、人物品质,为社会传递正能量,这才是我们生活中需要的能力。不能仅仅立足于知识本身的掌握,要树立用知识服务于人在社会当中生存的需要意识。语文核心素养的培养,深度学习的理念,都是在关注人在社会生活中生存的需要,都聚焦于教育教学为社会培养合格的建设者和接班人。语文教学要将单元整体教学设计与扎实培养学生在社会中读写基本能力的目的结合起来。作文就是做人,教作文就是教学生学做人。因此,探究习作单元整体教学,提升习作教学质量,势在必行。

三、梳理习作能力训练体系，把握学生的起点与提升点

进行习作单元整体设计，需要清楚学生已有习作能力，便于把握学情，进行最近发展区的确定，让学生能够跳一跳够得着，向习作能力提升点发展。因此，梳理出不同文体的训练要素，熟知每个习作要求在教材的位置，利于优化设计，确定单元整体的教学目标。

统编教材中，小学习作文体不外乎这样几种：想象、写景、写事、写人、介绍说明、实用文体，还有其他如诗歌、即兴表达等文体。按这样几类文体进行习作要求的梳理，并清楚每类文章的训练要素，便于厘清不同年级同一体裁的习作训练要求，从而把握不同年级的习作标准。比如，五年级有一篇写事的文章《那一刻，我长大了》，要求写成长中印象深刻的一件事，把事情的经过写清楚，要把自己成长的瞬间写具体，记录当时真实的感受。这个文题要求比较细致，习作的时候可抓住"一刻"，重在写触动和感受。这个作文题跟六年级下册的《让真情自然流露》相比，相同之处是选择印象最深的感受，写一件事。不同之处在于六年级的作文题是可以把感情体现在整个事件中，还要突出情感的变化。另外，单元提供了多种表达情感的方法，因此写出来的文章应该是饱含真情的，较之五年级的在"一刻"间表达感情就更丰富、更生动、更细腻。这就是习作要求在年级间的变化，如果不能划分清晰，学生习作的能力就没有体现螺旋上升的要求，同一个体裁的作文在不同年级把握的标准也就无法区分。我们梳理了不同体裁文章在教材不同册次中安排的作文训练，并列出不同的训练要素，便于教学时逐一落实。

表2-1 不同体裁文章在教材中的作文训练汇总表

册序	想象	写景	写事	写人	介绍说明	实用文体	其他
三上	1.我来编童话（根据词语发挥想象编童话） 训练要素：编童话、写童话。尝试运用改正、增补、删除的修改符号自主修改习作。能给习作加题目。	1.我们眼中的缤纷世界（写最近观察时印象深刻一种事物或一处场景） 训练要素：仔细观察，把观察所得写下来。 2.这儿真美（把身边的美景介绍给别人） 训练要素：习作的时候，围绕一个意思写。	1.续写故事（根据图片信息续写故事） 训练要素：能根据插图和提示续写故事，把故事写完整。能运用改正、增补、删除的修改符号，修改有明显错误的内容。 2.那次玩得真高兴（把一次玩得高兴的事情过程写下来） 训练要素：学写一件简单的事。把事情的过程相对完整地写下来，并表达当时快乐的心情。	1.猜猜他是谁（用几句话或一段话写一个同学） 训练要素：体会习作的乐趣，用几句话或一段话介绍自己的同学，激发习作兴趣。		1.写日记 训练要素：学习写日记，了解写日记的好处以及写日记的基本格式。 2.我有一个想法（针对生活中一种现象或问题写想法） 训练要素：留心生活，把自己的想法记录下来。	
三下	1.奇妙的想象（大胆想象，创造属于自己的想象世		1. 看图画，写作文（要把自己看到的、想到的写清楚） 训练要素：	1.身边那些有特点的人（用合适的词语来形容一个	1.我的植物朋友（借助记录卡，写一写自己的植物朋		

册序	想象	写景	写事	写人	介绍说明	实用文体	其他
	界) 训练要素：发挥想象写故事，创造自己的想象世界。 2.这样想象真有趣（根据提示，选一种动物做主角，大胆想象，编一个童话故事） 训练要素：根据提示，展开想象，尝试编童话故事。		看图作文，把图画的内容写清楚。 2.中华传统节日（选一个传统节日，写自己家过节的过程或节日中发生的印象深刻的故事） 训练要素：就自己感兴趣的一个传统节日写一篇习作，写清楚过节过程。	人，写出这个人的特点） 训练要素：写一个身边的人，尝试写出他的特点。	友，试着把观察和感受到的写清楚） 训练要素：把观察到的事物写清楚，引导学生借助记录卡写一种植物 2.我做了一项小实验（把小实验的经过写清楚，还可以写当时的心情和发现） 训练要素：观察事物的变化，把实验过程写清楚。 3.国宝大熊猫（围绕大		

续表

册序	想象	写景	写事	写人	介绍说明	实用文体	其他
					熊猫吃什么、生活在什么地方等问题介绍大熊猫) 训练要素:初步学习整合信息,介绍一种事物。		
四上	1.我和__过一天(想象自己与神话或童话中的一个人物过一天,写出这一天的故事) 训练要素:展开想象,写一个故事。	1.推荐一个好地方(写出推荐的理由,吸引大家去看看) 训练要素:向同学推荐一个好地方,写清楚推荐的理由。	1.生活万花筒(选一件令自己印象深刻的事,按一定的顺序把这件事写清楚) 训练要素:写一件事,把事情写清楚。 2.记一次游戏(根据提示把游戏写清楚,可以写一写当时的心情) 训练要素:记一次活动,把活动过程写	1.小小"动物园"(把自己的家想象成动物园,分别用一段话写一写家里的"动物") 训练要素:写一个人,注意把印象最深的地方写出来。		1.写观察日记(试着进行连续观察,用观察日记记录自己的收获) 训练要素:进行连续观察,学写观察日记。 2.写信(给亲友或其他人写一封	

册序	想象	写景	写事	写人	介绍说明	实用文体	其他
			清楚。 3.我的心儿怦怦跳(选一件令自己心儿怦怦跳的事情写下来,写清楚事情的经过和当时的感受) 训练要素:写一件事,能写出自己的感受。			信,格式正确,寄给或发给对方) 训练要素:学习写书信。	
四下	1.我的奇思妙想(把自己想发明的东西画下来,再写出来,写清样子和功能) 训练要素:写自己的奇思妙想,把自己想发明的东西写清楚。 2.故事	1.我喜爱的一个地方(把自己喜爱的一个地方介绍清楚,写清楚为什么喜爱) 训练要素:写自己喜欢的某个地方,表达出自己的感受。 2.游_____(按照游览的顺序写一个地方,把游览的过	1.我学会了_____(根据提示把学会做一件事的经历、体会写出来) 训练要素:按一定的顺序把事情的过程写清楚。	1.我的"自画像"(根据提示用一篇文章向班主任介绍自己) 训练要素:学习用多种方法写出人物的特点。	1.我的动物朋友(通过具体的情境、故事写出动物朋友的特点) 训练要素:写自己喜欢的动物,试着写出动物的特点。		1.轻叩诗歌的大门(尝试写自己的小诗,合作编写诗集) 训练要素:初步学习整理资料的方法。

册序	想象	写景	写事	写人	介绍说明	实用文体	其他
	新编（根据提示选择一个故事重新编写故事内容） 训练要素：按自己的想法新编故事。	程写清楚） 训练要素：学习按游览的顺序写景物。					
五上	1.二十年后的家乡（把想象到的场景和事情梳理一下，列提纲，分段叙述，把重点部分写具体） 训练要素：学习列提纲，分段叙述。	1._____即景（观察一种自然现象或自然景观，重点观察景物变化，写下观察所得） 训练要素：学习描写景物的变化。	1.缩写故事（根据提示缩写《猎人海力布》或其他民间故事） 训练要素：提取主要信息，缩写故事。	1."漫画"老师（选择一两件具体事情写出老师的特点） 训练要素：结合具体事例，写出人物特点。	1.我的心爱之物（写一写自己的心爱之物是什么样子的，怎么得到的，为什么会成为自己的心爱之物，写出自己的喜爱之情） 训练要素：写出自己对一事物的感受。	1.我想对您说（把平时想对父母说的话用写信的方式告诉父母） 训练要素：用恰当的语言表达自己的看法和感受。 2.推荐一本书（根据提示，向大家介绍推	

续表

册序	想象	写景	写事	写人	介绍说明	实用文体	其他
					2.介绍一种事物（细致观察，搜集资料，写清楚事物的主要特点，试着用上恰当的说明方法，分段介绍）训练要素：搜集资料，用恰当的说明方法，把某一种事物介绍清楚。	荐一本书，重点写清楚推荐的理由）训练要素：根据表达的需要，分段表述，突出重点。	
五下	1.神奇的探险之旅（从提示中受到启发，编写一个神奇刺激的探险故事）训练要		1.那一刻，我长大了（写一件成长过程中印象最深刻的一件事，把事情的经过写清楚，还要把自己受到触动、感受到成长的瞬间写具	1.他陶醉了（写一个人陶醉或兴奋、吃惊的样子，将事情的前因后果写清楚，经过写下	1.中国的世界文化遗产（选择一处自己感兴趣的中国的世界文化遗产，搜集资料，写	1.写读后感（根据提示选择一篇文章或一本书写读后感）训练要素：学习写读后	

册序	想象	写景	写事	写人	介绍说明	实用文体	其他
	素:根据情境编故事,注意情节的转折。		体,记录当时的真实感受) 训练要素:把一件事的重点部分写具体。	来,特别将他当时的情形写具体) 训练要素:尝试运用动作、语言、神态描写,来表现人物的内心。 2.把一个人的特点写具体(选择典型的事例来表现一个人的特点) 训练要素:初步运用描写人物的基本方法,尝试把一个人的特点写具体。	一份简介) 训练要素:搜集资料,介绍一个地方。	感。 2.写一份研究报告 训练要素:学写简单的研究性报告。 3.漫画的启示(写清漫画中的内容,再写出受到的启示) 训练要素:看漫画,写出自己的想法。	

续表

册序	想象	写景	写事	写人	介绍说明	实用文体	其他
六上	1.变形记（发挥想象，把自己变形后的经历写下来） 训练要素：习作时发挥想象，把重点部分写得详细一些。		1.多彩的活动（写一次活动，写清楚活动过程；把印象深刻的部分作为重点来写，写场面时，既要写整个场面，又要写同学的神情、动作、语言；写出自己的体会） 训练要素：尝试运用点面结合的写法记一次活动。 2._____让生活更美好（用故事写出什么让自己的生活更美好） 训练要素：试着写事物时融入感情，表达看法。 3.笔尖流出的故事（根据给出的环境和人物，展开丰富的想象，创	1.有你，真好（通过具体的故事写出"有你，真好"的真实感受，表达自己的真情实感） 训练要素：通过事情写一个人，表达自己的情感。	1.我的拿手好戏（写自己的拿手好戏是怎样炼成的，有哪些有趣的故事，做到条理清楚，详略得当） 训练要素：写自己的拿手好戏，把感受、看法写出来。	1.学写倡议书（仿照例文，就自己关心的问题写一份倡议书） 训练要素：学写倡议书。	

册序	想象	写景	写事	写人	介绍说明	实用文体	其他
			编故事,故事要围绕主要人物展开,情节吸引人,有环境描写和心理活动描写) 训练要素:发挥想象,创编生活故事。 4.围绕中心意思写(选择一个感受最深的汉字写一个故事,拟提纲,选材料,选择事例要能表达中心意思) 训练要素:从不同方面选取不同事例,表达中心意思。				
六下	1.插上科学的翅膀飞(写一个想象故事,将自己心中		1.让真情自然流露(选择一种印象最深的感受,回顾事情的经过,回忆当时的心		1.家乡的风俗(介绍家乡的一个风俗,或者参加家	1.写作品梗概(根据提示选择一部作品写梗概。)	1.心愿(选择自己最想和大家交流的心愿,根据表达

续表

册序	想象	写景	写事	写人	介绍说明	实用文体	其他
	天马行空的故事写下来) 训练要素:展开想象,写科幻故事。		情,理清思路写下来) 训练要素:习作时,选择合适的内容表达真情实感。		乡一个风俗活动的经历,抓重点,写出风俗的特点) 训练要素:习作时,注意抓住重点,写出特点。	训练要素:学习写作品梗概。 2. 学写策划书(策划简单的毕业活动,学写一份活动策划书) 训练要素:策划简单的校园活动,学写策划书。	的内容选择合适的表达方式写下来) 训练要素:选择适合的方式进行表达。

四、融合当下教学理念,构建习作单元教学模式

根据对统编教材的编排特点的分析,以及对不同册次、不同文体训练要素的横向、纵向分析,我们开展了多个习作单元整体教学实验,探究了"任务驱动式"习作单元整体教学模式。

(一)习作单元整体教学设计理念

第一,国家顶层设计理念需要在教学实践中落实。2019 年 6 月 23 日,中共中央

提出了《关于深化教育教学改革全面提高义务教育质量的意见》,提到:强化课堂主阵地作用,切实提高课堂教学质量。尤其在"优化教学方式"中提到,要融合运用传统与现代技术手段,重视情境教学;探索基于学科的课程综合化教学,开展研究型、项目化、合作式学习。这些要求的提出,使我们认识到课堂教学改革的重要性,认识到必须根据教材的特点优化教学方式,创新教学思路,提升课堂教学质量。

第二,深度学习的理念需要在课堂实践中落实。深度学习理念是相对于浅层学习而提出的。运用深度理念可改变过去一课一课地将单元知识平移给学生的旧理念,促进学生根据任务走向主动学习,进入深度学习。所谓"深度学习",就是在教师的引领下,学生围绕具有挑战性的学习主题,全身心积极参与、体验成功、获得发展的有意义的学习过程。在这个过程中,学生掌握学科的核心知识、理解学习的过程,把握学科的本质及思想方法,形成积极的内在学习动机、高级的社会性情感、积极的态度、正确的价值观,成为既具有独立性、批判性、创造性,又有合作精神、基础扎实的优秀学习者,成为未来社会历史实践的主人①。

第三,落实立德树人的根本任务,使学科核心素养落地生根。这是每个教师的重任,而单元整体教学设计正是指向落实核心素养的教学改革与实践。有的地区把单元定位为"大单元",其用意有三:一是指向学科核心素养的教学倡导大观念、大项目、大任务与大问题的设计,其实这就是统编教材中的读写平衡点,这也是其中的一个大任务。因为统编教材每个普通习作单元和特殊习作单元都有需要落实的语文要素,或者说都指向一个不同文体佳作的完成,其出发点不只是一个知识点、技能点或一篇课文,而是起统帅作用的"大"的观念、项目、任务、问题。二是针对当下教师只关注知识、技能等问题,忽视学生能力、品格和观念的培养,将教师关注学生能力培养的范围扩大,关注点比较全面。三是从时间维度来看,大单元设计与实施有利于教师正确理解实践与学习的关系,确立以学习者为中心的观念,让学生听说读写的能力稳步提升,落到实处。

第四,基于天津市中小学"学科领航教师培养工程"小学语文领航团队攻坚项目"以语用为取向的小学语文教学实践研究"的研究,此项目提出语文学习终将为培养学生语文核心素养,掌握听说读写能力服务,落实统编教材读写结合、读写并重的设计理念。因此,本课题的研究力图设计精准的单元教学目标,为师生打开单

---

① 刘月霞,郭华.走向核心素养的深度学习[M].北京:教育科学出版社,2018.

元习作教与学的视野,指导学生乐于表达,主动作文,达到读写之间的平衡教学,为提升学生语用能力提供可操作的有效教学策略。

第五,基于天津市教委重点培育项目子课题"习作单元全局式语言学习模式的建构和实施策略"的研究理念,古德曼提出的"全语言教育"理论,旨在引领学生进入"全语言学习"情境和活动,把语文学习的识字、阅读、习作、口语交际等各个领域内容、语言应用环境以及学生生活视为一个全局系统,将学生置于这个全局系统,在体验运用所学知识与人沟通、与社会产生联系、满足学习需求的生活环境和场景中,获得学习情趣,掌握语言运用的语境全貌,习得表达方法或技巧[①]。因此,为了提升习作单元作文成果,大单元习作教学要以生活和学习中的需求为目的,使语言的学习和训练回归生活,使语言学习从机械的记忆转变为意义的理解和表达,让真实情境下的习作实践成为学生学习语言运用语言的真实路径。

(二)习作单元教学模式的建构

1.以"六年级下册第三单元"为例,探究单元整体教学模式

我们把这个特殊的习作单元教学看作是一个大任务、大情境,以单元语文要素的落实为核心任务,挖掘各栏目的教学价值,为学生达成习作技能,形成单元佳作成果,建构单元读写活动体系。通过这样的图式来体现习作单元的整体建构,包括三个既步步推进,又融合互通的活动,如下图所示。

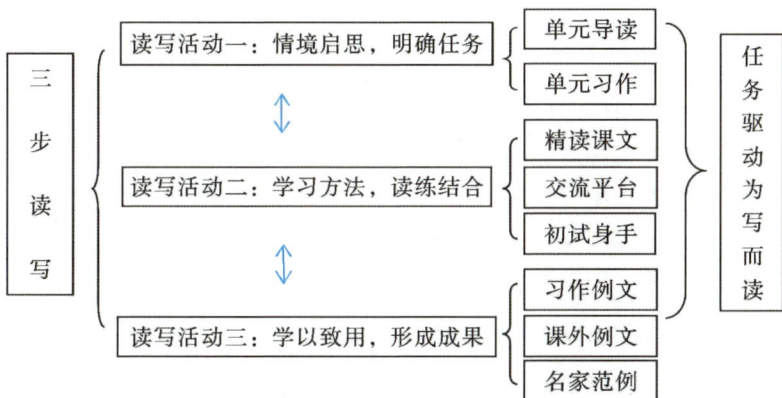

图 2-2 单元读写活动体系图式

---

①古德曼.全语言的"全"全在哪里[M].李连珠,译.南京:南京师范大学出版社,2005.

古人云:"情动而辞发!""读写活动一"主要是让学生心中积蓄想写、要写的内在动机。天津师范大学教育学部丰向日博士在《深度学习视野下小学语文阅读学习单的设计》一文中指出,无论是一个单元还是一篇课文,首先需要有个大的任务,把需要学习的知识技能嵌套在这个大任务下。这个大任务既是学习的终点也是学习的出发点,学生为了解决任务,须学习与运用知识、技能,知识、技能的学习便有了指向和意义①。单元导读页虽然明确了本单元的主题、任务,但是对于学生来说还只是对陈述性知识的了解,但是具体在这个单元学什么、如何学,还需要进一步开展程序性知识的探究,那就是去完成单元读书、写作的重要任务。"情境启思"主要是依靠"学生生活情境"和"单元作文情境"。"生活情境"是教师结合学生的亲身经历的图片或者视频,唤起学生表达的欲望,产生愿意与他人分享自己内心想法的情感。"单元作文情境"是将本单元作文要求中创设的情境任务前置,目的是让学生明确这个单元需要写什么作文,打算怎样写,有什么想法和困难。教师做到心知肚明,然后引领学生带着任务,带着渴求,去阅读整个单元内容,完成单元整体的预习单。读写活动一的具体流程如下。

明确单元主题—预写单元作文—感知单元内容(预习单)—梳理写作问题

第二个读写活动进入有目的地阅读和练笔阶段,称为"读练结合"的学习阶段。主要是以阅读精读课文为载体,悟透课文的表达方法。在这个过程中,学生带着自己的习作任务主动学习,在解决书后问题和自己写作困难中去阅读、表达、练笔。这一过程是学生感知觉、思维、情感、意志、价值观全面参与的、全身心投入的活动。这一活动的最终目的是让学生在阅读中情感与作者产生共鸣,明确自己写作所运用的方法,并通过自己确定的习作材料或者单元内部的练笔进行实践,学以致用。这部分内容虽然很多,包括两篇精读课文的学习、交流平台和初试身手的练习,但是都可以统整在下面的活动中进行个性化的教学设计。但需要注意的是,如果在第二篇精读课文的学习中出现了同样的写作方法,就不要再重复学习,而把重点放在新的写作方法的学习上,建立起两课的有效衔接,步步向前推进,而不是在旧知上浪费时间。教学流程如下。

体会表达效果—读练及时结合—迁移单元习作—借助标准互评

---

①古德曼.全语言的"全"全在哪里[M].李连珠,译.南京:南京师范大学出版社,2005:29-30.

第三个读写活动是从第二个活动中零碎的练笔走向全篇的练习实践。这个过程是在获得了写法但不知如何在大作文中运用的时候,进入习作例文的阅读和赏析中,在优秀例文的引领和批注的点拨下,发现布局谋篇上和重点部分运用单元写法的表达效果,以此激发学生思考自己的单元作文将如何完善,如何写出精彩佳作。当然,还可以引用典型的课外例文和名家范例,辅助学生完成修改、完善,使写作的质量得到提升。这个活动包括两个部分,一是习作指导课,一是习作讲评课,两部分与精读课紧密衔接,读写紧密配合,达到读写教学的平衡。教学流程如下。

指导课:作品分享,共同评议—动笔修改,攻坚克难—结合例文,互评自改

讲评课:作品分析统计—赏析学生佳作—共改典型病文—组内互评展示

通过以上教学模式的运用,使六下三单元的教学形成了"大任务驱动,小任务联动"的读写反复联动的教学机制,读与写之间自然平衡,在课堂上体现了习作教学的最佳效果。

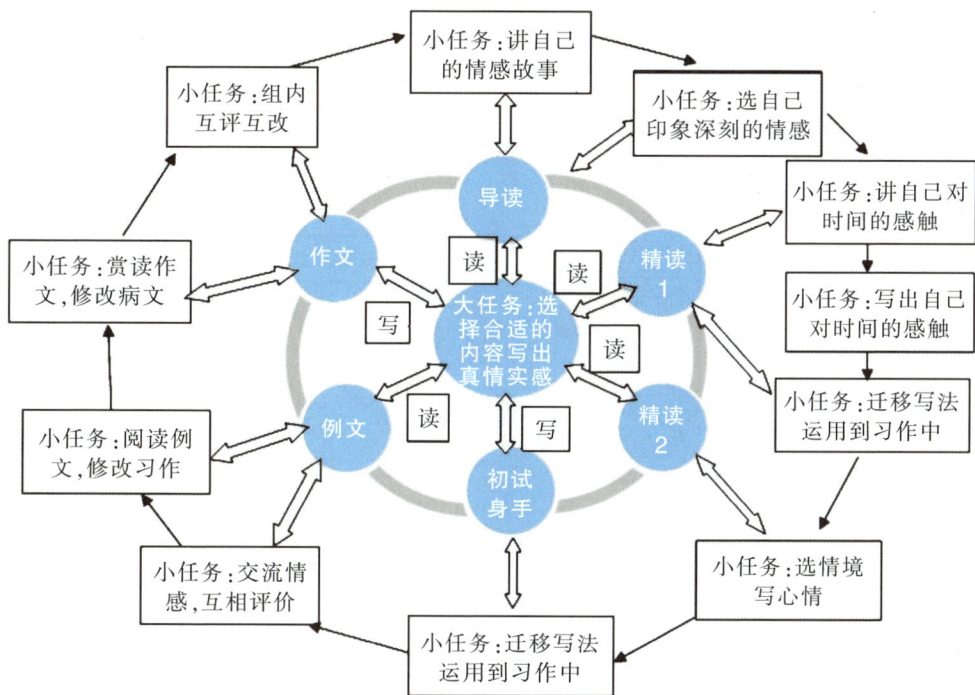

图 2–3　读写反复联动教学机制图式

2.以"三年级上册第三单元"为例,探究整体教学设计模式

在统编教材中,普通习作单元语文要素与单元内容间也存在联系,同样可以进行单元整体设计,通过三步活动为学生单元习作提升质量。一般普通习作单元包括导语、课文、口语交际、习作、语文园地、快乐读书吧。快乐读书吧的内容与精读课文体裁一般是一致的,写作方法一般也是一致的。语文园地包括交流平台、词句段运用、识字加油站、书写提示、日积月累等栏目。教师要针对每个栏目的内容及其教学价值进行科学组合,发挥其最大教学效能。

通过实践研究,一般来说,普通习作单元中的口语交际、快乐读书吧、语文园地的内容属于机动使用的内容,可结合单元具体训练重点进行灵活利用。但导语和单元习作肯定是归于读写活动一中,精读课文和园地中的交流平台内容是读写活动二的内容,习作与书写提示可以归于读写活动三中。

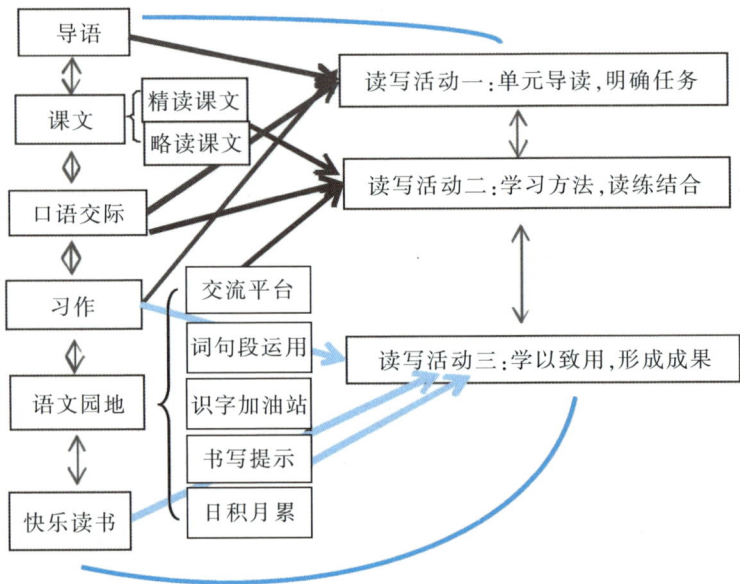

图 2-4　习作单元内容归类

以三年级上册第三单元"编童话、写童话"为例进行单元整体设计,读写活动一教学流程如下。

故事引入主题—预写单元作文—感知单元内容(预习单)—完善习作思路

这里的故事就是运用本单元"快乐读书吧"中的安徒生童话《丑小鸭》的片段

激发学生读童话、写童话的兴趣,继而引入单元主题。在完成预习单后,学生可根据本单元的四个童话故事对自己的童话的思路进行思考:故事的角色是什么?事情发生的时间是什么?在哪里发生的?角色在那里都做了什么?发生了哪些故事?提前思考,是为了在后面的学习中不断反思自己的习作思路,准备做好进一步修改和调整。

读写活动二教学流程如下:

体会表达效果—想象精彩画面—迁移运用习作—借助标准互评

这个流程中的"想象精彩画面"是写好童话的重要技能,因为本单元的语文要素是"感受童话丰富的想象",学会想象,反复训练形成技能,至关重要,随后迁移运用到自己的童话中,并及时运用标准评价,扎实落实习作技能。

读写活动三教学流程如下:

指导课:作品分享,共同评议—动笔修改,攻坚克难—运用符号,互评自改
讲评课:作品分析统计—赏析学生佳作—共改典型病文—组内交流展示

因为在本单元语文园地中出现了运用修改符号的训练,题干非常清晰地指出:学习下面的修改符号,并试着使用这些修改符号修改自己的习作。因此在指导课的最后一环节,可以让学生运用符号,互评自改,达到完美的融合。讲评课的过程与特殊习作单元的流程一致,都是要对学生的作品进行统计,再进行佳作与病文的赏析与修改,最后互相评论交流,共同提高。

需要强调的是,在进行单元教学实践操作的时候,还要根据单元内容的特点进行灵活机动地组合,根据特殊习作单元与普通习作单元的模式进行变式教学,以落实单元语文要素为目的,科学整合,有效实施,读写平衡。因为在统编教材中,特殊习作单元和普通习作单元内部的栏目基本是固定的,但是栏目当中的内容需要执教者进行细致入微地分析和研读,根据其知识内涵再进行栏目间整合。比如在特殊习作单元中,初试身手中的训练有时是两个层次的练习,考虑到与精读课文写法的一致性,我们可以分别与精读课文巧妙连接。再如,普通习作单元中的"词句段运用"栏目,训练内容若来自于精读课文,我们在教学中就可以整合完成;若是拓展练习,我们也可以安排在精读课后面进行练笔实践。总之,单元内容一般都是根据单元语文要素安排的,因此,教学的时候自然要以单元语文要素为核心进行灵活机动地组合,使教学扎实、有效、深入。

(三)习作单元整体教学设计的有效策略

1.整体化教学策略

福建师范大学余文森教授在《核心素养导向的课堂教学》一书中强调,整体化有三个方面的意思:一是联系,联系强调的是关联而不是孤立;二是组织,组织强调的是建构而不是复制;三是整合,整合强调的是"化学反应"而不是"物理反应"[①]。显而易见,整体即联系,整体即组织,整体即整合。通过"联系、组织、整合",实现知识的系统化、结构化,并使知识真正转化为素养。习作单元整体设计时,教师既要考虑基于单元语文要素的读写大循环的整体联系,即三步读写体系间的关联,又要顾及单元内栏目之间的小循环间的联系,这样就可以防止知识和能力的碎片化,使知识和能力形成一股合力,提高学习的效率。落实核心素养最关键的一个教学策略就是整体化教学策略,更何况语文核心素养的培养就是一个以语言的理解与运用为核心的一个整体,具有非常严密的逻辑关系,需要层层递进,步步为营,逐步落实。整体化教学策略使用的核心就是基于单元训练重点下的栏目之间的融合、渗透,我们进行教学设计的时候要注意以下几个原则。

(1)跨越式结合:同一单元中各栏目存在千丝万缕的关系,有的是对前面课文写法的总结,有的是对写法的迁移小练笔,有的是单元大作文的练笔实践,还有出现在语文园地中的词句段运用。但是,为了利于学生掌握习作能力,有效落实单元语文要素,有可能会打破教材安排顺序的界限,进行跨越式结合。比如将单元大作文的审题选材任务前置,能使学生带着任务去学习,实现充满探索和信心的学习。再如有的单元可将口语交际的话题与单元导读进行结合,使学生在交流中把握单元主题,走进本单元学习。

(2)嵌入式融合:单元整合不仅仅是简单的相加,而是以单元训练主题为本,进行彼此间内涵的融合,可以是将栏目嵌入精读课文的学习,或者将词句段运用嵌入课文的体会和理解,促进单元训练点的达成。比如交流平台是对课文一些写法或者学习方法的总结和梳理,也可能是概括。像这样的总结可以直接融入精读课文的体会方法,使程序性知识与陈述性知识相融合,对知识的掌握起到趁热打

[①]余文森.核心素养导向的课堂教学[M].上海:上海教育出版社,2017:179.

铁、总结提升的作用。另外,还可以嵌入课后题的自学和讨论,比如《那个星期天》课后是比较两课在表达情感方法上的异同,而交流平台正是对这两课写法的梳理和表达效果的总结,在此融合能起到画龙点睛之妙用,选择合适的写法来表达情感的语文要素就内化于学生心中。

(3)相同教学价值栏目的整合:一个单元中,文章的写法虽不相同,但表达的效果是一样的。此时,需要教师分析栏目的最佳教学价值,进行整合,使之形成一个体系,使学生进一步感悟写法的作用,为写好大作文奠定基础。如六年级下册第三单元中,第二个精读课文写了作者变化的情感,真情自然流露于字里行间。而单元大作文需要写出变化的情感,此时教师可让学生回忆课文的情感变化线,再自读习作例文《别了,语文课》,梳理出作者的情感变化线。三个栏目的教学价值具有内在的统一性,教学时整合在一起发挥合力,学生习作的效果更佳。因此深入研读文本,了解其教学价值,使之为学生落实语文要素助力,这是单元整体教学的最佳策略。

当然,对于单元栏目之间关联不大的情况,不能牵强整合,不要为整合而整合,否则会影响课堂教学的效果,使学生感觉风马牛不相及,不利于语文要素的落实。

2.情境化教学策略

情境等于情加境,"情"很容易把学生的情感激发出来;"境"呈现事物的本来状况,能把学生带到当时的样态,激发学生的思考。

(1)音、画、视频与课堂深度融合,激发学生情感的共鸣。尤其在布置习作任务的时候,在唤起学生情感表达的时候,在促进学生将文字符号转化成意义的时候,这些情境是激活思维的火花。另外,音、画、视频也是单元整体学习的润滑剂,也是打通书本与知识经验之间的桥梁,使课堂不再枯燥,富有情趣。比如《那个星期天》中体会用融情于事表达情感的方法,主要集中在"这段时光不好挨"这一段。课文配以一个别具匠心的插图,文中小主人公做的四件不同的事,集中在一幅画面中,如何让学生感受到紧凑感和紧张感来体会"我""挨"时间的无奈和无助呢?我们可以运用角色体验法让学生想象自己就是文中的小男孩,屏幕上出示一幅幅图画随着一段舒缓的音乐慢慢播放出来,这样就营造了"挨"时间的非常难过的情境,配上老师动情语言的描述,小男孩焦急的心情越来越紧迫,这种把情感融于事件的表达效果就让学生真切体会到了。

（2）创设真实的任务情境，让学生充满信心投入学习。美国教育学家古德曼曾说过："如果我们先学写信的各个步骤，学完这些写信的步骤之后，我们可能还是写不出一封信。因为写信是一件有实际作用的事……如果没有一个真实需要写信的情境学习，这些写信的步骤与技巧就一点意义都没有了"[①]。学生是非常希望接受一个挑战性任务的，每个孩子的性格各不相同，生活中亲身经历的事情和表达的情感也不相同，每个师生都要做一个忠实的倾听者去体会他们的情感。所以，可以通过设计任务情境去驱动学生把自己的事件和情感记录下来，珍存下来。例如，六年级下册第三单元，教师可在第一个读写活动中结合临近小学毕业，给孩子们出示一个制作"真情集锦"的封面，老师希望同学们把六年来感动的故事记录下来，精心写作之后收录在这个集锦中，为每个同学留下一段美好的回忆。这个任务使学生有了认真学习表达情感方法的学习动力，驱动学生全情投入单元整体学习。师生都期待着同学们在课堂上吐露真情，去感受那一份童真童趣，用这样一个制作作文集锦的任务驱动学生用笔记录"美好的回忆"，使作文教学有情、有趣、有效率。

（3）创设"动脑—动手—动口"的活动情境，使学习主体积极参与学习活动。由于信息技术对课堂教学的融合作用，很多老师热衷于多媒体的使用。其实，一些触动学生参与思维和表达的简便易行的教学策略依然具有事半功倍的效率。例如在讲六下三单元《那个星期天》一课时，为让学生掌握在事件中写出心情变化这一重点内容，教师准备了几个磁力红心贴到黑板上，让学生通过自由读文后摆放心情词的方式讲出自己摆放高低的理由。这个有价值的语文活动全方位调动了学生听说读写能力，激活了学生的思维，将学生阅读、表达、思考的能力联合起来，读写教学互为平衡，利于学生掌握习作技能，深刻体会到富于情感的变化在一篇文章中的作用。

3.设计学习支架策略

缺失学生主动参与、主动探究的课堂，一定是收效甚微的课堂。单元整体教学设计体现的是生本课堂的理念，因此，为了让学习主体自主获取习作技能，从单元开始唤起学习兴致，到确定写作任务，到主动阅读，迁移运用，再到形成学习成果，

[①]（美）肯·古德曼.全语言的"全"全在哪里[M].李连珠，译.南京：南京师范大学出版社，2005.

预习单和作业单作为学习支架起到重要作用,能及时反馈学生的学习状况,利于语文知识和技能的达成。

(1)用预习单和作业单辅助学生自主学习。教学的关键在于着眼学生的最近发展区,从现有水平向所能达到的水平前进。教师要为学生提供带有难度的内容,调动学生的积极性,发挥其潜能,超越其最近发展区而达到其难以发展到的水平,然后在此基础上进入下一个发展区的学习。单元整体教学最终目的是要从学生现有知识的起点向生长点发展,这就需要教师帮助学生搭建的"脚手架"与"最近发展区"相关联,只有根据学生的"最近发展区"搭建的"脚手架"对学生的发展才是最有效的。学习支架的形式很多,依据学段特点,可设计预习单和作业单辅助学习。

预习单主要是课前的自我学习,根据单元内容和学生已有能力,可在第一个读写活动前布置,内容可设计整个单元的基础目标,如字词的掌握、主要内容的概括、文章脉络的梳理,以及主要信息的把握等等。当然也要设计进入下一个发展区学习的内容。例如,统编教材六年级下册第三单元的预习单可设计如下。

— 课前预习单 —

一、自学生字新词

1.给加点字注音

不禁　旋转　觉察　遮挽　薄雾　绊倒　耽搁　沉郁　缥缈　急遽

惆怅　惊惶　依偎　消逝　头涔涔　泪潸潸　伶伶俐俐　空空落落

2.看拼音写词语

duǒ cáng	nuó yí	pái huái	zhēng róng	chì luǒ luǒ

míng mèi	fāng zhuān	mǎ yǐ	niàn dao	bàn dǎo

jiǎo chán	dān ge	róu dòng	zhàn kāi	cuō yī fu

jīng huáng	qīn wěn	yī wēi

3.联系上下文,理解词义

(1)头涔涔、泪潸潸:＿＿＿＿＿＿＿＿

(2)蒸融:＿＿＿＿＿＿＿＿

(3)徘徊:＿＿＿＿＿＿＿＿

(4)赤裸裸:＿＿＿＿＿＿＿＿

(5)沉郁:＿＿＿＿＿＿＿＿

(6)缥缈:＿＿＿＿＿＿＿＿

二、理清脉络,了解内容

顺序	文章脉络	《匆匆》		情感
首先	提出问题			
接着	时间流逝 (刻画踪迹)	八千多日子的流逝		
			洗手、吃饭……	
然后	抒发感触			
最后	再次叩问			

课题	《那个星期天》		
发展过程	早晨	上午	下午到黄昏
心情变化	♡	♡　♡	♡
描写内容	这些心情是通过这些语句来表达的(在书上圈点批注)。		

当教学进入第二个读写活动,需要学生交流与探究的问题会不断涌现出来,也是习作能力进一步提升的关键环节。因此,教师可设计"小组合作学习单"作为活动支架,引领学生发散思维,读写结合,扎实掌握习作要点。

— 小组合作学习单 —

课题:《匆匆》

1.我发现以下字音和字形容易出现错误,请大家注意:(用红笔标注)

字音:＿＿＿＿＿＿＿＿＿＿＿＿＿＿＿＿＿＿＿＿＿＿＿＿

字形:＿＿＿＿＿＿＿＿＿＿＿＿＿＿＿＿＿＿＿＿＿＿＿＿

2.我能认真读课文,从课文中体会到作者表达的情感。(圈点批注:读句子,谈体会)

3.我根据表格能概括课文的主要内容:

《匆匆》是现代著名作家＿＿＿＿＿＿的一篇＿＿＿＿＿＿(体裁)。文章紧紧围绕"＿＿＿＿＿"二字,首先,提出问题"＿＿＿＿＿＿＿＿＿＿＿",接着,细腻地刻画了＿＿＿＿＿＿＿的踪迹,然后,抒发感触＿＿＿＿＿＿＿＿＿＿,最后,再次叩问"＿＿＿＿＿＿＿＿＿",＿＿＿＿＿＿＿＿＿＿(写作手法),表达了作者＿＿＿＿＿＿＿＿＿＿之情。

征求意见:我们小组汇报完了,其他同学有没有补充或者有哪些不同意见?

课题:《那个星期天》

1.我发现以下字音和字形容易出现错误,请大家注意:(用红笔标注)

字音:＿＿＿＿＿＿＿＿＿＿＿＿＿＿＿＿＿＿＿＿＿＿＿＿

字形:＿＿＿＿＿＿＿＿＿＿＿＿＿＿＿＿＿＿＿＿＿＿＿＿

2.我能认真读课文,从课文中体会到作者表达的情感。(圈点批注:读句子,谈体会)

3.我根据表格能概括课文的主要内容:

《那个星期天》这篇课文写了一个小男孩在一个＿＿＿＿＿＿(时间)急切盼望母亲带他＿＿＿＿＿＿＿＿的心理变化过程。早晨,他得知消息后心情＿＿＿＿＿＿＿＿,接着,一上午的等待让他的心情变得＿＿＿＿＿＿＿＿,到了下午,母亲一拖再拖更让他的心情＿＿＿＿＿＿＿＿,直到黄昏,母亲依然没有兑现承诺,他的心情＿＿＿＿＿＿＿＿。

征求意见:我们小组汇报完了,其他同学有没有补充或者有哪些不同意见?

以上活动支架的设计适合高年级学生使用,因为在这个学段自主阅读能力增强,教师要充分放手,以这样的活动支架把握学生具体学情,把更多时间放在读写平衡教学的难点问题上,以支架助推习作技能的达成。

(2)设计评价标准进行持续性评价。单元整体教学最终目的是学生达成单元训练目标,这就需要教师及时对学生学习效果进行评价,根据评价所得调整课堂教学,向下一个目标推进。开展单元学习有四个重要环节,即选择单元学习主题、确定单元学习目标、设计单元学习活动、开展持续性评价①。习作单元整体教学中训练很多,除去最后的习作还有很多小型训练任务,如果不及时进行小任务的评价,终会影响大作文的成果。可根据单元习作技能,以及学生已有的知识水平,对学生学习阶段成果进行持续性评价。评价的方式要多样化,如下图所示,体现及时性和针对性,便于教师掌握学生的学习进程,促进目标的达成。

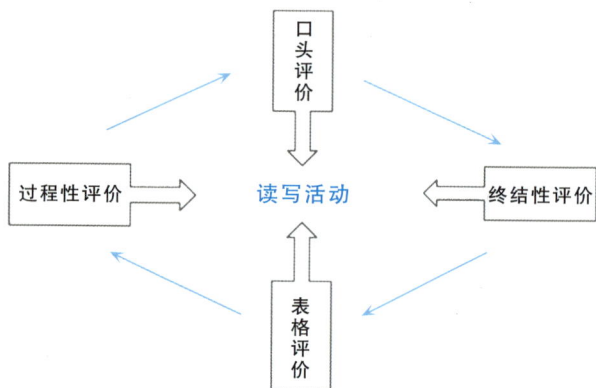

图 2-4　评价方式图式

例如,对六年级下册第三单元中小练笔可设计如下评价表,从学习的态度和练笔的效果两方面,其中"情感自然流露"这一点是单元语文要素核心内容,是单元教学的习得点。根据评价要点通过给星方式进行评价,最后根据总评确定评价等级。

①刘月霞,郭华.走向核心素养的深度学习[M].北京:教育科学出版社,2018:072.

表2-2 小练笔评价表

评价内容	评价项目		评价要点	评价等级			自评	互评	师评	总评
学习态度	积极交流		乐于表达,乐于写作,积极交流	☆☆☆	☆☆	☆				
	及时评改		能自我修改有明显错误或表达不充分的地方	☆☆☆	☆☆	☆				
练笔效果	情感自然流露	内容合适	选择的事例、景物比较合适	☆☆☆	☆☆	☆				
		方法适切	能用上所学方法表达心情	☆☆☆	☆☆	☆				
	书写规范		格式正确,无错别字	☆☆☆	☆☆	☆				

　　针对最后的单元作文,评价要点就会充实一些,在练笔效果处增加了"拟题合理"一项,毕竟是六年级的学生,学会拟题是必须掌握的能力。在"情感自然流露"这一环节,增加了"写出情感变化"这一要求,这是习作要求中的核心要求,在作文中应是写得最具体、最生动的内容。因此,可设计如下评价表,让学生全方位进行互评和自评,从而训练学生自我评改的能力。

表2-3 单元作文评价表

评价内容	评价项目		评价要点	评价等级			自评	互评	师评	总评
学习态度	积极参与		乐于写作,主动交流	☆☆☆	☆☆	☆				
	及时评价		及时修改不恰当地方	☆☆☆	☆☆	☆				
习作效果	情感自然流露	内容合适	选择的事例和内容比较合适	☆☆☆	☆☆	☆				
		方法适切	使用方法比较合理	☆☆☆	☆☆	☆				
		写出变化	情感过程有多个变化	☆☆☆	☆☆	☆				
	拟题合理		能根据表达的情感拟定合适的题目	☆☆☆	☆☆	☆				
	书写规范		格式正确,无错字	☆☆☆	☆☆	☆				

五、坚守单元整体实践，不断探索与创新

单元整体教学研究随着时代的发展，不断有新的教学问题出现，需要在后续研究中继续探索实践，提炼出更有效、更实用、更具操作性的单元整体教学模式。为实现区域教育优质均衡发展，须从以下几个方面进行深入研究。

1.拓宽研究范围，立足边远实践

将研究范围从区域中心向边远校扩大，对边远校单元整体教学实践做一些推广，调研教学中的问题，进行课堂教学的改进，让城区校和农村校师生共同受益，提升学生习作素养，提高教师教学能力。

2.创设训练情境，激活学生习作的需求

教师要深刻学习"全语言教学的理念"，将其运用到习作单元整体设计，为学生创设语言训练的情境，将文本语言情境、课堂语言情境、生活语言情境融为一体，创新设计学生活动支架，激活学生表达的需求，让学生更主动地探究学习，将情感真实流露于笔端。

3.完善评价标准，提升评改能力

加强对普通习作单元与特殊习作单元的学习结果的评价标准的设计，在课堂中进行持续性评价，力求"一练一标"，有写有评，梳理出人、事、景、物等文体的评价标准，通过多种方式评价学生学习的效果，提高学生自我评改作文的能力。

4.注重课程思政，立德树人是根本

单元整体教学中一定要关注学生语文核心素养的培养，尤其作文教学中思想情感的熏陶和感染更为重要，要挖掘课程思政的功能，实现在单元整体教学中潜移默化地落实立德树人根本任务的目标，让阅读写作的平衡教学也能达到学习语文和品德教育间的自然平衡。

小学语文整本书阅读课堂共生模式研究

天津市滨海新区塘沽教育中心　马艳玲

　　莎士比亚曾把书比作"全世界的营养品",他说:"生活里没有了书籍,就好像没有阳光;智慧里没有书籍,就好像鸟儿没有翅膀。"阅读对于孩子智力发展、性格塑造、人格形成等具有重要意义。对于学生来说,学习课内知识固然重要,但如果仅限于此,势必会使学生知识结构过于单一,远远达不到激发学生潜能、开拓学生视野、影响孩子终身发展的效果。课程标准对小学各学段的课外阅读量都做出了明确规定,"第一学段课外阅读总量不少于 5 万;第二学段课外阅读总量不少于 40 万;第三学段课外阅读总量不少于 100 万。"为了达成这一目标,课程标准在实施建议中又提出,"要重视培养学生广泛的阅读兴趣,扩大阅读面,增加阅读量,提高阅读品位。提倡少做题,多读书,好读书,读好书,读整本的书[①]"。

　　统编教科书从低年级开始就安排了"快乐读书吧"推荐阅读整本书。这是国家统编小学语文教科书中的一个创新性设计栏目,三年级推荐了《安徒生童话》《中国古代寓言》《伊索寓言》《克雷洛夫寓言》;四年级推荐了《中国古代神话》《希腊神话故事》《十万个为什么》《森林报》等;五年级推荐了《中国民间故事》

[①]中华人民共和国教育部.义务教育语文课程标准(2011 年版)[S].北京:北京师范大学出版社,
　2012:23.

《一千零一夜》"中国古典四大名著"等；六年级推荐了《爱的教育》《童年》《鲁滨孙漂流记》《汤姆·索亚历险记》等。"快乐读书吧"使课外阅读课程化，引导学生进行大量阅读实践，形成"精读—略读—课外阅读"三位一体的阅读体系，共同促进学生阅读能力的提升。学生语文素养提升和精神的成长需要阅读。整本书阅读是学生未来生活的需要，也是学生阅读积累的需要。从量变到质变是事物发展的规律，有质量的整本书阅读能更好地达到"课标"规定的课外阅读总量，培养阅读习惯。整本书阅读还是提升学生语文素养的需要。整本书与单篇文本相比，篇幅更长，内容更充实，结构更复杂，主体更多元，表达更多样。阅读整本书，学生一段时间浸润在一本书的阅读之中，可以增强情感体验，加强语言学习，促进思维发展。

整本书阅读不同于单篇文本阅读的教学，学生阅读一本书，留下什么印象，感受到什么，是很重要的。"整本书阅读不是一般意义上的阅读，是指内嵌于语文课程中、作为一种正式学习活动的整本书阅读[1]。"整本书阅读进入课堂教学环节，可以最大限度地发挥教师的指导作用，以及学生之间的相互激励、相互监督、相互交流、相互分享的作用，提高学生读整本书的实效性。

"阅读不仅是在感官的领域，更是在思想的领域，以信息引发信息，以情感引发情感[2]。"共生原本指自然界中有这样一种现象，当一株植物单独生长时，显得矮小，而与众多同类植物一起生长时，则根深叶茂，生机盎然，人们把这种现象称为"共生效应"。教师要充分利用"共生效应"，在教学中发挥突出学生的带头作用，建立学习小组，形成共生式发展群落。教师一方面要引导同学间相互探讨、交流，各自不断自我完善；另一方面要引导各"群落"之间相互学习，相互竞赛，形成一个"共生圈"。这里既有师生共生、生生共生，又有选文共生、话题共生、体验共生。

---

[1]徐鹏.整本书读：内涵、价值与挑战[J].中学语文教学,2017(1):11-15.

[2]郭思乐.教育走向生本[M].北京:人民教育出版社,2001:43.

一、构建整本书阅读课堂共生模式

整本书阅读需要一个较长的过程,根据学生阅读的不同阶段,阅读前的"整本书导读课",阅读之中的"阅读推进课"和阅读之后的"展示与交流课(读书会)"三种类型的课堂模式操作策略有所不同。

(一)"整本书导读课"课堂模式

初识一本书—猜测阅读—精彩赏读—方法交流—课外阅读

1.初识一本书

"初识一本书"可以引导学生关注书的封面、序言、内容简介、作者介绍、目录等。例如,五年级学生阅读"快乐读书吧"推荐的非洲民间故事《曼丁之狮——非洲民间故事精选》时,首先通过封面和插页可以感受到非洲野生动物神奇,非洲青年勇敢、健硕。封面中的动物头像也在提示读者非洲民间故事中当然少不了动物故事,的确如此,尼日利亚的蜘蛛阿南司、塞内加尔的野兔勒克、赞比亚的野兔卡鲁鲁、南非的螳螂曼迪斯,它们的故事中也有人类,人与动物同思想、共生活。从目录中获取信息,看到非洲人民传颂的英雄。非洲的夜晚,人民围坐在篝火旁,歌唱自己的英雄,从桑巴·加纳到松迪亚塔,歌声回响在旷野,叙说着英雄的传奇。学生可以依据书中的"阅读提示"走近非洲民间故事中的英雄,感受他们非同寻常的形象。

2.猜测阅读

"猜测阅读"可以激发学生对作品的阅读兴趣。在读书的过程中,常常根据一个人物,推测与其相关的内容。可以依据整本书的封面展开想象,猜测书中的内容;可以依据作品中的插图,猜测作品的情节;可以通过浏览目录,猜测正文的内容。初读《曼丁之狮——非洲民间故事精选》前,可以猜想一下非洲人们是怎样生活的,他们和我们、和其他大洲的人们的生活有什么不同?猜读有利于引发阅读期待,使阅读活动充满"魔力"。

3.精彩赏读

"精彩赏读"是导读课的重要组成部分。教师可以事先选好作品中的某一章节,也可以由学生课堂上猜读的部分进行验证式阅读。学生对这本书了解不多,还无法直观感受其精彩,最好也是最便捷的办法就是"阅读",师生现场共读精彩部分或感兴趣的部分,对作品的"一隅"有一个直接的感知。例如《呼兰河传》导读课,教师推荐学生课堂上阅读《呼兰河传》第五章中有关"小团圆媳妇"的片段,学生读后知道了小团圆媳妇是这个老胡家花钱买来的小孩儿。她想家是一件最正常的事情,却遭到非人的折磨,和《祖父的园子》中洋溢的自由、快乐形成鲜明的对比。原来《呼兰河传》中既有童年的快乐、故乡的风土人情,又有悲伤凄婉的故事。

4.方法交流

"方法交流"可以交流如何提高阅读速度,如何做好批注,如何依据不同的阅读目的选择恰当的阅读方法等。其实,很多阅读方法在语文课上学习过,在整本书阅读中让学生适当运用,提高阅读效率。

5.课外阅读

"课外阅读"顾名思义就是课下完成部分,整本书导读课教学只是整本书阅读的一个"引子",整本书的阅读需要一段时间来完成。

"整本书导读课"重在激发阅读兴趣,了解作品大意,揭开整本书的面纱,促使学生对作品产生阅读期待,让他们带着兴趣或者问题去阅读整本书。"整本书导读课"还要指导学生的阅读方法,渗透读书的策略。"整本书导读课"要选好引读点,与学生共同阅读,从作品的一个点出发,为学生进行课外阅读奠定基础。

(二)"阅读推进课"课堂模式

交流前期阅读—焦点辨读—展开对话—阅读指导—课外阅读

1.交流前期阅读

"交流前期阅读"是阅读推进课的必要环节。学生经过一段时间的课外阅读,一定有了不少收获和体验,课堂上安排学生分享前期阅读的体验,是使学生的阅读吸纳有了一个表达的"出口"。因为阅读后的经验与体验,与小伙伴的分享会更加生动有趣。例如,五年级整本书阅读《城南旧事》,阅读推进课上通过"谈谈我最感兴趣的书中人物",引导学生结合书中相关内容谈一谈这个人物带给自己的独特感受,还可以与自己的生活相结合谈谈为什么对他(她)"情有独钟"。一位学生谈到喜欢书中的"疯女人秀珍",因为与成人眼中的疯子相比,小英子看到的秀贞是那么单纯、善良、爱自己的孩子。学生谈到兰姨娘,她漂亮,喜欢打扮,常常带英子到城南游艺园去,那里的"梅玉配""锯碗丁"、大鼓、冬菜包子,英子都喜欢;去三贝子花园畅观楼里照哈哈镜,英子兴奋得不得了……可是当英子看到爸和兰姨娘的事,觉得使妈受了委屈,英子又恨又怕。这种情感变化贯穿了《兰姨娘》这个故事。

这里的交流可以是直接口头交流,也可以提前做些相关准备,利用信息技术的媒介直观演示或讲解,帮助小伙伴收听收看;还可以出一些问答题,以"考一考"的形式请大家回答问题,交流前期的阅读。

2.焦点辨读

"焦点辨读"是引导学生开展深度探究的重要环节。有些书中的人物性格复杂,有些书中的情节充满矛盾,有些书中的环境描写起到了特定的作用,有些书中故事结局悬而未决,这些"矛盾焦点"很容易让学生的阅读理解产生不一样的结果。教师组织学生针对问题展开思辨,这里的问题需要学生通过阅读后找到相应的依据,形成自己的观点使阅读理解更加深入,思维也被进一步激活,在思辨中又激发学生对整本书的阅读兴趣。

如五年级《昆虫记》的阅读推进课,教师组织学生针对问题展开思辨,如"为什么讲蝉的时候要说一个寓言故事?""为什么我害怕黄蜂的蜇人,法布尔达成了研究目的?"这里的问题需要学生通过阅读后找到相应的依据,阅读的过程也是探索的过程,思维被进一步激活,观点判断在讨论中提升。阅读形成的观点使阅读理解更加深入。

3.展开对话

"展开对话"是师生对话、生生对话、师生与整本书之间的互动对话,共生共长,生成新的阅读体验、新的阅读资源。整本书阅读教学,不同于单篇课文教学,目标是多元的、生成的。师生就像拉家常一样,聊出智慧,产生火花。从这个意义上

说,整本书推进课中教学目标可以适当留白。"展开对话"中的话题有时候来自学生,教师事先不知道学生到底会对什么感兴趣,教师更多地根据学生的质疑点、兴奋点,即时生成教学资源与教学目标。这样寻求共识的三个主体:教师、学生和文本的意见都得到充分倾听和尊重。

4.阅读指导

"阅读指导"的目的是通过交流阅读的方法,推动学生的后续阅读和持续阅读。整本书阅读指导要突出"整"字,整本书阅读可以从"文学欣赏、阅读策略、认知提升"等方面进行指导,力求横向贯通,纵向衔接,纵横交错,整体推进。学生可以交流如何提高阅读速度,如何做好批注,如何依据不同的阅读目的选择恰当的阅读方法等,如何运用"联结"策略引发深入思考。利用整本书的哪些精彩章节进行读一读、演一演,利用哪些文段进行比较阅读……这样的交流,使得同学们在关注内容的同时,更要关注如何阅读。其实有的阅读方法在语文课上学习过,在整本书阅读中让学生适当运用,提高阅读效益。教师关注每个学生是不是有目的地阅读思考,是不是在老师的引导下有指向性地交流。引导学生尝试多种阅读方式,提高阅读速度与阅读质量,循序渐进地提升学生理解和运用语言的能力。除了文本间相互联结,还可以文本与生活经验的联结,将学习的空间由书本延展到"大千世界",从而帮助学生提高阅读的实效性。

5.课外阅读

"课外阅读"可以依据学生提出有价值的问题,不同的见解与想法,引发大家的思考,并在课外阅读中解决问题。学生读了,读懂了,读透了,是整本书考量的三个维度。通过整本书阅读,发展学生的形象思维、探究思维、创新思维。

"整本书推进课"重在交流前期阅读体验,聚焦作品中的"矛盾焦点",引导学生展开辩论,就学生和教师的阅读疑惑点或者情感共振点展开对话,共同阅读、探讨。"整本书推进课"还要继续指导学生的阅读方法,激发阅读兴趣,为进一步阅读"保驾护航"。

(三)"展示与交流课"课堂模式

主题讨论、观点辩论—聊人物、说情节、品语言—读一读、演一演—微书评

1.主题讨论、观点辩论

"主题讨论、观点辩论"是学生通过进一步阅读对整本书又有了新的理解与体验后的交流。这节课的"观点辩论"与阅读推进课的"焦点辩读"操作上相同,但是学生由于读得更深入,思想的交流与碰撞将更加激烈。

2.聊人物、说情节、品语言

"聊人物、说情节、品语言"以小组阅读探究为主要组织形式,以展示交流为活动方式。阅读感受因人而异,阅读兴趣各有不同。学生以小组为单位就感兴趣的人物、情节、语言,联结自身的生活实际,聊人物的性情,谈增长的知识,讲认识的提升,述情感的体味,说内心的困惑。整本书展示交流课要创设"聊书"的环境,学生兴致勃勃地聊起来,两眼放光地聊起来,小脸通红地聊起来。

3.读一读、演一演

"读一读、演一演"主要通过朗读、短剧表演、为名著改编的影视剧配音等方式激发学生的阅读兴趣,展现学生的阅读结果,提高学生的审美情趣。朗读能帮助朗读者体会文本意境,感悟作品内涵,更可以体现朗读者对作品的独特体验,并将这种体验传递给听者。而听者在倾听中感受人物的喜怒哀乐,还可以通过倾听在头脑中在建立故事结构,拓展无限的想象空间。而短剧表演和为影视剧配音都是学生喜闻乐见的展示分享形式,学生为了演好剧,配好音,必然细读作品,深入揣摩,还会小组合作,进行商量分工,再经过多次排练磨合,这些都是对作品的内化吸收积累。且学生在表演中无论是声情并茂的朗读、贴近人物内心的低语,还是大方得体的动作、惟妙惟肖的神态,都能起到示范作用,对其他学生的朗读能力的提高也有着促进作用。

4.微书评

"微书评"可以有两种形式:书面或口头。整本书读完后,学生会有很多阅读思考要表达,很多阅读体验要抒发。教师适时指导学生写、说"微书评"。微书评可以是介绍这本书,可以是评论这本书或者评论书中某个章节(某个段落、某位人物),可以是推荐这本书,可以是质疑批评某个部分(某个人物),还可以写读后感。

教师可以展示一些关于作家的创作资料、名家或翻译家的评论,与学生的阅读体验相呼应,增强学生的阅读感受力和鉴赏能力,并激发持续阅读的兴趣。

例如,六年级"快乐读书吧"推荐的《童年》一书为什么长久地、永不泯灭地留在人们心田并激发人们为美好的明天去奋斗呢?这里最好用高尔基自己的话来回答:"文艺的任务是要把人身上最美好的、优美的、诚实的也就是高贵的东西展现出来,激起人对自己的自豪感和责任感,需要英雄人物的时代已经到来了,人们要从英雄的灵魂和躯体里汲取力量……"(戈宝权)。

《爱的教育》中叙述亲子之爱、师生之情、朋友之谊、乡国之感、社会之同情,都已近于理想的世界,虽是幻影,使人读了觉得理想世界的情味,以为世间要如此才好(夏丏尊)①。

如果是书面完成,写完后分享微书评很重要,可以在小组(班级、家庭)中做口头交流,可以在校报、班级展示栏中做书面交流,可以在班级微信公众号、班级微信圈中与同学、老师、家长交流、研究,打开了学生自身未曾感知的"一扇窗",使阅读又有了新的收获。

二、增强整本书阅读"共生效应"的有效策略

(一)为帮助阅读理解,可借助相关资料了解历史背景

每一篇文章、每一部作品都融注了作家的人生理想和审美情感,渗透了作家对当时所处现实的思索。但是有的作品距离学生生活的时代遥远,有很多内容需要学生借助相关资料来理解。

《三国演义》第75回《关云长刮骨疗毒 吕子明白衣渡江》中东吴的吕蒙何以凌空出世,指挥了这具有决定意义的一战,奇谋远超诸将。学生不妨查阅一下"吴下阿蒙"这个典故,此典故出自《资治通鉴》卷六十六《孙权劝学》:吕蒙原本才识较浅,吴国君主孙权劝其多加学习,吕蒙于是开始发奋读书。之后与鲁肃会面,鲁肃惊讶地发现,吕蒙学识大涨,已非当日的那个"吴下阿蒙"了。吕蒙回应"士别三日,

---

①人民教育出版社课程教材研究所,小学语文课程教材研究开发中心.义务教育教科书教师教学用书语文六年级(上册)[M].北京:人民教育出版社,2019.

即更刮目相待"。了解这个典故后,再读这个章节,就会对吕蒙有新的认识。

读名著没有一点对背景的了解就是"盲读","初步了解"内容就是一句空话。学生读《三国演义》可以先借助历史资料,了解三国时期的历史背景,因为这是读小说的基础。当然,这里不是说研究这段历史,而是大致了解三国时期大约在什么时候,当时是怎样的社会状况,小说中为什么明显地"尊刘贬曹"?小说寄希望于蜀汉,把刘备、孔明作为仁君、贤相的典型来塑造,希望他们君臣际会,做出一番功业,统一中国,使百姓安居乐业。这种反对分裂、主张统一的思想,反映了当时广大人民的愿望。《三国演义》还宣扬了刘、关、张的"义气",包含着当时劳动人民的道德理想,具有鼓舞人民的力量,符合历史发展的趋势。这些也激发学生了解我国古代文化的兴趣。

每个历史事件都有其特定的背景,每个人物的行事方式以及语言习惯也会受到当时环境的影响。在读古典名著时,一定要将人物、事件放在当时的环境下理解。例如,读《水浒传》中第九回《林教头风雪山神庙 陆虞候火烧草料场》时,描写林冲忍无可忍、无奈被逼上梁山的过程,表现了当时社会黑暗、贪官当道、皇帝昏庸,以及老百姓处于水深火热的社会状态。这无疑体现了当时政治腐朽的现状以及老百姓幻想朝廷有所作为的思想。

六年级下册"快乐读书吧"中的"小贴士"也分享了"了解写作背景,能帮助理解作品内容和价值"的阅读方法。《鲁滨孙漂流记》整本书导读课教学中,教师可以列出一张年表,向学生简单展示英国资产阶级逐渐发展壮大的历程,便于学生了解成书的大背景。教师可将书中的情节与史实相连,如热爱航海、运用科学知识解决生存问题、回到英国后再次探险等,引导学生有结合历史背景、后世评价读名著的意识。

"快乐读书吧"推荐的阅读书目只是阅读的保底要求,教师要根据学生的实际情况,引领学生阅读更多的课外书,以达成课程标准"培养学生广泛的阅读兴趣,扩大阅读面,增加阅读量,提高阅读品位"的要求,以及"关注学生通过多种媒介的阅读,鼓励学生自主选择优秀的阅读材料"[1]的要求。如《城南旧事》的教学中,有的同学提出这样的疑问:宋妈不幸遇到"黄板牙"这样的丈夫,为什么还要独自到外

---

[1]中华人民共和国教育部.义务教育语文课程标准(2011年版)[S].北京:北京师范大学出版社,2012:23.

面赚钱养活孩子？而且对她最后还是和丈夫回家乡的做法很不理解。课堂上，教师组织学生再读相关章节，宋妈因为要挣钱养家，把孩子留给不负责任的丈夫，来到英子家帮佣，她任劳任怨，真心疼爱英子姐弟，但她牵挂着小栓子和小丫头。可是结果呢，小栓子掉进河里死了，小丫头也不知去向。她只能默默地流泪。文中的故事反映的是 20 世纪 20 年代末的中国，宋妈的悲剧是那个时代的历史背景、封建文化造成的。生活在社会底层的宋妈也有坚强、不认命的一面，例如，"她便振作精神去马市寻找被卖掉的女儿的下落"。最终和丈夫回到了没有儿女的家乡，留给英子佝偻的背影。宋妈的悲剧，也是那个时代的悲剧。再引导学生关注这个背景下的系列作品及史实资料，拓展阅读视野，关注不同的阅读资源，让不同的作品成为这本书阅读的补充和拓展，从这本书读开去。

(二)绘制思维导图，明晰人物关系，推进阅读

绘制思维导图，帮助学生清楚、明晰地面对小说中大量的人物，迅速理清人物之间的关系。不仅能够解决长篇名著人物众多、关系复杂、人名难念等问题，还锻炼了动手能力，增强了概括、总结能力，培养了逻辑思维。课上展示的思维导图从小到大，从满到缺，学生有抓手的同时再次激发了阅读和创造的兴趣，突破了教学重点。

例如小说《草房子》中的人物除主人公男孩桑桑外，还有桑桑的同龄人和许多大人。众多的人物和桑桑有着千丝万缕的联系，让学生一边读书，一边将每个人物的名字记下来，随后与主人公桑桑进行连线，绘制成思维导图。《草房子》推进课上，学生利用阅读中绘制思维导图进行汇报时，可以以"桑桑"为中心，其他众人按照相应关系分散排列，由于众多的人物并不是在小说的第一章就出场，所以这张思维导图是随着学生的逐章阅读、课外阅读而逐步完善，直到全部阅读完毕，才能完成的(见图 3-1)。

《童年》一书中出现了许许多多人物，除了外祖母外，还有富有同情心的"小茨冈"、忠厚老实的格里高利、献身科学的知识分子"好事儿"等等，他们与阿廖沙之间有怎样的关系呢？请学生带着这样的阅读任务读一读这三个人物与阿廖沙相处的故事片段，在全班交流中结合学生的发现，指导学生判断人物关系的方法：可以通过人物的语言描写推测出小茨冈是阿廖沙的至交好友，可以通过提取关键词的

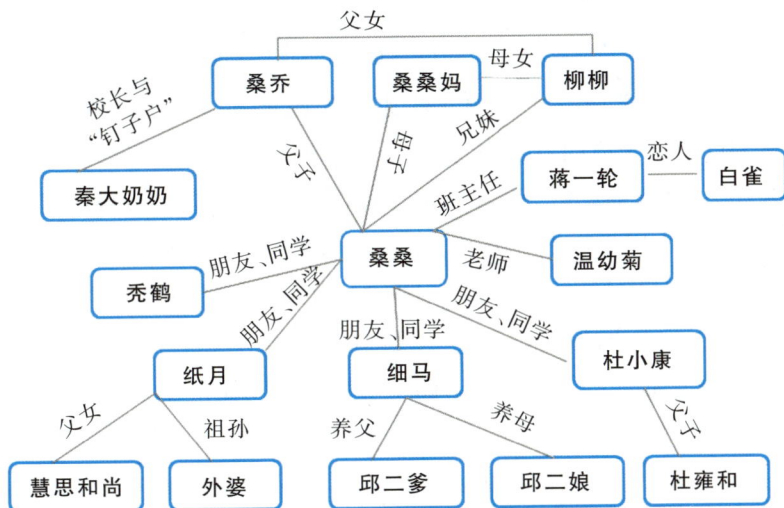

图 3-1 《草房子》人物关系图

方式得知格里高利"师傅"的身份,结合生活实际推测出"好事儿"是一名租住在阿廖沙外祖父家的房客。推测出三个人物与阿廖沙之间的关系后,教师补充自己画的思维导图的其他部分,提示学生在书中还出现了许多人物,边读书边把他们填充在图中,并在连接线上标注他们之间的关系(见图 3-2)。常用的思维导图形式还有圆圈图、括号图、树形图、气泡图等等,学生也可以选择自己喜欢的方法绘制独具特色的思维导图。

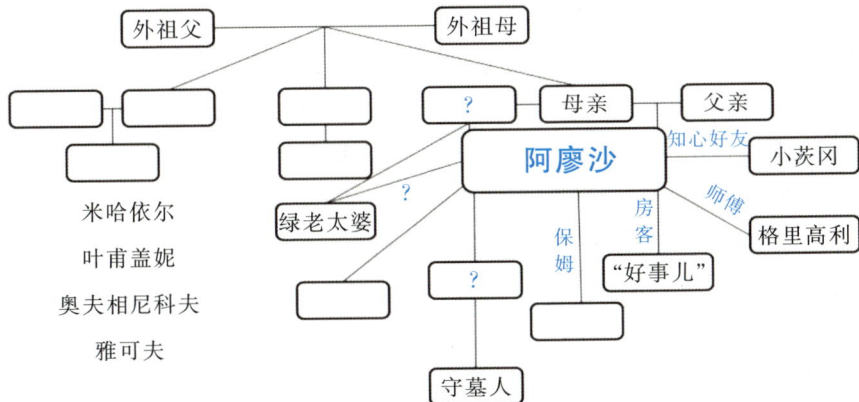

图 3-2 《童年》人物关系图

(三)运用比较阅读,把握共性,看到差别,提高鉴赏力

例如,六年级整本书阅读《童年》阅读推进课,教师请学生谈谈对"外祖母"的认识时,有的同学结合第四章的内容,依据人物表现,做出外祖母"机智勇敢、临危不乱、有领导力"这样的评价。而这个片段中的外祖父"低声哀号数次、让外婆抓住马",则表现出了胆小怯懦、缺乏责任感。教师引导学生继续阅读相关章节,发现小说中外祖父非常关心外祖母,继而又引导学生阅读"外祖母害怕蟑螂"的片段,原来外祖母也有非常胆小的一面。同一个情节中,不同人物各不相同的表现给读者留下深刻的印象,而同一个人物在不同情节中表现出来的不同性格特点,也让人物形象逐渐丰满。

有比较才有鉴别,教育家乌审斯基认为"比较是一切理解和思维的基础"。比较阅读的基本方法主要有两个方面,即同中求异和异中求同。比较阅读的恰当使用,能够把某些关联的文本加以串联和对比,使原本枯燥或不能引起学生关注的内容变得饱满丰润起来,凸显语言材料的共性或个性,获得新的思维视角,并能快捷有效地理解作品,实现阅读的高效。

如五年级"快乐读书吧"推荐阅读《中国民间故事》,师生在阅读中发现几个民间故事的共通之处。教师指引阅读《孟姜女》《阿诗玛》《白蛇传》几个故事的结局部分,学生读后发现原来这几个故事在当今生活中都留有印记:秦皇岛市的孟姜女庙,云南石林中的阿诗玛石,杭州西湖边的断桥、雷峰塔。孟姜女庙还有一则著名的对联,关于对联的读法又有两个民间故事,《阿诗玛》的故事拍成电影,并且阿诗玛的雕塑还成为云南省曲靖市的旅游名片;而《白蛇传》这个故事,我们常见的就有三种不同结局,艺术工作者又依据这个故事多次进行再创作,拍了电影、电视剧、动漫等等一系列艺术作品。由此可见,民间故事流传度广泛、对当今文化的滋养及对后世文化深远的影响。

再如阅读《草房子》中的《秃鹤》和《艾地》两个章节,发现情节的相似之处。这两个章节都有一件与大家相对立的事,是(   );都有一件报复大家的事,是(   );都有一件转变大家看法的事,是(   );都有与大家和好的结局,是(   )。另外,《草房子》全书一共九章,除第四章《艾地》以外,其余八章的结尾都以省略号结束。难道这是巧合,还是作者有意为之,这里面有什么奥秘?

还如,《草房子》中多次进行环境描写,可以把其中几处整合起来对比阅读,探秘环境描写与表现人物的关系。《红门(二)》中"杜小康与父亲去放鸭"一部分描写了"芦荡、香草、萤火虫",这些景物是在"晚上到达目的地,从未见过""从恐慌中安静下来"的情况下写的,作者用景物描写衬托人物的心情。通过甄别、筛选,揭开不同阅读材料的表面现象,找出共同特征,从而领悟《草房子》以其平凡中的真情打动人心,带给读者美的享受。

"同一本书在不同的读者阅读过程中会产生新的意义,也产生新的问题。读者在阅读过程中主动迎向这些问题,提出疑问,从而不断发现新的意义,受到新的启示,产生新的见解。因而阅读是一个充满活力和创造欲望的心理过程,也是一种令人振奋的阅读活动①。"在教师和同学的集体智慧中迸发出新思想、新感悟,在意见的交流与结论的磨合过程中又激发学生对整本书阅读的兴趣。

同中求异,把握个性。同中求异就是通过分析、解剖、探寻同类阅读材料的相异之处,从而找出阅读材料个性特征的方法。培养的是求异思维,目的在于通过比较,寻求差异,认识文章或人物的个性,探求事物各自不同的特点。《松鼠》和《鲸》这两篇课文都是状物说明文,教学时采用比较阅读的方式引导学生发现:说明一样东西,可以有很多种方法。再让学生读《中国大百科全书》中介绍"松鼠"的一部分内容,把《百科全书》中介绍和布封的文字做比较,发现了文艺性说明文语言的特点。这样的比较阅读,有助于学生在具体的语言文字实践活动中逐步发现文艺性说明文的三个特点:知识性,一定是要介绍科学知识、自然知识、生活知识等知识的;文学性,与一般说明文相比,可能更有文采;情感性,融入了作者的情感做介绍。

(四)结合影视作品,加深对人物形象的认识

许多中外名著早已搬上荧屏,走进了千家万户。六年级上册"快乐读书吧"推荐了三本书:《童年》是苏联作家高尔基以自身经历为素材创作的一部自传体小说,讲述了阿廖沙四岁到十一岁的童年生活;《小英雄雨来》是中国作家管桦的一部中篇小说,在抗日战争中,雨来不断成长,完成了多项重要任务,最终如愿参加了游击队;《爱的教育》是意大利作家亚米契斯的日记体小说,以一个四年级小男孩安利柯的成长为线索,讲述了发生在他身边的故事,渗透着父子之爱、同学之

---

①吴中豪.小学语文课程与教学论[M].北京:北京师范大学出版社,2008:134.

爱、师生之爱,以及对祖国、人民的爱①。这三本书都被拍成电影,教师在阅读指导中可以播放电影的精彩片段,引导学生了解这三本小说,加深对人物的认识。

《三国演义》同样是许多影视剧编剧的蓝本,《西游记》中的"大闹天宫""三借芭蕉扇"也是儿童还没学会认字读书就耳熟能详的故事;《鲁滨孙漂流记》《百万英镑》等都有经典剧作播放。许多孩子最先是从电视中认识鲁迅、老舍、吴承恩等作家的。

虽然说影视剧限制了想象的空间,但是也给学生接近名著敞开了大门。在教学中可以取其所长,为教学服务。例如,阅读《红楼梦》第三回《贾雨村夤缘复旧职 林黛玉抛父进京都》时,文中描写到王熙凤"恍如神妃仙子,头上戴着金丝八宝攒珠髻,绾着朝阳五凤挂珠钗……一双丹凤三角眼,两弯柳叶吊梢眉。身量苗条,体格风骚,粉面含春威不露,丹唇未启笑先闻"。学生很难把王熙凤美若天仙的外貌和心狠手辣的内里联系起来,更难以理解"粉面含春威不露"的圆滑世故。引导学生观看电视剧《红楼梦》第三回《林黛玉初进荣国府》后,学生对王熙凤见风使舵、阿谀奉迎有了直观形象的认识。学生再次进行阅读,不仅能体会到人物形象,还会发现影视作品虽然直观可感,却不如文本耐人寻味。

怀着愉悦之情叩响名著神圣的大门,不只欣赏演员表演的形象,更要看文学人物在自己眼中会是什么形象。也可以组织学生分享阅读体验,谈一谈影视作品与原著的区别,让学生既能体会阅读的乐趣,也尝试一点文学鉴赏。

三、提升素养构建阅读"共生圈"

(一)改变学生的学习方式,培养学生阅读兴趣,提升素养

语文课程是实践性课程,学生应该多读多写,日积月累,在大量的语文实践中体会、把握运用语文的规律。同样,学生在阅读中学会阅读,大量阅读是关键。强调

---

①人民教育出版社课程教材研究所,小学语文课程教材研究开发中心.义务教育教科书教师教学用书语文六年级(上册)[M].北京:人民教育出版社,2019:124.

学生学习方式的转变,"为学生创设有利于自主、合作、探究学习的环境。应尊重学生的个体差异,鼓励学生选择适合自己的学习方式",教师要"精心设计和组织教学活动,重视启发式、讨论式教学,启迪学生智慧,提高语文教学质量"①。

整本书阅读体现学生"阅读"的主体地位,而老师仅仅是"穿针引线"的点拨者。学生能够真正静下心来阅读、理解、体会、讨论、思考、分享,让自己在阅读中学习阅读,并尝试多种阅读方式,提高阅读速度与阅读质量,循序渐进地提升理解和运用语言的能力。有利于将课内所学的阅读方法,在课外进行实践,发展学生的阅读能力。

文学作品阅读的整个过程,都贯穿着情感活动,是一种审美体验。学生在阅读中实现与生活对话,与作品对话,与作者对话。就在多角度的对话中,受到优秀作品的感染和激励,向往和追求美好的理想。思考语言文字的内涵,咀嚼语言文字的滋味,领悟语言文字的精髓,从而将作品的语言内化为自己的语言②。

整本书阅读教学对学生阅读兴趣的增强是不言而喻的,将课内和课外阅读联系起来,让学生发现在教材之外还有那么多好的篇章值得他们探索,自然会引发他们的好奇心。学生学习语文不是被动地吸收课本上的现成结论,而是一个充满丰富、生动的思维活动的过程,经历一个实践和创新的过程。具体地说,学生在教师指导下通过自己阅读、理解、统整、对照与反思,获得体验,发展学生的言语,从而在与经验的类比、分析、归纳中逐渐形成自己的语文素养。

(二)吸收中外优秀文化,提高了学生的文化品位

中华优秀传统文化是中华民族的突出优势,是我们最深厚的文化软实力。中华优秀传统文化,积淀着中华民族最深沉的精神追求,代表着中华民族独特的精神标识,形成了中国人的思维方式和行为方式,支撑着中华民族历经五千余年生生不息、代代相传、傲然屹立。积极挖掘中华优秀传统文化的内涵,整合阅读资源、文化资源,充分认识到这是中国文化软实力的重要力量源泉,对人类文明的发展进步产生了重要而深远的影响。通过阅读,通过优秀传统文化的教育和传播,学生

---

①中华人民共和国教育部.义务教育语文课程标准(2011 年版)[S].北京:北京师范大学出版社,2012.

②曹媛.基于学科核心素养的天津市小学语文学业质量标准[S].天津:天津人民出版社,2017.

树立起民族自尊心和自信心,形成认同中华文明的时代意识和振兴中华文明的使命意识,促进学生语言、精神的共同生长。

人类在漫长的历史长河中,创造和发展了多姿多彩的文明。教育要在增长知识见识上下功夫,通过阅读,引领学生打开认知世界的"一扇窗",学生了解世界各种文明多样共存。从中国到世界,引导学生理解和体验人类共同追求的真、善、美,培养学生的国际视野,塑造学生的完整人格。教师还通过阅读引导学生珍惜学习时光,心无旁骛求知问学,增长见识,丰富学识,沿着求真理、悟道理、明事理的方向前进。学生在阅读中求真学问,练真本领,逐步成才,"树人"的种子通过师生润物无声的阅读播散在学生的心田。

"腹有诗书气自华",学生逐渐形成与人交往时落落大方的态度、文雅的谈吐,能根据不同场合选择合适的话语,敢于提出自己的想法,也学会耐心倾听他人意见、尊重他人的观点,文明地和他人沟通和交际。另外,学生通过阅读表现出了健康蓬勃、思维活跃、知识面广的精神风貌,儒雅的气质和文明的举止也是阅读成果的表现。

(三)师生共读与亲子共读,形成阅读的"共生圈"

让学生得法于课内,得益于课外。教师发挥引领作用,与学生共读一本书,与学生一起围绕书中的问题展开交流探讨,既交流阅读的感受,又交流个人的读书方法;教师引导学生撰写"微书评",一起分享阅读的快乐;教师在阅读中研究群文阅读中的阅读方式与阅读策略,通过巧设悬念来激发学生对阅读的兴趣,讲述书中精彩片段后戛然而止,让学生带着疑惑主动亲近阅读;教师向学生推荐自己曾读过的名著、经典篇目……在共读中,教师与学生一起学习,一起感受,一起成长,产生"1+1>2"的共生效益。

要让孩子养成良好的课外阅读习惯,家庭的影响举足轻重,因此提倡亲子阅读,让阅读真正走近孩子,走近父母,并渗透到他们的心灵。教师向家长发出阅读倡议,为家长推荐学生喜爱的课外阅读书目;同时构建读书交流的平台,定期开展"亲子阅读交流活动",家长、孩子共谈家庭阅读的做法,交流学习的感受,共抒读书心得,在彼此的交流中分享读书的乐趣,增强阅读的兴趣,自觉养成良好的阅读习惯,每个家庭成员都因此获得更多的收益。总之,学校、家庭构建和谐共生的阅读"生命场",有利于促进学生自主人格的养成和自我能动的发展。

指向深度学习的小学整本书阅读教学研究

天津市津南区咸水沽第三小学　　闫君燕

　　《义务教育语文课程标准(2011 年版)》的教学建议提倡"少做题,多读书,好读书,读好书,读整本的书"①。教育部统编语文教科书纲举目张提出了"让课外阅读走进课内,使课外阅读课程化"的编写理念,倡导以课内阅读资源为依托,有针对性地拓展课外阅读,拓宽学生阅读视野,提升学生阅读能力,提高学生阅读素养。国际学生评估项目(PISA)提出,阅读素养是指为了实现个人目标、增长知识、发展潜能、有效参与社会生活而理解、运用和反思书面文本的能力。无疑,这为整本书阅读指明了方向。"理想状态的整本书阅读,应是冲破语文教学的狭小格局的深度阅读、深度学习,需要精读、泛读的灵活转换,课内阅读和课外阅读的深度整合,正式学习和非正式学习的对接融通"②。这与深度学习指向高阶思维,要求课堂教学能够改变学生的浅层学习状态,让学生进行自主、高效的学习和探究相互契合。在指向深度学习的整本书阅读教学视域下,语文教师要对当前整本书阅读教学现状进行客观、理性的梳理,结合学生的整本书阅读情况实施教学,从多个角度、多个方面强化学生的阅读体验,提高学生的理解能力,引领学生建构知识网络,发展学生的语文核心素养。

---

① 中华人民共和国教育部.义务教育语文课程标准(2011 年版)[S].北京:北京师范大学出版社,2012:23.
② 李卫东.混合式学习整本书阅读的策略选择[J].语文建设,2016(25):12–15.

一、整本书阅读教学现实困境

现代语文教学已经走过了百年时间,伴随着社会的发展和人们教育理念的提升,人们越来越意识到要更好地重视和引导学生进行广泛的阅读,扩大阅读的知识面,增加阅读量,提升阅读的水平。而在应试教育为指挥棒的传统考评体制下,课外阅读却成为学生语文学习中的"选修课"和可有可无的学习活动。笔者对当前学校整本书阅读教学进行了调查,审视当下学生进行整本书阅读的长短与得失后看到,虽然整本书阅读教学实践确实取得了一定的成绩,但是依然存在以下几个方面的困境:

(一)教学动力不足问题

整本书的阅读周期长,阅读任务大且较为复杂,决定了学生在阅读的过程中要投入更多的时间和精力。所以,虽然大部分语文教师在主观上认识到整本书阅读的重要性,但整本书阅读并没有具体的考核标准,也就使得整本书的阅读教学缺乏足够的动力。

(二)阅读书目选择问题

从学生主观能动性上来说,一部分学生在选择整本书时更倾向于其认为有趣的流行书籍去阅读,对于经典书目的阅读兴趣不大,这与新课标要求的书籍内容存在错位,阅读速度和阅读效果上都存在效率较低的情况。分析原因,一部分是由于学生的学习精力主要用于课程的学习和作业的完成,将整本书阅读当成学习任务;另一部分是主观认为经典书籍文字枯燥,存在畏惧心理。

除却学生因素,教师在推荐书目时也存在一些问题。首先,教师在编选阅读书目时计划。选什么,怎么选,选多少,都需要制订相应的计划。选择哪种类型的书,就要考虑学生处在什么阶段,此阶段的学生适合读什么类型的书;怎么选择,即通过什么方式选,是参考名家推荐,还是参考课程标准,或以教材为依托;选多少,即数量问题,就要研究本班学生的阅读量和阅读水平,从而做出决定。董菊初认为整本书阅读书目的选择"要适合学生的程度,门类齐备,体式多样"①。因此,书目的选择应该是整体的、综合的,除文学类的书籍,学生也应该适时地进行一些其他类型的阅读,例如科学类、人文类、社会类等基础性阅读,有助于开阔视野,增加各方面的素养。

(三)教学策略固化问题

教师在进行整本书阅读时走向两种极端:一种是把整本书阅读等同于课外阅读,忽略指导;另一种是混淆整本书阅读与单篇短章的指导,过于细化和散乱。

教学策略固化导致学生自由阅读的时间被占据。整本书阅读不同于单篇短章,强调阅读的整体性,教师的指导也应该立足于整体性,每一章都指导,每一个精彩片段都分析,不仅使学生的独特体验被压缩,也让其丧失阅读兴趣,更学不会怎样阅读整本书。

从语文课程的角度看"整本书阅读",要根据所读书籍的特点提取有价值的教学内容,通过优化问题、任务、活动的设计,帮助学生会读、读懂、读好,培养阅读的关键能力,养成良好的思维品质。

(四)评价指标单一问题

整本书阅读评价的主体单一。目前整本书阅读评价中,教师是评价的主体,学生是客体。这种传统的评价方式不利于深度阅读的良性发展,因此要使评价主体多元化,使教师、学生、家长等一起参与评价。被评价者从被动接受转换为主动参与评价,将评价变成"主动参与、自我反思、自我教育、自我发展的过程"②,评价者和评价对象一起参与评价计划的设计和评价过程,这种民主多元的评价关系才是有生命力的评价。

评价的单一性还体现在评价内容上。目前,教师对学生整本书阅读的评价停留在阅读质量上,没有关注阅读之外的、影响阅读进行的其他因素。例如,学生的态度、阅读的热情、阅读习惯的养成等,这些都应当作为评价的内容。

---

①董菊初.叶圣陶语文教育思想概论[M].北京:开明出版社,1998:204-206.
②于向东,苑德庆.基础教育课程改革研究[M].上海:华东师范大学出版社,2007:208.

二、指向深度学习的小学整本书阅读教学的意义

"学"是"教"的基础,在深度学习视域下,重新审视整本书阅读中"教"的内在意蕴和价值,应以学习者及其学习行为的考量为基础,"深度学习倡导转知为智,它意识到本体论忽视教育场域中人的价值立场和意义关怀,将学生的能力视为联结过去和未来的动态发展过程"[①]。指向深度学习的整本书阅读强调通过撷取信息、统整解释、省思评鉴的阅读探究历程,为学生的思维提供发展的平台,以高阶思维的养成作为终极目标,内隐于阅读过程的始终。学生在阅读过程中会有意识地多重撷取并调动自己的先备知识与经验,经历语言的形成与表达过程、思维的参与与提升过程、新的认知建构过程。这个过程是极具个性化的、动态发展的,超脱了单篇短章阅读静态的线性知识,在任务式研究、情境式问题、阶段性评测等活动中,学生学习和掌握能够迁移的阅读策略,形成新知识、新经验、新想法的高阶思维能力。

三、指向深度学习的小学整本书阅读教学目标

《普通高中语文课程标准(2017年版)》关于课内外读物的建议中,把整本书阅读的教学价值开宗明义地表述为"高中阶段要求学生在课内外加强阅读,培养阅读的兴趣和习惯,提升阅读品位,掌握阅读方法,提高阅读能力,让学生在阅读中拓宽视野,领略人类社会气象与文化,体验中华优秀传统文化、革命文化和社会主义先进文化,提高语言文字运用能力与思想文化修养,丰富精神世界"[②]。《义务教育语文课程标准(2011年版)》只有阅读量的要求和书目的列举,至于学生要达

[①]李长吉.知识教学的使命:转识成智[J].清华大学教育研究,2010,10:49-51.
[②]中华人民共和国教育部.普通高中语文课程标准(2017年版)[S].北京:人民教育出版社,2017:57-58.

到一个什么样的水平没有具体表述。笔者通过对部编小学语文教科书中"和大人一起读"及"快乐读书吧"两个栏目的梳理,发现整本书阅读在小学阶段要达到的教学目标基本上已经是清晰的。

表 4-1　整本书阅读的教学目标

册次	主题	书目	主题
一上	和大人一起读		在体验中感受阅读的快乐,并产生阅读期待,能够和大家分享课外阅读的成果
一下	快乐读书吧 读读童谣和儿歌		产生阅读童谣和儿歌的愿望,引导学生大胆展示自己的阅读成果,乐于和同伴分享自己的书籍
二上	快乐读书吧 童话故事	《没头脑和不高兴》	激发学生的阅读兴趣,同时渗透边猜边读的读书策略和方法,认识书的封面,知道书名和作者,了解书的基本常识;认识爱护图书的重要性,养成爱护图书的习惯
二下	快乐读书吧 儿童故事	《神笔马良》 《大头儿子和小头爸爸》 《七色花》 《愿望的实现》	从目录了解书的主要内容,知道读的内容从哪一页开始
三上	快乐读书吧 在那奇妙的王国里	《安徒生童话》 《稻草人》 《格林童话》	感受童话丰富的想象,把自己想象成童话的主人公,和故事中人物一起欢笑,一起悲伤
三下	快乐读书吧 小故事大道理	《中国古代寓言》 《伊索寓言》 《克雷洛夫语言》	读懂故事内容联系生活中的事和物,更深入地理解故事中的道理
四上	快乐读书吧 很久很久以前	《中国古代神话故事》 《希腊神话与英雄传说》	发挥想象,感受神话故事的神奇之处及永恒的魅力
四下	快乐读书吧 十万个为什么	《十万个为什么》 《穿过地平线》 《细菌世界历险记》 《爷爷的爷爷哪里来》 《地球的故事》 《森林报》	运用在课上学到的方法,理解科普作品的内容。积极主动对书中讲的知识进行探究性阅读

续表

册次	主题	书目	主题
五上	快乐读书吧 从前有座山	《中国民间故事》 《欧洲民间故事》 《曼丁之狮》	了解民间故事情节有固定的类型和情节重复的特点，感受民间故事表达的人民真挚的情感和对美好生活的追求
五下	快乐读书吧 读古典名著，品百味人生	《西游记》 《三国演义》 《水浒传》 《红楼梦》	了解古典名著多章回体的特点，根据回目猜测故事主要内容
六上	快乐读书吧 笑与泪，经历与成长	《童年》 《小兵张嘎》 《草房子》	感受性格各异的人物形象，感受成长故事带给读者精神世界的触动
六下	快乐读书吧 漫步世界名著花园	《鲁滨孙漂流记》 《骑鹅旅行记》 《汤姆·索亚历险记》 《爱丽丝漫游奇境》	阅读时记录自己的感受，学习通过了解写作背景、做读书笔记、画人物图谱、梳理全书的结构，理解作者的想法等方式更好地读整本书

　　仔细研读，我们可以看到低段的推荐书目以趣味性为主。三、四年级开始增加推荐书目的篇幅和字数，以篇幅较长的汇编类作品为主，还包含口头文学作品。五、六年级则安排了民间故事、古典小说、成长小说等为主题的世界中长篇名著的阅读。通过以上梳理发现，整本书阅读在小学阶段要达到的教学目标主要有以下七个方面。

(一)培养学生的读书习惯

　　良好的读书习惯包括对书的内容认知、爱护图书的意识和有计划地阅读等内容。二年级上册的"快乐读书吧"中能看到"提示语"中说"每次拿到书，我都要看看书的封面，找找书名和作者""每次看完书，我都小心地把书收拾好，不把书弄脏"这两个提示的作用分别是内容认知和爱护图书。因此，教师要引导学生在读书开始之前了解书的基本信息，要渗透爱护图书、保护图书的意识和习惯。在该册书的"快乐读书吧"中只推荐了一本童话故事，这是因为学生处于学习整本书阅读的起步阶段,减少数量、降低难度、激发兴趣、培养习惯是低年级整本书阅读的主要教学目标。

(二)激发学生的阅读兴趣

从一年级上册的"快乐读书吧"开始,对学生读书兴趣的培养就已经开始了。"和大人一读"是阅读形式上的兴趣培养。读儿歌、童谣、童话和寓言,是从内容上的兴趣培养。美好的描述、精彩的节选出现在三年级上册的"快乐读书吧",借用"《安徒生童话》创造了一个奇妙的童话王国,这是丹麦作家安徒生送给全世界孩子和大人共同的礼物"。四年级上册用"神话的世界藏着无穷无尽的奥秘,你读得越多,收获就越多"来引导学生多读。可见对阅读兴趣的培养也是整本书阅读在小学的教学目标。

(三)掌握恰当的阅读策略

整本书的阅读不同于单篇,和大人一起读是一种策略,随着学生识字量的增加,学生就要进入独立阅读,关于怎么读,教材中是有指导的。如二年级上册的先猜后读,"看到这些书名,你想知道故事中的主人公有怎样的奇遇吗?先猜猜看,再打开童话故事,我们一起来读一读",这是猜读的策略;二年级下册通过目录了解主要内容,"看书的时候,要学会看目录。目录告诉我们书里主要写了什么,要读的内容从哪一页开始",这是选读的策略。三年级上册谈到的"童话世界无奇不有。阅读时,只有发挥想象,才能真正领略童话的魅力"和"我们可以把自己想象成童话中的主人公,和故事中的人物一起欢笑,一起悲伤"以及六年级上册的"很多作家的作品讲述了成长的故事,这些故事的主人公有的是和我们同龄的孩子"都是针对整本书阅读的具体策略。

(四)拓宽学生的阅读视野

三年级上册"快乐读书吧"中推荐的《安徒生童话》《稻草人》和《格林童话》就是在学生学习完童话单元,知道童话具有丰富的想象、不可思议的故事和能给人以一定启示特点的基础上推荐给学生的。在《安徒生童话》的阅读中体会对劳动人民善良和纯洁的赞美;在《稻草人》的阅读中感受劳动人民的苦难;在《格林童话》中体会对诚实、善良、勤劳、勇敢的颂扬,对懒惰、自私、虚伪、狡猾的批评。五年级

上册从《中国民间故事》开始,引导学生去阅读欧洲民间故事,再到非洲民间故事,同时也能看到推荐的阅读内容和单元学习内容具有一致性。这也启示教师要在对教科书内容进行扩展的基础上向学生推荐恰当的书目,拓宽视野,深化对学习主题的认知。

(五)形成正确的价值观念

就教材上出现的推荐篇目来看,价值取向都非常鲜明。如《神笔马良》能让学生体会到要用爱心和自己的能力来帮助别人,《安徒生童话》和《格林童话》描写了劳动人民的善良和纯洁,使学生更深入地认识诚实、善良、勤劳、勇敢的含义;《童年》让学生感受到要一步步向前,勇敢地面对未来。学生在读的过程中,自然而然地就会受到影响,对学生人生观价值观的形成起了重要的促进作用。

(六)感受经典语言的魅力

综观教材中出现的书目都是人们熟知的经典,是语言艺术的精华,其表达形式值得学生反复揣摩推敲。学生深入读书的过程,就是一个含英咀华的过程,是阅读、品味、感悟经典语言魅力的过程。

(七)奠定持续阅读的基础

"快乐读书吧"推荐的书目及阅读提示随着学生年龄的增长而逐渐增多、由浅到深、由简到繁呈阶梯上升,目的是让学生学会阅读。终身学习的基础就是要学会阅读,阅读素养的提升有赖于大量的阅读积累,而读书习惯的养成又能为学生的大量阅读打好底子,学生在读的过程中养成良好的读书习惯,对读书有浓厚的兴趣,也就为持续阅读奠定了良好的基础。

四、指向深度学习的小学整本书阅读教学实践策略

指向深度学习,开展整本书阅读教学实践,要基于学生立场,让阅读在学生的

心中真正"活"起来,改变他们对待整本书阅读就是简单记忆、理解的思维定式,开启他们的深度学习之路。

针对当前学生无暇读书的教育之痛,教育部统编本语文教科书纲举目张,提出了"让课外阅读走进课内,使课外阅读课程化"的编写理念。教材从一年级上册开始,设置以读书为专题的"快乐读书吧""和大人一起读""我爱阅读"等栏目。整个教材形成了一个课内外阅读紧密结合的课程体系,这无疑是为当前学生无暇读书的教育之痛开出的一剂良方,也无疑给整本书的阅读教学研究带来了新的契机。以统编教科书为载体,开展指向深度学习的整本书阅读实践探索,可以采用以下几点实践策略。

(一)精选阅读书目,延伸阅读资源

整本书阅读不仅仅是帮助学生建构知识体系,建立良好思维品质,还要对学生的身心健康、成长发展、价值观念和行为习惯起到积极的导向和促进作用。整本书阅读的终极目标是让学生成为真正的阅读者,读什么的问题是一个很重要的问题,解决了"读什么",才能开展"怎么读"的研究。

《义务教育语文课程标准(2011 年版)》和统编教科书均从文体和数目角度给出了一些建议。统编教科书按照人文主题和语文要素编排每个单元,以整本书阅读承接一个人文主题,夯实一项语文要素,这是一种较为科学的语文课程体系。把握统编教科书编写思路,按照教读、自读、课外阅读"三位一体"的教学体系,落实好课内阅读资源这一"点",并以"点"生"线",顺着学生的兴趣点继续阅读,让课内阅读成为学生拓展课外阅读这一"线"的载体,使单篇阅读和整本书阅读有机统一起来。如三年级上册第三单元的语文要素是"感受童话丰富的想象,试着自己编写童话"。在这一单元的"快乐读书吧"里,便推荐阅读《安徒生童话》这本书,以引导学生利用课上获得的阅读方法与阅读经验继续实践。教学中,我们通过导读推介课的方式引导学生开展整本书的阅读,其流程主要包括以下环节:封面信息—作者简介—目录梳理—章节导语—话题提问—讨论交流—联结生活—联结作家—联结书籍。封面信息是极具童话色彩的直观图片,能够唤起学生的阅读欲望。随后,向学生介绍安徒生,让学生了解他的成长经历和富有想象力的童话作品。在目录梳理环节,向学生呈现书中的经典故事,包括《丑小鸭》《拇指姑娘》《豌豆上的公

主》等,带着学生一次又一次感受童话丰富的想象。为了帮助学生强化必备的阅读方法,设置话题"怎样阅读一本好书",引导学生进行讨论交流,让学生分享自己的阅读心得和阅读方法,教师参与并给予指导。最后,以《安徒生童话》为基点,让学生联结生活、联结作家、联结童话类书籍。以课为导,以语文要素为基础,实现课本与整本的"合理"并立,既拓展了学生的阅读视野和辐射面,又令其获得了更广阔、更优质的课外阅读资源。

这里需要注意的是,随着年级的增高,"快乐读书吧"推荐的必读书目的篇幅和数量会越来越多,需要教师依据书目的类型或内容,把最适合师生共读和适合学生自读的书目分类取舍。这样的取舍可以将指定的"整本"与推荐的"整本"有效衔接,既丰富了阅读内容,也给学生留出了空间,有利于师生在"共读"中做到主次有别。

(二)构建多种课型,实施过程性指导

明晰整本书阅读的多样态课型,能够使教师更好地理解整本书阅读教学结构、方法上的异同,从而提升教师整本书阅读教学的设计、实施、评价能力。

怎样通过多种课型实施过程性指导,让整本书教学更深入、更有效?"导读课""推进课""评说课"三种课型可供参考。

1.导读课

导读课以激发阅读期待、确立阅读目标、制订阅读规划、习得阅读方法、引领阅读方向等为目的,通过设计读书任务单帮助学生架构阅读作品的基本框架,便于学生自主阅读整本书。这样的导读课需要教师事先规划好教学环节,安排好学习任务。如《昆虫记》一书的导读课,可以从"阅读导航"(包括作家生平、作品梗概、语言特色等)以及"阅读规划"(包括阅读方法、阅读策略、阅读建议等)进行教学。"阅读规划"可以任务单的形式出现。

以任务型阅读规划导引学生阅读全程,恰当的任务规划能体现一本书承载的教学价值,又符合学生的认知路径、认知规律。同时也不难看出,导读课教学质量的高低在于教师,学生的阅读最终走向何方,取决于教师对教学内容的把握与阅读规划的设计。

表 4-2 "阅读规划"任务单

《昆虫记》阅读任务规划	
略读规划	精读规划
1.昆虫一生联读:把同一种昆虫联系在一起读,如《蝉和蚂蚁的寓言》《蝉出地洞》《隧蜂》《隧蜂门卫》等。	以精读书中精彩片段为主,如精读《田野地头的蟋蟀》中人性与虫性的部分
2.昆虫群文阅读:把同一类昆虫放在一起读,如《圣甲虫》《西班牙蟑螂》等。	自主阅读规划
3.昆虫比较阅读:把异同的昆虫放在一起比较阅读,如《意大利蟋蟀》《田野地头的蟋蟀》等。	根据自己的喜好或者发现,自主设计《昆虫记》阅读规划任务单

2.推进课

推进课以任务驱动学生自主阅读,针对"浅阅读",以问题探究引领学生进入深层次的阅读状态,以此开展深度阅读学习。当学生已经对作品有了了解,推进课就以活动为主来架构课堂的步骤和环节。例如对《西游记》的推进阅读,可在"走近人物""触碰主题""深度鉴赏""引领阅读"四个专题下,设计绘制人物关系图谱、制作人物档案袋、分组取经(师徒组、妖魔组、神仙组)、寻找我身边的书中人、我是小小表演家、取经故事会等活动。以多样的活动达成阅读任务,帮助学生跨越阅读障碍,学生在课堂上的成长和进步是显而易见的。

3.评说课

评说课是深化阅读的基础,搭建师生对话交流的平台,以培养学生思辨力,评估学生名著阅读效度为目的,帮助学生梳理已完成的阅读任务,整理和提炼自己的阅读成果,使学生读书有认识、读书有体会、读书有表达、读书有收获,进而成为一个合格的阅读者。

(三)关注多重要素,搭建"四文一体"阅读支架

阅读并不只是浮光掠影地扫过文字,比起兴之所至的随口闲聊,阅读应当是一种更有生产力、更有价值的心智活动。作为一个动态的三边活动,文本是媒介,

作者和读者的对话才是心灵的碰撞。一目十行的浅阅读注定了学生对文字的感受也是粗浅的，这就要求我们把儿童的阅读作为一种有高阶思维参与的心智活动。在指向深度学习的整本书阅读教学实践过程中，关注多重要素，围绕"文人""文化""文体""文字"，搭建"四文一体"的整本书阅读支架，为学生提供了丰富的探究学习机会。在指导学生阅读时，从文体特点、文字内涵出发，把学生置于学习中心位置，激活学生已有经验，让他们与文本对话、与文人对话，把文本阅读与时代、社会接轨，引导学生在更为广阔的文化与时代背景下体会作品，探寻隐含在文本背后的文化意义，这样的阅读活动不仅是学生积累语言的过程，也是思维发展的过程，学生在对文本的多元了解中有效度地走向深度阅读。

如《呼兰河传》一书，就教学价值而言，其语言风格优美细腻，形成了别具一格的"萧红体"小说文体风格，在现代文学史中独树一帜。阅读《呼兰河传》可以提高学生的语言表达能力和文学修养，同时能够引发学生对当时的社会现象和本质问题进行深层思考，锻炼学生多角度、深层次的思维能力，培养学生的生命意识和人性关怀。针对此书的教学价值，教师从"四文一体"角度设计了如下活动支架。

表4-3 阅读活动支架

	阅读目标	阅读任务
文化	领略乡土民俗	关注第一章环境描写并绘制呼兰小城的平面图
		阅读第三、四章并写介绍词
文人	发现叙述视角	任选一章走进作者内心
		查阅作者人生经历，绘制作者人生轨迹图
文字	揣摩语言特色	制作"萧红体"语言卡
		我是朗读者
文体	我心中的《呼兰河传》	对比其他作品，聚焦本书特点，写书评

又如部编教材收录了日本女作家清少纳言的《四季之美》一文。教师通过"四文一体"模式，带领学生阅读作者的《枕草子》这部作品：走近清少纳言这位文人，感受她处处诗意的精神世界；然后绘制思维导图寻找书中散落的没有国界之分、没有时代之别的文化之美；再借助阅读单加深对散文这一文体的认识，感受清少

纳言的散文风格;最后学习用书中充满温暖魅力的文字,描绘自己生活中的四季之美、生活之美。学习《冬阳·童年·骆驼队》一文,开展《城南旧事》整本书阅读,课堂上学生在"文人""文化""文体""文字"中穿行,走进英子的世界,看到作家林海音童年生活的斑斓光影;发现那个时代老北京独特的旧事物;领悟自传体小说的表达特色;在几近白描的文字中,体会"离别"的淡淡愁绪……

"四文一体"的整本书阅读教学支架,有利于教师指导学生进行思辨性的阅读与表达,走进文本,对话作者,体会文本的一字一情,学生在了解了文本创作的文化背景、作者创作动机的前提下,进行深度阅读,方能感受到整本书的生命力和作品的深刻思想内涵。

(四)借助"群本"阅读,形成立体阅读思维

结合群文阅读的理念,课题组教师还将群文阅读思想融入整本书阅读,形成"群本"阅读,帮助学生建构立体的阅读思维。教师引导学生通过阅读同一作家的作品,以一带多、比较同类别作品,求同见异、补充同主题下的文本、多元对照等途径,激发学生阅读兴趣,丰厚学生的阅读积累。

对于同一作家,可精选其代表作,通过"立足一本——共情、引发疑问——近人、拓展他本——定格、知心明意——会意"的教学路径,引导学生从多部作品中感受作者的文风,实现深度阅读。

比较同类别作品,求同见异是深度阅读的常用策略。文学作品的主题丰富,不同主题指向的情感、主旨是不同的,而同一类别的作品主旨虽相同,但表达手法却又异彩纷呈。如《鲁滨孙漂流记》整本书阅读,教师可组织学生将本书与《格列佛游记》《汤姆索亚历险记》《海底两万里》《骑鹅旅行记》四本书整合阅读,通过"确立类别—阅读理解—拓展多本—比较辨析"的教学路径,引导学生探究"冒险类小说"的异同,从而获得一定的阅读、品析某类作品的方法和能力。

统编教科书以"人文主题"和"语文要素"为组元思路,这些主题如自然之美、乡村生活、理想信念、童年往事、人物品质、观察发现……这样的主题分类为整本书阅读提供了绝好的前提条件。相同主题下,有众多优秀作品。如《祖父的园子》一文是"童年往事"这一主题,教师可以和学生从萧红的《呼兰河传》中找童年,在汪曾祺的《汪曾祺与高邮》中探童年,于《城南旧事》中历童年,通过"明确主题—了解

内容—互文对照—升华认知"的教学路径,探究"童年回忆型"书籍的共性与个性,通过多部作品的比照,实现深度阅读。

借助"群本"阅读,从课内一篇文章到课外一本书直至多本书,实现文本与文本、文本与作者、文本与读者的联结与融通,唤醒了学生萌发的阅读热情,形成了立体的阅读思维空间,学生的阅读力也在不断递增的量变中产生了质变。

(五)学习阅读策略,提高自主阅读能力

"阅读策略是读者在阅读前、阅读时和阅读后为促进阅读理解而采用的认知或者行为活动"[1]。整本书阅读作为培养阅读者思维的一种活动,需要指向思维训练的阅读策略。掌握并灵活运用多样的阅读策略,是实现整本书深度阅读的有力保障。统编教材从三年级上册起,设置了阅读策略单元,旨在引导学生在感受、理解、欣赏、评价的阅读活动中,习得有效的阅读策略,丰富阅读经验,培养学生读法意识。"如果一定要从读书方法角度进行解释,也就是既要能够读进去又能读出来。读进去,就是读懂、读通、读透、读深入;读出来,就是不拘于前人之说,能够有自己的思考和见解"[2]。就统编教科书"快乐读书吧"具体内容的整体编排看,策略指导的内容明显大于作品介绍。可以看出,其目标不但要让学生养成阅读习惯,而且更要鼓励学生通过阅读实践掌握策略,知道自己在面对整本书时该读什么、怎么读、读不懂时该怎么做。

以课内文本来学习掌握阅读策略,再通过课外整本书阅读迁移、运用阅读策略,从课内走向课外,从单篇走向整本书,学生在大量真实的阅读实践中有效掌握阅读策略。在教学三年级上册学习"预测"的策略单元,学生在第一课《总也倒不了的老屋》中初识预测,知道了文章题目、插图、内容、生活等因素都是预测的重要依据,略读课文《胡萝卜先生的长胡子》《不会叫的狗》则对精读课文中学习到的阅读策略进行了运用和创意续写。体验到预测的乐趣后,学生主动阅读的欲望被唤醒,也带动了思考的持续性。于是,教师带领学生开展《活了100万次的猫》整本书共读,重点实践预测的角度与依据。学生在课上大胆想象,展开了丰富合理的预测,

①原露,陈启山,徐悦.国外阅读策略的教学模式及其启示[J].全球教育展望,2015:07.
②黄厚江.整本书阅读教师要先读[J].中学语文教学,2017,No.460(10):17-19.

单从题目,学生就提出了一连串的问题:这只猫活了一百万次,那它是不是也死了一百万次呢?每次都是为什么死的?它是作为宠物猫活着,还是作为野猫活着呢?它的每一次"猫生"到底快活吗?结合书中插图,教师还引导学生预测图片中发生的事情,再根据生活经验预测、根据文本内容预测、联系上下文预测、结合主人公特点预测……形成初步预测后,交流这样预测的理由,并在持续阅读中不断修正自己的预测。最后,指导学生根据这只猫的性格展开合理想象,练笔写下自己预测的故事。整本书阅读为阅读策略的实践提供了肥沃的土壤,课内学习策略,课外运用策略,在这个过程中,学生的策略性知识在实践中反复夯实,阅读能力得到发展,逐步成长为积极的阅读者。

(六)采用多元评价,反馈学生阅读成果

学习状况评价是教师反思教学模式的有效参考途径,也是学生自身学习效果和学习方式的综合反馈。在整本书阅读活动中,教师不再是学生阅读评价的单一主体,阅读结果也不再是评判学生阅读过程的唯一标准,而是通过过程性评价与结果性评价相结合,家长评价、学生评价和教师评价相结合的方式,让多元评价更加客观、真实反映学生的阅读成果。在此过程中,教师要意识到小学生正处在语言能力、思维能力形成的关键时期,在这个时期引导学生进行阅读,要更加侧重学生阅读理解能力、写作能力的养成。由此,教师需要采用多元化的评价模式,对学生的阅读成果进行及时反馈。组织阅读分享和点赞活动,引导学生敢于在其他人面前表达自身的想法和观点,同时运用动态过程性的评价对学生进行正向的引导,对整本书阅读过程中的积极表现给予充分肯定和鼓励,养成深度阅读学习的思维习惯。

在整本书阅读评价中,设置"我的阅读打卡单",辅助学生记录自己的阅读过程。

读书卡分年段向学生推荐了不同的书目,帮助学生建立阅读计划,让学生有目的、有步骤地阅读。基于以上阅读记录情况,家长和学生都成为阅读评价的主体,通过星星这一代币奖励法逐步培养学生良好的阅读习惯和阅读需要。

确定阅读书目后,学生就要进入具体的阅读。这个环节可以通过阅读打卡单的方式呈现阅读所得。阅读打卡单整个完成过程,就是学生阅读行为逐步深入的

过程,学生边阅读,边逐步充实读书卡,辅助多层面有效度的阅读。如某四年级学生完成的阅读打卡单。

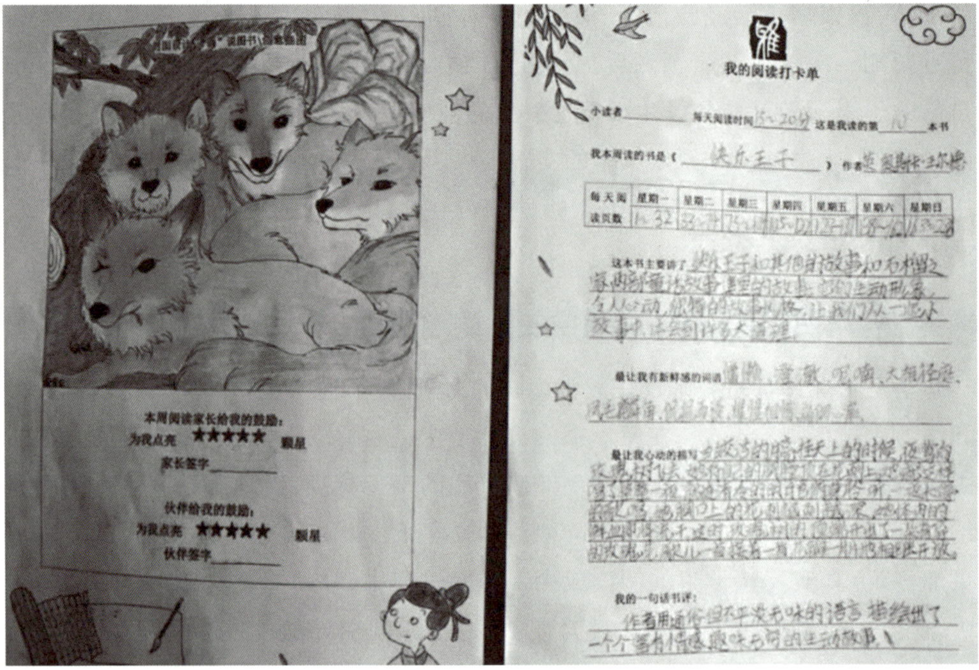

图 4-1　阅读打卡单

某三年级学生完成的读书打卡单如下。

图 4-2　读书打卡单(1)

某二年级学生完成的打卡单如下。

图4-3　读书打卡单(2)

另外,结合具体阅读行为进行自我评价、同伴评价、师生评价、家长评价等等,不一而足。通过评价(是否细致、是否有动态变化等),促进交流,促进沟通,促进学生互相学习。通过"阅读明星班""阅读小秀才""阅读小状元""阅读小举人"的评比为积极阅读的班级学生颁发奖励和荣誉,让活动的构建成为营造积极阅读氛围的平台,从而点燃学生的课外阅读热情。

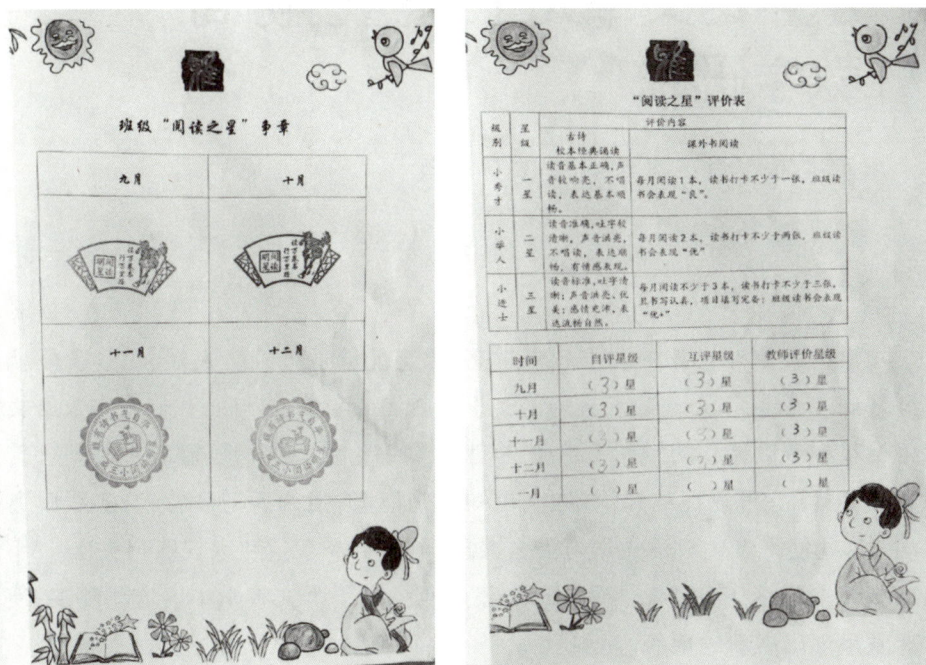

图 4-4 阅读奖励

"应让学生在主动积极的思维和情感活动中加深理解和体验,有所感悟和思考,受到情感熏陶,获得思想启迪,享受审美乐趣。"指向深度学习的整本书阅读教学为这一理念的有效落实提供了保障。从夯实课内语文要素入手,以"点"生"线",延伸阅读资源;从培养学生"读法"意识着眼,在阅读策略习得中,提高阅读能力;从教材出发,关注多重要素,建构"四文一体"特色阅读模式;从量变到质变,借助"群本"阅读,形成立体阅读思维;在阅读过程中,贯穿过程性体验,采用多元评价,反馈学生阅读成果。如此环环相扣,才能让学生阅读无压力,使阅读行为深入生心,深深扎根,逐渐形成阅读能力,也方能促成深度学习与整本书阅读的"成功牵手"。

小学语文单元主题整合协商教学研究

天津市河西区全运村小学　齐薇

　　社会的发展对人才的要求越来越高,要想能够适应社会发展,小学阶段就要打好基础。因此,作为基础工具的语文学习就尤为重要。目前,我们大多数语文课堂仍然存在着以孤立的"篇"为单位,以学科知识为主,过分强调知识的覆盖面,追求过于细碎的、重复性的知识讲解,重知识轻能力,强调死记硬背,与实践脱离等弊病。这些使得学生对语文学习失去兴趣,习作更令学生和家长感到头疼。"小学语文单元主题整合协商教学"的研究,很好地解决了语文教学中的这些弊端,使语文课堂呈现出崭新的面貌。

　　"语文单元主题整合"是把单元作为一个整体,根据教材的单元主题,从整体到部分再到整体,把基础、阅读、习作等通过集中或分散的方式有机地整合在各课型中学习。"语文单元主题整合协商教学"以培养核心素养为目标,以解决学生习作和阅读中的困难为主线,将语文教学整合成多种课型,把习作指导课和其他课型有效整合,形成单元训练体系。以协商的形式展开教学,最大限度地发挥学生自主性,达成单元教学目标。在各课型的教学过程,有序地培养学生宏观把控的能力、微观调节的能力、发现问题的能力、解决问题的能力、创新能力以及听说读写等各方面的能力。最重要的是它改进了语文知识的输入方式,最大限度地发挥学生自主性,扩展了阅读量,满足了学生个性学习需求,提高了学习兴趣、课堂教学效率及学生的语文素养。

一、单元主题整合协商教学整体预设

此课不占用课时,是教师实施单元整体课程的教学框架。要想开展好单元主题整合教学,教师就要做到对每一节课的训练重点准确把握。教师在通读单元内容的基础上,准确地解读教材,确定单元的人文主题,把握单元阅读、习作的教学目标、重点、难点,从宏观上整体设计出各课型应达成的教学目标,形成单元人文性与工具性有机整合的训练序列,设计出在各课型教学中如何实现这些语文要素的有序训练策略,使学生一课一得。教师在教学中减少了盲目性,增强了实效性,学生的能力就不难提高了。

其模式是:

审题目 定主题—读文本 设情境—析文章 明序列—研文本 搭框架

(一)审题目 定主题

教师通过阅读单元导语、单元内容,了解单元整体构成,联系课程标准,从培育语文核心素养的角度确定单元主题。

教师并不是简单地根据教材内容定个主题,而是要在认真阅读单元导语、单元内容的基础上,结合课程标准的要求,关注单元对应的语文核心素养,聚焦人的发展,在教材原有内容的基础上,进行梳理和整合,确定内容领域和单元主题。以统编教材二年级上册第四单元为例。这一单元编排了《古诗两首》《黄山奇石》《日月潭》《葡萄沟》四篇课文,以及"我爱阅读"中的《画家乡》。整个单元用优美的语言、生动的笔法描绘了祖国各地的迷人风光,在学生心目中勾勒出了一幅幅壮美的祖国山河图景。这些内容正对应了课程标准中指出的:"在语文学习过程中,培养爱国主义、集体主义、社会主义思想道德和健康的审美情趣,发展个性,培养创新精神和合作精神,逐步形成积极的人生态度和正确的世界观、价值观""能主动进行探究性学习,激发想象力和创造潜能,在实践中学习和运用语文[①]。"学生要通

[①]中华人民共和国教育部.义务教育语文课程标准(2011年版)[S].北京:北京师范大学出版社,2012:4.

过整个单元的学习,提升语言的建构和运用、思维的发展和提升、审美的鉴赏和创造以及文化的理解和传承能力,产生热爱祖国、亲近家乡的情感①。本单元围绕"学习课文语言表达,积累语言"的单元训练点。教师可整合绘本《我的家乡真美丽》、古诗《望洞庭》、民间传说《日月潭的故事》、纪录片《黄山四绝》等内容,将单元主题定位"美丽大中国",以"魅力神州行"专题性学习统领整个单元。

(二)读文本　设情境

教师通过细致阅读单元内容并与学生生活实际相结合,创设适合的单元学习情境。

李吉林先生在《美的彼岸》一书中写道:"语言文字虽是抽象的符号,但却来自生活。生活是语言的源泉,一个个词语在生活的情境中,在大千世界里闪动着,它们蕴含着形象意义和情感色彩。孩子们学习语言、运用语言,离不开他们的经验,更离不开他们对周围世界的认识②。""刘勰在'意境说'中阐明:"情以物迁,辞以情发。"表明人的情感随着客观外物的变化而变化,而情感会触动词语的萌发。所谓"情以物兴,故义必明雅;物以情观,故词必巧丽。"(《文心雕龙·诠赋》)阐明了"物""情""辞"三者的关系。倘若没有对"物"的感受,"情"如何"迁"?"情"不动,"辞"又如何以发?显然,作家的作品是走进生活,体验生活的结果。语文是生活的写照,是典型化了的生活③。"因此,语文离不开生活。在语文学习过程中,学习情境的选择和创设对学生的学习非常重要。学习语言文字作品,就是要"披文以入情",即通过语言文字的学习,进入作品的情境,体验感悟,领会和理解作品的情、意、理。而作品的情境,对于学生来说,有的相对比较陌生,有的理解有难度。如果教师能调动学生的生活经验和语言基础,精心选择或创设一个学生相对比较熟悉又与作品相契合的学习情境,让学生在真实可感的情境中学习,那就缩短了学生与作品之间的距离,比较容易激发学生的学习兴趣和情感,使其沉浸到作品的情境之中,增进对作品的理解,将学到的新知识融入原有的认知结构。

例如统编版一年级上册第一单元的教学,"中国人 方块字"可以选择"天地人"作为学习情境,符合学生的真实生活,也符合单元的学习内容。

①孟亦萍.让语文学习真正发生——基于真实情境的大单元教学实践[J].北京:基础教育课程杂志社,2019,5:14.

②李吉林.美的彼岸.[M].北京:教育科学出版社,2013:3.

③李吉林.美的彼岸.[M].北京:教育科学出版社,2013:4.

本单元的学习把学生带入"天地人"这个真实而又广阔的情境。用我认识"人"了、"人"在"天地"间、"我会读儿歌、写汉字"三个学习任务,整合教材第一单元的学习内容。玩游戏、读儿歌,能引导学生认识自我与他人;听神话故事、欣赏书画,能让学生感受天地与日月,感受人在天地间;读对韵歌,学用多种方式认读生字,正确书写中国汉字,能激发学生喜欢中国文化、喜欢学习汉字的兴趣……一个大情境、三个任务、几个活动,学生在玩中学,在学习中享受到汉字的乐趣,学习的过程同时也成为认识人、认识世界、接受中华传统文化熏陶的过程①。

(三)析文章 明序列

要想开展好单元主题整合协商教学,教师不仅要对每一节课的训练重点准确把握,还要了解每课语文要素之间的联系,整理出单元训练的序列。

例如统编版二年级上册第四单元,《黄山奇石》《日月潭》《葡萄沟》三篇课文围绕着"学习课文语言表达,积累语言"的单元训练点,呈现螺旋上升的训练梯度。从教学目标看,《黄山奇石》一课的教学强调在朗读中展开想象,借助课文的语言文字,结合在动物园、图片上见到的各种动物的形态这一生活经验,想象奇石的样子,学习课文的表达方式,用丰富的想象写奇石的样子并起一个有趣的名字,发展学生的形象思维,体会表达的生动性、形象性。《日月潭》一课的教学,在前一课目标达成的基础上侧重让学生根据课文想象画面,借助课后练习"读一读,记一记"中的词语,说说想到的画面,调动学生的想象思维,感受语言的优美。强调课文语言的典范作用,通过想象画面练习背诵,积累语言。《葡萄沟》是这一单元的最后一篇课文,学习课文语言的表达由《黄山奇石》一课围绕课文中的景物练习表达,到《葡萄沟》这一课语言表达的迁移运用,学生联系自己的生活经验和语言积累进行语言表达的练习,不仅在语言表达上的难度提高,而且由前一课形象思维的练习,延伸到后一课初步的逻辑思维练习,逐步提升思维的概括性和准确性。教学活动中,指导学生联系上下文展开想象,了解词句的意思,体会课文语言表达的方式。再运用联系策略,根据上下文词语的意思展开想象,补充句子。整个单元围绕"学习课文语言表达,积累语言"的训练点,在前经验的支持下完成对新知的认知理解,从实践到积累,再到迁移运用,让学生经历了语言学习的全过程,而这一过程是学生未来终身学习反复经历的过程①。

①蒋琳.素养为本的单元整体设计——以统编语文教材第一册第一单元为例[J].基础教育课程,2019(10):17-21.

又如,统编版四年级下册第二单元,这是一个阅读策略单元,语文要素是"阅读时能提出不懂的问题,并试着解决",教学目标亦呈现出螺旋上升的训练梯度。

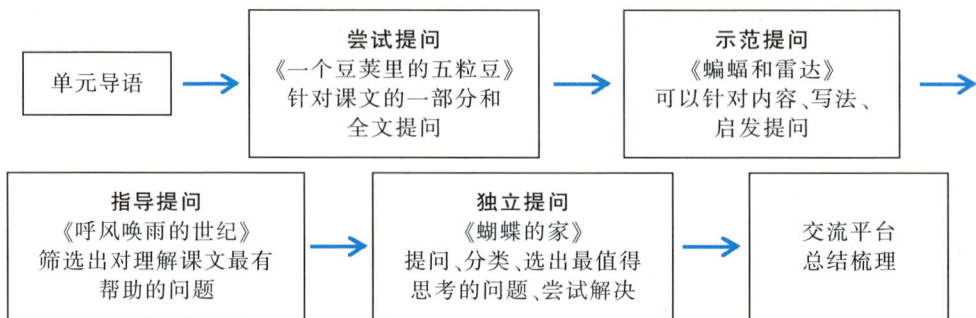

图 5-1 单元训练序列

(四)研文本 搭框架

认真研读文本,搭建出单元教学框架。仍以统编版二年级上册第四单元为例。通过前面三个步骤的认真研读,对本单元主题、内容及语文训练要素有了深入思考,可以搭建出单元学习的框架。

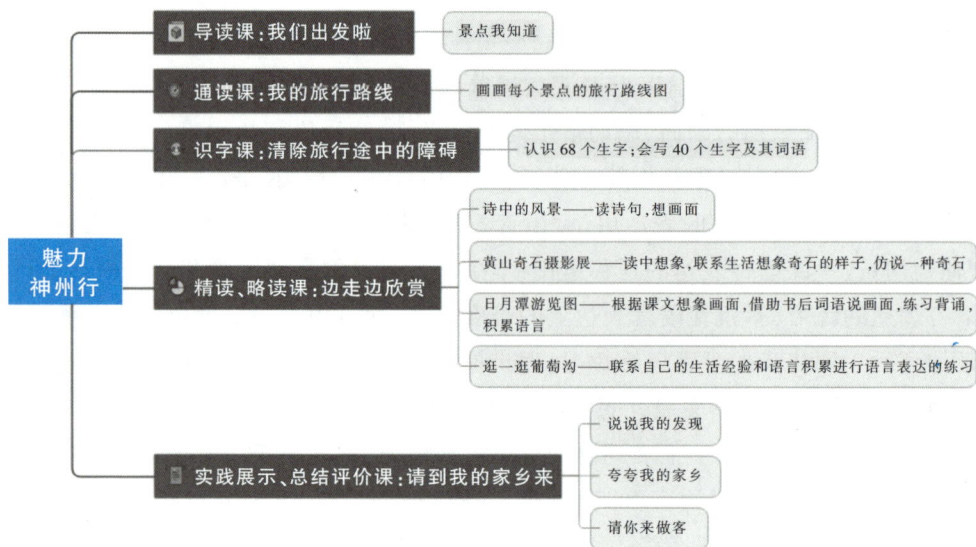

图 5-2 单元学习框架

①曹媛.促进深度学习的单元主题读写教学的语言学习模式探讨[R].天津:天津市教育科学院教育教学研究室,2019.

三年级以上有习作,在这一框架中要将每课书设计的读写训练点明确出来。

教师在通读单元内容的基础上,利用这四步,准确地解读分析教材,把握单元阅读、习作的教学目标、重点、难点,从宏观上整体设计出各课型应达成的教学目标,形成单元训练的序列,设计出教给学生哪些阅读或习作方法,进行哪些语言训练,在各课型教学中使学生做到一课一得。教师在教学中减少了盲目性,增强了实效性,学生的能力就不难提高了。通过预设,大家可以看出,单元主题整合协商教学的最主要目标是提高学生的阅读能力,解决习作困难,提升学生对于阅读和习作的兴趣。

二、单元主题整合协商教学读写教学课型及模式

以解决学生阅读和习作困难为主线,以全面提升学生语文素养为目标,根据语文单元主题,整合教材内容,探索出了导读课、通读课、精读课、略读课、实践展示课五种读写教学课型,形成了相应的教学模式。

(一)导读课

导读课是在单元学习之初,引导学生对单元内容进行整体感知的过程。导读课承载着丰富的语文教学内涵,包括单元学习内容、学习目标、学习方法等的揭示,为整个单元的学习做好必要的铺垫,是激发学生求知欲的"前奏曲"。单元导读课贵在"导",教师先以"导游"的身份带学生到"单元"里游览一番,让学生带着求知的欲望,浏览本单元所有课文的内容,明确本组课文的学习目标,以及每课之间的内在联系。

其模式是:

激兴趣 明主题—知内容 理关系—定中心 选素材—商目标 思学法—质疑难 广拓展

全运村小学三年级的语文教师们大胆创新,尝试引导学生运用绘制思维导图的方式将整个单元的学习内容初步进行形象的整合。学生课前预习时要通读本单元文本,整体了解本单元的学习内容,在重点部分做简单的标记。课堂上再次阅读单元文本,利用思维导图为单元内容"画像",以单元主题及语文要素为中心,通过自己的理解用不同的表现方式展现单元中各课之间的联系与不同之处。这种方式深受学生们喜爱,不仅激发起了他们的学习兴趣、发展了思维,还展现了他们的艺术才华,提升了学生的核心素养,收到了意想不到的效果。以下以统编版三年级上册第六单元导读课为例。

1.激兴趣 明主题

创设情境,激发学生学习兴趣。利用第六单元首页中表现壮美景色的插图,将学生的视野引到祖国各地的美丽风景中,然后师生共同协商确定单元主题:祖国,我爱你壮美的山河!

2.知内容 理关系

学生浏览单元学习内容,在学习小组内交流自己预习的收获,然后再次独立阅读文本,根据自己了解的单元内容理清内容之间的联系并结合学习的实际情况绘制思维导图。

在学生自主学习的基础上,教师有针对性地引导学生关注《海滨小城》课后练习第二题:

有些句子很重要,可以帮助我们理解一段话的意思,你能从课文中找出来吗?

再关注语文园地"词句段运用"第二个题目:用下面的句子开头,试着说一段话。

车站的人可真多……

我喜欢夏天的夜晚……

这些内容都在提示学生们明确单元语文训练要素"试着围绕一个意思写",进而指导学生完善自己的思维导图。

通过运用思维导图,学生对单元学习内容有了纵向、横向的认识,了解了本单元课文尽管内容、表达方式、描写角度不同,但都揭示了共同的主题,每篇文章都写出了景物的特点。在教师的引导下,学生们初步了解了"围绕一个意思写出景物的特点"是本单元最为突出的一种表达方法。

3.定中心 选素材

通过在学习小组内交流思维导图,学生了解本单元的课文从不同内容、不同角度表达了作者对祖国河山的喜爱、赞美之情,从而迁移到自己的习作中,明确了自己的习作主题。接着,引导学生联系生活实际,拓宽视野,选择自己熟悉的美丽风景。这样便完成了单元习作定中心和选素材的任务,分散了习作的难点。

4.定目标 思学法

引导学生运用思维导图,结合单元导语、书后问题、园地中"词句段运用""交流平台"等内容,从基础、阅读、表达三个方面制定单元学习目标。教师还可以适时引导学生联系第二、五单元学习过的观察方法和表达方法,使学生在已有经验的基础上更加准确地把握本单元的学习目标。

通过预习,学生能自主制定出本单元的学习目标。

(1)基础:学习 52 个生字新词,掌握重点字、词的音、形、义。掌握词语盘点中的词语,联系上下文理解重点字词的意思。

(2)阅读。

①学习朗读,读懂文本,初步把握主要内容,体会作者的思想感情。

②学习、积累课文中的好词佳句。

③借助关键语句理解一段话的意思。

④在学习中要主动与同学和老师交流不懂的问题。

(3)习作:仔细观察,运用从文本中学到的方法"围绕一个意思写",描写自己周围美丽的地方。

在接下来的习作教学中可以选择思维导图中某一块知识点开展片段的训练,或借鉴整篇课文的框架进行仿写一处景物,实现写是读的"翻转"。下图是学生们

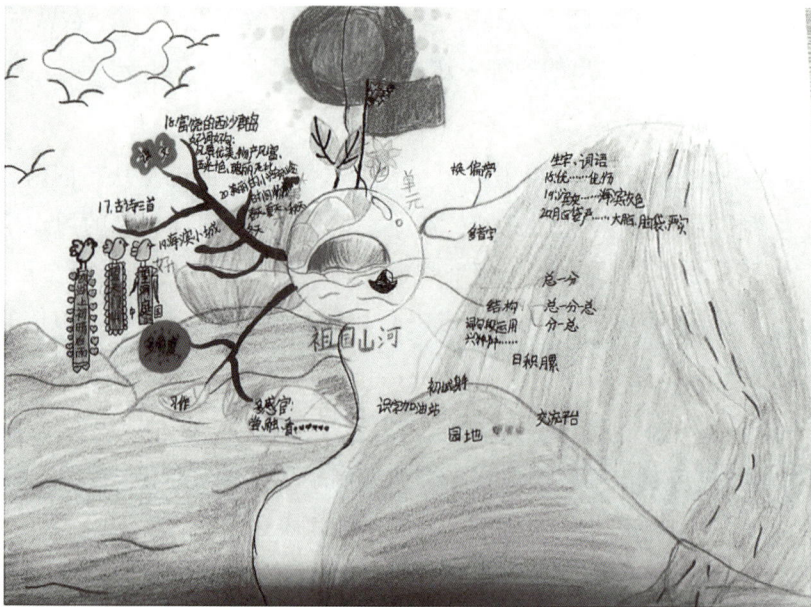

图 5-3　思维导图

修改完善后的思维导图。

5.质疑难 广拓展

学生选材后,提出完成习作的问题与困难。教师帮助学生将问题和困难进行归纳整理,分类解决,有的困难可以引导学生联系学过的旧知进行解决,比如"怎样观察景物"这一问题可以联系第二、五单元学习过的观察方法来解决。有些问题可以在精读课上重点学习解决,比如学生提出的"如何把美的特点写具体、写生动"等问题。也可以推荐给学生拓展阅读相关的文章,拓宽学生的视野,延伸课堂学习内容。

这样的一堂课,通过老师与学生协商,学生或补充或更改,不断完善自己的思维导图,形成单元"学习地图"。我们尝试实施单元主题整合协商教学,帮助学生在头脑中不仅搭建了单元学习的整体框架,明确了学习的目标、任务,确定了习作的选材与中心,而且梳理了各单元学习的内在联系,把各个单元"点"的学习串成"线",呈现学习的连贯性和梯度性。学生提出了此次习作中的难点所在,在后面的学习中,就会带着自己的问题听课、学习,增强了学习的内驱力。单元导读课有利于培养学生自学能力,经过中年级的学习,学生到高年级基本上能独立完成导读课的学习任务,并以小老师的方式引导全班学生学习,学习效果显著。

(二)通读课

此课型主要落实基础目标,进行阅读能力训练及单元习作提纲的指导。一般采用"1+1"的群读方式。教师引导学生重点读一篇课文,落实单元基础目标,引导学生学习如何理清段落结构、概括主要内容、把握文章中心等。学生再运用所学方法自主阅读单元中的另一篇文章,自主落实单元基础目标。通过对文本的整体把握、对比、分析,学生的阅读、习作能力不断提高。

其模式是:

> 协商定标—感知中心—把握结构—质疑问难—修改提纲

例如统编版四年级下册第四单元,主题是"可爱的动物,我们的好朋友"。语文训练要素是体会作家是如何表达对动物的感情的。围绕以上"双线"安排了《猫》《母鸡》《白鹅》三篇课文和两个描写动物的阅读链接。本单元共安排了两节通读课,以一节课为例。

1.协商定标

上课伊始,教师引领学生回顾导读课上了解的单元主题和内容,浏览本单元描写动物的三篇课文,然后协商本节课的学习目标。学生发现《猫》和《母鸡》都出自老舍先生笔下,于是产生了将这两篇文章放在一起通读的欲望。在学生强烈求知欲的驱动下,师生通过协商制定了本节课的学习目标。

(1)读通《猫》和《母鸡》这两篇课文。

(2)了解这两篇课文的主要内容以及表达的中心。

(3)整体把握文章的结构。

(4)根据所学修改自己的作文提纲。

2.感知中心

教师引导学生重点读《猫》这篇课文。首先,学生自主通读全文;接着通过查字典、向教师或同学请教、小组研讨等方式将文中不懂的词语、句子弄明白;然后读课文结合内容谈感受。通过多次整体读文,学生从字里行间初步感受到作者十分

喜爱这只猫。

3.把握结构

在感知中心之后,引导学生默读课文,说说课文围绕猫的可爱讲了哪几层意思。教师引导学生了解每一段的内容,理清文章运用总分结构将"猫的性格实在有些古怪"和"满月的小猫更可爱"这两个意思写得很有条理。教师再引导学生运用总说句概括出段落的主要内容。

在教师引导下,学生了解课文《猫》的主要内容、作者表达的情感以及文章的结构特点。接下来,学生运用所学方法自主阅读单元中的另一篇文章《母鸡》,自主落实单元基础目标。

4.质疑问难

在学生对两篇课文的内容、情感、结构有了了解之后,引导学生将两篇文章进行对比阅读,提出自己不明白的问题。通过师生共同归纳总结,最后问题集中在:同样是表达对动物的喜爱之情,同样是老舍先生的作品,为什么两篇文章的语言风格却大不相同。这正是精读课上要解决的重点,因此这一问题便成为精读课的学习目标。

5.修改提纲

群读后通过对比、分析课文的构思方法,学生获得了所喜爱的、能够表达内心情感的文章构思图。然后,学生以此为据进行单元习作提纲的修改。

(三)精读课

精读课是对学生进行单元阅读及习作方法的指导。此课型更加注重学生自主理解、领悟、鉴赏、评价和探究的思维培养,注重自主表达的培养,做到一课一得,学以致用。

其模式是:

创境激趣—协商定标—研读悟情—拓展阅读—读写训练—总结评价

以统编版六年级上册第七单元《月光曲》一课为例。

1.创境激趣

"兴趣是最好的老师",情境是最好的学习沃土。通过播放贝多芬的《月光曲》

创设情境,引导学生谈从曲子中听出了什么。在通读课的基础上,学生很快将自身感受与文本内容联系到一起,将自己听出的乐曲的变化与作者的情感变化联系到一起:不期而听,心中有所触动——不请而进,心中充满感动——不答而弹,心中激动万分。学生的情感初次波动。

2.协商定标

在学生有了初步情感体验的基础上,教师与学生协商这节课想从作者描述的这首美妙乐曲中学习些什么。学生结合自己本单元的习作(写自己学习一门艺术的过程)中遇到的"不知如何将学习跳舞、弹钢琴、画画等艺术的过程写得生动传神"这一难点出发,想从文中学有所获。学生们习作的内容不同、写法不同,却有着共同的需求,这一点也正是六年级学生习作中的难点所在。于是,通过与学生协商,将教学重点放在引导学生学习作者运用大段的、有层次的联想来展现音乐家技艺之高超,传达其内心情感的变化。这也正是学生在此次习作中应该提升的地方。本节课的学习目标是学生自身需求的体现,因此她们带着渴望主动地、积极地投入本节课的学习。

3.研读悟情

为了达成教学目标,教师采用了想象画面、感知旋律、体悟感情的方法层层深入地引导学生感受这一写法的作用,接着引导学生进行积累。

在研读悟情中,学生感受作者运用精妙的联想,借助月光下海面的变化,展现了乐曲旋律的变化,感受到了贝多芬内心情感的跌宕起伏。正是从这种跌宕起伏中,学生深刻体会到贝多芬对劳苦人民的同情和爱,从而也激发起了学生内心那份真挚的爱,使他们的心灵受到了美的熏陶。

在研读悟情中,教师引导学生将本课所写的联想与以前所学课文中的联想进行对比,学生马上发现了本课作者运用连续变化的画面来展现钢琴家技艺的高超,这种写法是以前联想中单一画面所不能表达的。学生们体会到了运用这种有层次的联想来表达艺术之精妙的写法让人身临其境,给人无限的遐想空间。

4.拓展阅读

在学生对本课写法有了充分感悟之后，教师组织学生开展阅读实践活动，加深对这种写法的体会。首先由学生推荐自己阅读过的有这种写法的文章《忆刘宝全先生》片段，大家共同阅读欣赏。接着，教师推荐阅读《琵琶行》，学生们通过诵读、感悟，无不惊叹于中国传统文学作品描写之精妙传神，民族自信、文化自信油然而生。

5.读写训练

最后，学生运用所学方法，为自己的习作片段添加有层次的联想，达到学以致用的目的，真正实现了语文学科的语用功能。

6.总结评价

学生从自身收获、同伴互助、教师引领等多角度对本节课的学习进行反思、评价，并提出下一个学习目标。

整堂精读课，教师引导学生进行深度学习。这里引用《深度学习：走向核心素养》一书中对"深度学习"的定义：所谓深度学习，就是指在教师引领下，学生围绕着具有挑战性的学习主题，全身心积极参与、体验成功、获得发展的有意义的学习过程。在这个过程中，学生掌握学科的核心知识，理解学习的过程，把握学科的本质及思想方法，形成积极的内在学习动机、高级的社会性情感、积极的态度、正确的价值观，成为既具独立性、批判性、创造性，又有合作精神，基础扎实的优秀的学习者，成为未来社会历史实践的主人[①]。

整堂课学生学得积极主动，思维活跃，学以致用，获得了知识、技能、情感等多方面的收获。

(四)略读课

此课型主要培养学生自主学习能力。精选学点，指导学生运用精讲课所学的阅读方法，自主学习单元略读课，教师推荐或者学生推荐拓展阅读与主题相关的篇目，阅读后围绕本节课的学点进行交流、总结、评价。由于将阅读的主动权交给了学生，学生很乐于将自己喜欢的相关文章与师生进行分享。学生阅读量提高的

[①]刘月霞，郭华.深度学习：走向核心素养[M].北京：教育科学出版社，2018：32.

同时,阅读兴趣也大幅度得以提升,个性和能力得以发展。

其模式是:

协商定标—协商学法—合作探究—拓展阅读—总结评价

例如统编版四年级上册第四单元,这个单元有《盘古开天地》《精卫填海》《普罗米修斯》《女娲补天》四篇神话故事,以《女娲补天》这一略读课为例。

1.协商定标

根据课文前面的导语,师生协商出本节课的学习目标是运用前面三篇精读课所学的方法,将故事的起因、经过、结果说清楚。

2.协商学法

为了达成学习目标,教师与学生协商出可以采用同伴互助的方式来开展学习,通过合作探究的方式解决学习中的难点。

3.合作探究

在小组中进行研讨,解决如何将女娲求雨、浇灭天火的经过说具体、生动这一学习的难点,随后进行小组展示。在展示的过程中,师生通过互动式评价提升学生阅读、表达能力。

4.拓展阅读

通过对本单元神话中的人物盘古、精卫、普罗米修斯、女娲的评价,激发学生对伟大人物的崇敬之情,对神话故事的喜爱之情。最后将学生喜欢的中国神话故事如《夸父逐日》《后羿射日》《西游记》等引入课堂,学生自主阅读后围绕本节课的学点进行交流、总结、评价。让学生在更广泛的阅读中感受神话的魅力,获得真善美的熏陶。

5.总结评价

通过教师评价、学生自评、师生互评、生生互评等方式,从知识获得,能力提升,学习态度进步,教师讲授的优、缺点等方面进行多元评价,关注学生核心素养的培育,真正实现教学相长。

(五)实践展示课

此课型根据学段略有不同,低年级为总结评价课,中高年级为习作评改课。

此课型主要是对低年级的单元学习进行总结评价,

其模式是:

协商定标—自查自评—互帮互助—汇报交流—验收评价

教师引导学生回忆本单元学习重点、单元学习过程。学生根据单元学习目标进行自我及小组单元评价。教师重点进行单元知识能力的评价。学生通过自我评价及小组评价,找出自我学习的优势和劣势,互相学习,取长补短,增强学生学习语文的信心。

此课型主要是根据中高年级单元写作方法的落实情况,抓住薄弱点,通过典型文章的分析,进行指导。

其模式是:

协商定标—典型引路—探究方法—自改习作—互评互改

师生共同研究典型作品,分析出优势和不足,研讨修改方法,进行自主修改,互评互改。此课型培养了学生运用祖国语言文字的能力,提高学生的鉴赏能力和修改习作的能力。

三、单元主题整合协商教学特色教学课型及模式

小学一、二年级语文教学中,识字、写字十分重要,因此在一至三年级单元主题整合协商教学中探索出了带有"学段特色"的单元识字课及教学模式。

统编教材中,为了培养学生的表达能力,有的单元中有口语交际的内容,根据这一内容探索出了带有"单元特色"的口语交际课及教学模式。

(一)单元识字课

此课型主要是培养学生识字、写字能力。引导学生学会识字、写字方法,通过师生协商、生生协商、组内测评、组际竞赛、教师重点指导等方式培养学生自主识字的能力,使学生清楚写好汉字的重要性,激发学生热爱祖国语言文字的情感,增强学习语文的信心。

其模式是:

协商定标—协商难点—协商记形—反馈落实—拓展延伸

以统编教材二年级上册第四单元的识字课为例,本单元的课文围绕"祖国壮美河山"展开。包括《古诗两首》《黄山奇石》《日月潭》《葡萄沟》四篇文章,本单元要认识 68 个生字及其词语。

1.协商定标

学生在导读课上已经明确了本单元的内容和主题,教师创设情境,引导学生明确要进行本单元的"魅力神州行"就要做好充分准备,首先要清除道路上的障碍。然后与学生协商本节课的识字目标——运用多种方法认识 68 个生字,会组成词语,能够在语境中运用。

2.协商难点

识字教学是低年级教学的重点。本单元 68 个认读字,是否要逐一分析理解、识记,均衡使用力量呢? 透过对学情的分析,发现学生是有一定识字基础的。信息时代媒体得到广泛运用,学生通过各种渠道认识了大量汉字。加之通过一年多的学习,孩子们掌握了很多识字方法,具备了一定的自主识字能力,因此识字教学不该是"零起点"! 基于这种思考,教师在教学每个单元时,都会进行"初期摸查",将每个单元的认读字列出,形成"认读字表"。教师读字,学生依顺序标序号,了解学生在"学前"对于认读字的识记情况。

通过结果分析,教师发现:本单元要识记的 68 个生字中,已有近 50% 被学生掌握,识字量大的孩子甚至高达 80% 以上。错误率较高的集中在"楼、瀑、秀、盛、卧、乘"等少量字中,约占单元识字量的 20%,教师便将其确定为识字教学的难点,而剩下的 30% 则被确定为教学重点。

下图中每个生字下面所画横线表示认读错误的学生人数。该测试班级为40人。

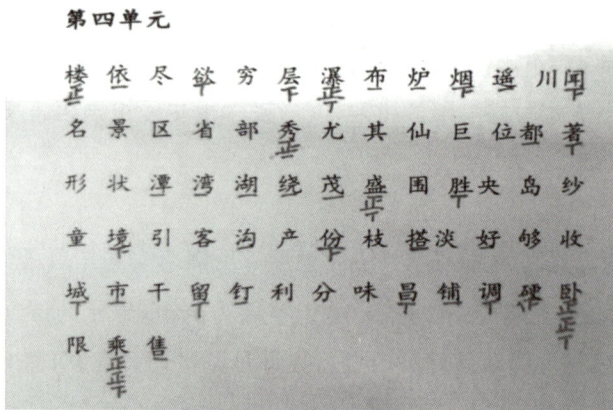

图 5-4 认字测试记录

3.协商记形

教学重、难点一经确定,教师与学生协商选定合适的学习策略,有的放矢地实施教学,突破重、难点。

在这一过程中,教师会首先出示"初期摸查结果"(出示摸查中学生错误率较高的生字),然后将学习的主动权抛给学生,与学生协商用什么方法记住这些难识记的生字。学生的主观能动性被充分调动起来,积极思考、讨论,运用多种方法突破重、难点。至于其他生字,教师会组织学生在小组中互相检查认读情况。遇到有的学生不认识个别生字时,小组同学会利用学过的识字方法教给同伴,在互助中认识先前不认识的生字。

通过单元整合识字课,师生协商总结提炼出多种识字方法。

(1)组词识记法。如楼层、瀑布、茂盛、硬卧等。

(2)形近识记法。通过查字典,区分两个字的意思,分别积累组词,如"分"与"份"。

分:分内,成分,水分……

份:月份,年份,省份……

(3)形声识记法。根据汉字"形旁表义,声旁表音"的规律,识记汉字,如依、瀑、炉、烟、遥、境、城、钉、味等。

(4)多音识记法。统编教材中标为蓝色的字都是多音字,如好、干、分、都等,这些字认识不难,关键是区分和运用,教师创设语境,引导学生运用。

(5)偏旁识记法。如本单元中有一组三点水旁的字,瀑、潭、湾、湖、沟等字都是与"水"有关,但它们是水的不同汇聚形态。学生联系生活实际,根据它们的细微区别进行识记。

(6)字源识记法。如"卧",此字始见于战国文字,由"臣"和"人"构成。"人"——人的行为;"臣"——像伏卧在几案上,眼睛呈竖着的样子。《说文解字》中,"卧,休也。从人、臣,取其伏也"。

(7)活动识字法。例如"楼"字,可以开展"家乡建筑名称知多少"的活动,引导学生在收集家乡建筑名称的过程中识记。

4.反馈落实

单元识字课后,单元认读字的识记还会在阅读教学的过程中得以不断巩固。当一个单元的教学结束,进入复习验收的阶段时,教师会利用先前提到的认读字表,对每个孩子进行二次摸查(主要是对字表中做过标记的生字进行复测)。

因为孩子们的识记能力有差异,所以在这个过程中,教师们可以邀请那些识字能力强的孩子参与摸查,发挥"小老师"的作用,最终在互助过程中,实现每个孩子对认读字100%的识记。单元整合识字的过程中,以学生为主体、尊重学习起点,因材施教,将识字目标落实到实处。

5.拓展延伸

翻阅本册教材,多个单元都提示孩子们联系生活实际进行"主题识字"。所以在教学中,教师本着引领学生走进生活的宗旨,创设"大语文"识字环境,单元结束之后,开展"我的旅行图册""妈妈的厨房""我开的小超市"等不同的识字活动,鼓励孩子们从身边挖掘学习资源,激发学生识字兴趣和求知欲。

(二)口语交际课

口语交际主要是培养学生倾听、口语表达等能力。教师结合学生的生活,根据每个单元的话题,组织好交际活动。培养学生认真倾听的习惯,提高学生完整、清楚、有条理地表达能力,增强表达的信心。

其模式是：

创设情境—组织活动—关注过程—充分实践

以统编教材四年级上册第一单元的口语交际《我们与环境》为例。本节课的语文训练要素是：能围绕一个问题发表自己的看法，说出自己的感受和想法，不跑题；在交流过程中能认真倾听，判断别人的发言是否与话题相关，就不同意见与人商讨。

交际，是指人与人之间的交往，创设情景，是促进交际的重要方法。在这节口语交际课中，教师创设了两个情境、五个活动来促进主体互动。

情境 1

图片导入，谈环境问题

上课伊始，教师带领学生畅谈喜欢在怎样的自然环境中生活，之后展示出我们身边的环境遭到破坏的图片，二者形成鲜明对比，引发学生强烈的情感冲击，激发学生的表达欲望。

为了让学生有充分的实践空间，教师组织了两个活动。

活动 1

个人交流身边的环境问题

请一名学生将自己课前调查的环境问题与大家进行交流，大家认真倾听，并从本课的两个训练要素进行评价，一是判断别人的发言是否与话题相关；二是评价发言者是否围绕话题发表看法，不跑题。当第一个学生交流之后，同学们判断出他的发言跑题了，他说的是现在的环境比以前好了。这时，教师及时引导学生要发现现有环境中还存在哪些问题，使它变得更好，提示学生要围绕话题进行交流。在后面的交流中，学生不再跑题了。在其他学生交流过程中，教师又发现表达拖沓的问题，于是及时进行点拨，告诉学生说话不要兜圈子，与主题无关的内容可以略说或不说，引导学生表达得更加精炼。在这一活动中，学生通过表达、倾听、评价的实践，明确了应如何围绕话题发表看法，不跑题；而且学会了认真倾听，边听边进行判断。这实际上是为学生后面的交际活动提供了范例。

活动 2

同桌两人交流自己调查到的身边的环境问题

在个别学生交流的基础上,为了使每一名学生都有实践的机会,教师组织了同桌两人进行交流。在大家充分交流之后,请一组同桌到前面展示交流的过程,大家仍旧从"判断别人的发言是否与话题相关;围绕话题发表看法,不跑题"两个方面进行评价。在评价的过程中,学生肯定了两位交流者都能围绕主题发表看法,都能绘声绘色地将自己的调查内容表达出来,还加上了自己的情感,同时提出应注意交流时的体态语言等更高的要求。在生生、师生的相互评价中,强化了两个训练要素,提升了学生的交际水平。

情境 2

开展环保小卫士提建议活动

通过环境问题的交流活动,学生认识到要想改善环境,就要从自身做起,争做环保小卫士。于是,教师以教材中的两个环保做法为例子拓展学生思维,引导学生提出更多简单易行的环保建议。教师组织学生开展了以下三个交际活动。

活动 1

同桌讨论

组织同桌开展讨论,可以提出哪些环保小建议。然后,请一组同学展示讨论的过程,大家仍然从本课书的两个训练要素进行评价。在这组同学展示之后,学生们通过"接龙式"评价肯定了他们交流的优点,并提出了建议。就这样在师生、生生之间的交流互动中,提升了学生语言表达的准确性、科学性。

活动 2

小组讨论

通过以上两次活动，学生都能做到在两个人的交际中围绕话题发表看法，不跑题，认真倾听、判断别人的发言是否与话题相关。于是，教师组织学生四人一组进行讨论，看看是否可以提出更多简单易行的环保建议。

在小组讨论之后，教师并没有让各小组汇报讨论的结果，而是将一个小组的讨论过程录成视频展示给大家看。在观看的过程中，学生们能更加直观地了解到小组交际中每个人的表现，感知到什么样的表达令人心情愉悦、什么样的语气令人不舒服等，在头脑中判断出每个人的优点与不足，并在潜意识中明确今后要怎样与人交往。这是学生通过感知自悟的过程，是以往只展现结果所不能达到的。

总之，在观看、评价过程中，学生明确了交际的方法，学会了与人友好交际的技巧，提高了交际能力，事半功倍。

活动 3

书写环保小贴士

在各小组充分交流的基础上，教师引导小组从讨论中选择几条最好的建议，把关键词写在心形纸上，做成环保小贴士贴在黑板上。最后建议学生将环保小贴士的内容印成"保护环境小建议十条"，张贴在学校、社区等地方的布告栏里，号召大家都去做，提升学生的公民意识。

这节课，教师打破了以往的一人说众人听，语言信息呈单向传递的局面，注重创设情境、展现过程，在活动中实践。每次交际之后，紧扣训练要素进行评价，使得本节课的两个训练要素成为牢固的意识在学生头脑中生根，并通过反复实践形成能力。

四、单元主题整合协商教学有效实施策略

以"语文单元主题整合协商教学"理念为指引,为了更有效地实施,形成了5种策略。

(一)同类文章对比策略

同类对比的策略就是同题阅读——对比,要求学生同时阅读描写同一对象(如动物、植物、风景、人物等)的若干篇文章或是同一作者的不同文章,在比较、分析中体会不同的情感、风格及表达方法等,丰富语言积累。如统编版四年级下册第四单元有《猫》《母鸡》和《白鹅》三篇描写动物的文章,阅读连接中还有一篇《白公鹅》同样是写动物的文章。我们可以运用对比教学的策略进行教学,引导学生同时阅读老舍先生的《猫》和《母鸡》两篇文章,引导学生通过对比分析出两篇文章虽然出自同一作者的笔下,但表达的情感不同,对于猫,老舍先生充满喜爱,甚至到了溺爱的程度;对于母鸡,作者的情感是有变化的,由讨厌到敬畏,情感不同,所以作者表达的方式和语言风格也不相同。学习《白鹅》这篇文章时,可以引导学生体会白鹅的特点,领悟作者的表达方法,最后从行文结构、描写方法、语言风格等几个方面总结此文的特色。接着引导学生自主阅读《白公鹅》,并与《白鹅》进行对比阅读,总结异同,为学习描写动物的文章打下基础,最后迁移到"口语交际"和"习作",让学生抓住特点说、写自己喜欢的动物,表达对动物的喜爱之情。在比较学习过程中强调同中求异或异中求同,有助于培养学生的阅读、写作及鉴赏文学作品的综合能力。

(二)主题升华策略

主题升华的策略是指同一主题的内容,层层感悟,提升情感。统编版语文教材以主题为单元安排,但写作内容不同、体裁不同、作者不同……如四年级上册第四单元主题是"感人的神话传说",该组课文内容丰富,体裁多样,有记叙文、古文、译文,整个单元课文从不同的角度诠释"神话传说"的内涵。因此在教学过程中,应让

学生在逐课阅读的同时,交叉整合相关内容,升华学生的情感,感受神话的魅力,获得真善美的熏陶,培养学生想象能力。

(三)整体规划策略

阅读教学与习作教学脱节,课内外阅读脱节,课堂上讲、练的脱节,致使学生怵头单元习作。我们探索出了"语文单元主题整合协商教学"习作整体训练体系,解决了这一难题。单元备课时,教师遵循单元内容整体性、连贯性原则,按课型备课,把习作的审题、立意等常规训练整合到单元几个重要课型中,构成单元习作训练体系,分散了习作难点,单元教学结束,学生水到渠成完成习作。以统编教科书三年级上册第六单元为例,单元的主题是"祖国,我爱你"。单元编排了4篇课文:有描写山水美景的古诗《望天门山》《饮湖上初晴后雨》和《望洞庭》;有表现海疆风景优美、物产丰富的《富饶的西沙群岛》;有描绘南国美丽风光的《海滨小城》;还有展现北国四季迷人景色的《美丽的小兴安岭》。导读课上组织学生绘制单元思维导图、交流习作素材,学生在单元内容的启发下,联系自己的生活实际,很容易地选取了自己熟悉、喜爱的景物,并初步列出习作提纲。同时,学生也提出了不知如何进行有条理的表达和将景物特点写清楚的难题。

在通读课上,教师将《富饶的西沙群岛》和《美丽的小兴安岭》作为范例,解决学生提纲实效性不强的问题。在理清文章结构后,对照学生习作提纲,引导学生修改自己提纲。长此以往进行训练,学生布局谋篇的能力逐步加强。

在精读、略读课上,从三篇现代文的阅读中完成认识总分段式、体会作者如何进行语言表达的阅读任务,采用联想、想象、再现等策略关联生活语境,唤醒学生自身语言经验,完成阅读任务。然后学习三首古诗,用人文主题将现代文与古诗关联,将学生置于学校语境、生活语境和从阅读中获得的总分段式的表达经验统整的语境之中,引导学生采用总分段式完成习作中的重点段落,完成由内向外的个体语言的创造性表达。

整体规划策略大大分散了学生写作的困难,调动了学生写作的积极性。

(四)先减后加策略

要想提高学生的语文能力,就要多读,即单元课文内容要多读几遍,要读正确、流利,读出感情;在课堂上挤出时间,补充相关文章,甚至把课外阅读引进课堂,进行阅读的指导、展示与交流。为达到这一要求,我们采用了先减后加的策略。首先,做减法,即教师在课堂一定要少讲、少问,少重复。一篇课文,学生自己读,可以弄懂的不讲,生生间合作探究能理解的内容不讲,讲了也不懂的不讲,教师抓住重点精准设计,一课一得,循序渐进地完成单元教学任务。这样做减法节省了教学时间。我们又做了加法,即根据单元阅读、习作训练重点,进行课外拓展阅读训练,读写结合训练,提高了学生语文学习能力。

(五)"211"课时设计策略

根据单元阅读、写作的训练重点,精心进行 "211"课时设计,精讲多练,一课一得。"211"课时设计包括两层含义。

(1)时间分配:即精选一个训练点,进行 20 分钟的文本内容设计,10 分钟拓展阅读设计,10 分钟读写结合设计。

(2)活动形式:阅读是运用语言文字来获取信息、认识世界、发展思维,并获得审美体验与知识的活动。强调的是阅读者自身的一种主动的学习过程,由于学生年龄小,需要教师进行阅读方法的点拨。因此,前 20 分钟是教师引导学生有目的地阅读文本,获取知识的过程,是师生的双向活动,视为"2";10 分钟拓展阅读,是学生运用所学方法自主阅读课外的文章,是自主实践的过程,这是学生的单向活动,视为"1";10 分钟读写结合则是学生将所学的表达出来,亦是学生的单向活动,视为"1"。由此可见,此教学策略更加注重学生自主理解、领悟、吸收、鉴赏、评价和探究文章的思维培养,注重自主表达的培养,做到一课一得,学以致用。学生在提高语文能力的同时,也受到了情感的熏陶。

这种策略大大提高了课堂教学效率,提升了教学质量。

小学语文单元主题整合协商教学,力求创设新视角,开发新途径,突出国家课程价值,突出国家课程价值指导下的学校课程价值,突出学生的个体差异与个性发展。

小学语文单元主题整合协商教学,以协商理念为引领,课上师生协商,学生成为主动的参与者,参与学习目标的制定、学习方式的选择、作业的设计等等。教学中师生通过协商解决学习困难,实现了学习方式的变革,改善了教与学关系,提高了教学质量。

　　小学语文单元主题整合协商教学，根据语文教材的特点，整合学习内容，把单元的基础、阅读、习作等内容集中或分散地整合到各课型中；整合课型，把习作指导课整合到其他几个重要课型中，构成习作训练体系。实现了语文国家课程校本化有效实施，提升了教师课程实施的创造力，提高了学生语文学习兴趣，满足了学生多样化自主发展的需求，有利于培养学生的核心素养。

小学语文阅读教学语用训练探索

天津市蓟州区东施古镇东方红中心小学　刘文永

　　教育部 2011 年修订的《义务教育语文课程标准》,在"课程基本理念"中明确指出了语文课程应"引导学生丰富语言积累""正确运用祖国语言文字""语文课程是学生学习运用祖国语言文字的课程""应该让学生多读多写,日积月累,在大量的语文实践中体会、把握运用语文的规律"。而在"课程设计思路"中也指出:"语文课程应注重引导学生多读书、多积累,重视语言文字运用的实践,在实践中领悟文化内涵和语文应用规律"①。

　　因此,语文教师要按照"课标"的要求有意识地开展语用训练,实现学生语用能力的培养和提高。

一、小学语文阅读教学中语用训练的失效失误现象

　　随着"语文一定要姓语",要有"语文味",要"用语文的方式教语文"等教学思

---

①中华人民共和国教育部.义务教育语文课程标准(2011 年版)[S].北京:北京师范大学出版社,2011.

想的深刻影响,小学语文阅读教学中语用意识已深入人心,大有"不语用无语文"之势,这在一定程度上促进了语文课堂中的语用落实。但是,事实上我们仍有许多语文教师缺乏科学语用训练的意识,存在着语用训练与文本联系不紧密、与语文要素不契合、与学段学情不匹配的失效失误现象,导致不少课堂不是走向仿写仿说课课见、课堂练笔堂堂有的简单穿插,就是一味地追新求异、无限拓展,课堂热闹却实效不大。这正如王崧舟老师谈到的那种罔顾一切地为语用而语用①。

(一)与文本联系不紧密的语用训练失效失误现象

例如五年级下册《威尼斯的小艇》一课中,有教师进行了这样的设计:针对文章第四自然段"船夫的驾驶技术特别好"内容,教师设计了情境体验环节,邀请了几名同学分别扮演船夫和游客,在课堂上进行了模拟行走的表演,之后让表演的同学和观察的同学说出自己的感受,意图是让同学们体会船夫驾驶技术的高超。

事实上,这样的环节使学生的关注点转移到观察学生的浅层表演,课堂变得热闹活跃了,哪怕在之后的交流中,学生们也说出了"船夫的驾驶技术特别好!""行船速度特别快!""坐在船里很舒服!",却总是让人觉得这不是很真实,这个模拟表演究其本质已经与文本联系不紧密了,使学生的注意力游离在文本之外,造成语用训练的失效失误。

(二)与语文要素不契合的语用训练失效失误现象

部编教材按照"双线组元"的结构特点编排,从三年级开始,在每一个单元导语中都明确了本单元的语文要素,给教学确定了目标,指明了方向,明确了要求。遗憾的是,在一些课堂中,教师设计的语用训练并没有关注到语文要素,使得这样的语用训练严重偏离了目标方向,造成失效失误现象。

例如六年级下册第五单元《真理诞生于一百个问号之后》一课中,有教师就设计了这样的语用环节。课堂上让学生们针对奥地利医生是怎样"反复地观察实验"展开想象并写出一段话进行交流。而该单元的语文要素是"体会用具体事例说明观点的方法",而本文又是一篇典型的议论文,显然这一语用训练并没有契合语文要素。

---

①王崧舟.语用焦虑与实践突围——语用教学三个层次的厘定与整合[J]. 新教师,2013,(10):28-30.

(三)与学段学情不匹配的语用训练失效失误现象

学生是学习活动的主体，课堂上一切教学活动的设计都应是为学生的学服务，力求让学生学会、会学、乐学。然而，在时下的语用训练中，确实存在没有关注学生的学段特点、学情现状而造成语用训练失效失误现象。

例如统编教材中收录了较多的写人记事、写景状物的文章分散在各个年级段，有些教师不管是习惯性地，还是拿来主义借鉴的，总会让学生随堂写一写"想对他们说什么""这件事的启示""身边的风景"等等，这样的语用本无可厚非。但遗憾的是，写一写的要求没有细化到学段、单元、课堂的训练目标上，让人感到这样的语用训练就变成了千人一面、一面千日，必然使得训练目标针对性不强，造成语用失效失误。

再例如五年级上册《圆明园的毁灭》一课中，有教师通过初读、通读文章之后，设计了让学生对圆明园和侵略者发表感想，进行语用训练。课堂上，只有为数不多的学生能够发表一些只言片语。究其原因，那就是我们的学生大多数并没有去过圆明园，他们对八国联军侵华的历史不是很熟悉，课堂上也没有进行必要的相关介绍感知，所以不能够感同身受，也就无感而发。这样的语用训练设计显然没有关注到学生的实际学情，造成语用失效。

二、小学语文阅读教学中语用训练的策略

(一)挖掘文本，巧设情境，落实语用

小学语文统编教材编选的大多文章都是文质兼美的经典之作，内涵丰富，尤其是巧妙的构思、精准的用词、细腻的描写……都值得我们细细地品味咀嚼。因此，教材既是语文知识的载体，还是学生进行语用训练的重要载体和语用训练的出发点。教学时，教师必须深入解读文本，挖掘文本语言的精妙之处，引导学生关注这些语言现象，并以此为训练点，通过巧妙创设语境，组织语用训练，实现"用教

材教""适材而用""适境而用"①,而不能脱离文本,无限拓展,甚至游离于语文学科的边界。

于漪老师也曾说过:"阅读教学中写的训练,不应游离于课本之外,要使它成为阅读教学中的一个有机组成部分"②。

李吉林老师在《情境教学实验与研究》一书中,对"情境教学与儿童发展的关系"做了阐述。当谈到情境教学与语言学习时,她认为通过带入情境,把观察与思考结合起来,发展内部言语;通过观察情境,描述画面,发展独立言语;通过体验情境,扮演角色,发展对话言语;通过再现情境,强化感受,发展书面言语。可见情景教学在语用训练方面发挥的巨大作用③④。

我们唯有准确地把握住文本、挖掘好文本,再适时创设好情境,才能够把语用训练落到实处。

(二)结合语文要素,找准语用训练点

正如薛法根老师所说,"统编教材将选文按单元编排,采用人文主题和语文要素双线并进的结构思路。人文主题体现语文教材全面育人的价值取向,语文要素指向语文能力的整体发展,包括基本的语文知识、必需的读写技能、适当的学习策略和良好的学习习惯等,这是语文课程的本体性教学内容,实现了课程内容的教材化。每个单元围绕一个语文要素,并通过单元的导语、文中的泡泡、课后的练习以及语文园地中的项目等多种方式呈现,让教师可以把握,让学生可以学习"⑤。

江秋霞老师也曾提到,"要落实语文要素,就要加强语言的学习运用,就必须善于从文本中寻找和确定语用训练点,我们的教学设计就要体现学以致用的理念,发展听、说、读、写四种形式的训练"⑥。

---

①罗英,徐文彬.试论教师使用统编教材的规则理路[J].课程.教材.教法,2020(11):36-42.

②尤维霞.找准语用突破口,绽放随文练笔花——基于小学高年级阅读教学随文练笔的思考[J].教育,2015(43),33-34.

③李吉林.情境教育的诗篇[M].北京:高等教育出版社,2004.

④钟素丽.创设情境 落实第一学段语用训练——以部编版教材为例[J].福建教育学院学报,2019(11):77-78.

⑤薛法根.用语文教儿童——统编本小学语文教材的教学要义[J].语文建设,2018(4):12-16.

⑥江秋霞.立足语文要素,落实语用训练[J].教学管理与教育研究,2020(14):56-57.

教材文本中值得品味、训练的地方很多,对教师提出了更高层次的要求。正如邱允丽老师所提到的,"这就要求我们语文教师要练就一双慧眼,能从教材文本中准确感知并发掘出契合学生认知需求的语用训练点,进而通过高效、生动、丰富的实践活动来促进语用能力的不断提高"①。

总之,统编教材中已经明确的语文要素,在一定程度上也明确了语用训练的方向,让语用训练点的确定愈发准确。

(三)结合学情,按学段梯次语用

在开展教学之前,我们必须先认真研读课标、教材,明确教材所在学段、单元的内容和目标,做到心中有标,才能用好教材。之后,研读教参,可以参考教师用书中关于语文知识点和能力点的建议,与课标的要求进行对照补充。这样一来,就可以达到课课有标,课课达标。第三,还要认真研究每个单元、每篇文章的教学重点,将语用的学习与训练合理分布到每个单元、每一节课,围绕目标的达成形成训练梯度,使之螺旋式提升。

浙江省特级教师吴孔裕老师也说过:"低学段要着重引导学生练习用词的准确和句式的运用;中学段要关注段落的结构和修辞方法的运用;高学段则要引导学生从作者的表达方式、篇章结构等方面展开学习。但整体应体现一个螺旋上升的过程"②。

例如比喻句的学习,教师就可以分年段设计语用训练的目标:一年级要求初步感知比喻句中喻体和本体的相似性;二年级要求能够感知一个本体可以有多个不同的喻体;三年级要求能够灵活多样地运用比喻句;四年级要求能够初步体会比喻句的精妙;五年级要求能够对一些特殊的比喻句进行品析;六年级要求能够正确地使用比喻句,并尝试个性化的表达。

任何学习都要循序渐进,遵循由易到难的规律。在语文教学中,要准确把握学情,依据学生已有知识能力水平设计科学、合理、有层次的语用实践,让学生对语言文字的学习真实发生,让学生对语言文字的运用真实进行。

---

① 邱允丽.捕捉语言训练点,提升语用实践能力[J].小学教学参考:语文版,2016(10):64.
② 古良梅.以学定教:"策略"向"语用"渗透——《草原上的盛会》的语用开发与实践策略[J].名师在线,2019(13):13-14.

三、小学语文阅读教学中语用训练点的开发与运用举例

(一)找准关键词,开发语用训练

学生能够真正深刻地理解字词,也就能够体会到作者遣词造句的精妙,自然就能恰当地运用于表达。引导学生理解字词设计语用训练,应设在学生真正不懂之处,通过问题的探究、分析、解决,切实提高学生的语用能力。

例如,三年级上册《秋天的雨》第2自然段中:秋天的雨有一盒五彩缤纷的颜料。你看,它把黄色给了银杏树,黄黄的叶子像一把把小扇子,扇哪扇哪,扇走了夏天的炎热。它把红色给了枫树,红红的枫叶像一枚枚邮票,飘哇飘哇,邮了秋天的凉爽。金黄色是给田野的,看田野像金色的海洋……"五彩缤纷"一词显然就是关键词,那怎么教呢? 普遍采用的教法是:①找近义词体会词语意思,学生大多能说出:五光十色、五颜六色、五彩斑斓、色彩纷呈、万紫千红、姹紫嫣红等;②比较思考:课文中用哪个词好?学生理所当然说"五彩缤纷"好,至于好在哪,为什么好,就连不少老师也是一塌糊涂。这样的设计仅仅停留在词语表面,并没有深入语用的训练。

实际上,"五彩缤纷"这个词中,学生真正不理解的是"缤纷"二字,应在"缤纷"二字上做文章,语用设计如下:①用"缤纷"说词语;②查词典、资料,理解"缤纷"。通过落叶缤纷、落英缤纷的动态,体会"动"的韵味,再明确"缤纷,本指旗帜上的飘带","飘带"被风一吹便充满动感;③感悟发现语段中的"动"在哪里。通过"扇哪扇哪""飘哇飘哇"的词句理解与想象,进而深刻感知"五彩缤纷"具有动感。

再如:教学五年级上册《桂花雨》第4自然段中的"桂花盛开的时候,不说香飘十里,至少前后十几家邻居,没有不浸在桂花香里的",可以先引导找出关键词"浸在",然后引导学生说说这个词语的意思,思考能不能替换为别的词语。学生们纷纷发言,各抒己见,在这样的交流中,就把"花香的气息浓郁得似水"这种状态表现出来了。结合上下文,桂花不仅在花朵盛开时香,即使晾干了用于泡茶、做饼也同样香气浓郁,桂花的香已经深深地融入人们的生活,也永远香在人们的心里,这样就更深入理解文本。

(二)依托句式,开发语用训练

句式的训练是语用训练的重要内容。教材选文中含有大量的比喻句、拟人句、反问句、排比句等鲜明特点的句式,借助这些意境优美的段落,让学生尝试仿写,就是对学生进行语用训练的一种好方法。

例如:三年级下册《赵州桥》这篇课文的第 3 自然段 "桥面两侧有石栏,栏板上雕刻着精美的图案:有的刻着两条互相缠绕的龙,嘴里吐出美丽的水花;有的……还有的刻着双龙戏珠……"这个语段,就可以这样设计语用:①让学生观察交流这段话在写法上的特点。②仿照文中"有的……有的……还有的"这样的句式说话。③课堂想象参加大课间活动时大家的行动,还可以想象去公园赏花的情景,再仿照上面的句式进行语用训练。

借助美的意境、美的句式,使学生感受美、欣赏美、受到美的熏陶,进而观察美、表达美,从而达到语用训练的目的,可谓一举多得。

(三)用好插图,开发语用训练

部编版小学语文教材愈发图文并茂,几乎每课都有插图,这些插图丰富了文本情境,为开展语用训练提供了重要媒介,特别是在传统文化篇目的教学中,几乎在每一篇中都有与之相契合的图片。这些图片极富想象力,又很有趣味性,能够使文字更直观、更形象,叙事说理更让人易于接受,有利于帮助学生理解课文内容的重难点,也有利于培养学生的观察能力和想象力,深受学生喜爱。《义务教育语文课程标准(2011 版)》中要求:"教师应创造性地理解和使用教材,积极开发课程资源"[1]。教材中的插图就是一种可以继续开发的重要课程资源,合理使用这些插图,既可以帮助学生感知理解课文内容,还可以通过创设语用训练有效提高学生的语言表达能力。

例如:五年级下册《威尼斯的小艇》,第二自然段"威尼斯的小艇有二三十英尺长,又窄又深,有点像独木舟。船头和船艄向上翘起,像挂在天边的新月,行动轻快

---

[1]中华人民共和国教育部.义务教育语文课程标准(2011 年版)[S].北京:北京师范大学出版社,2011.

灵活,仿佛田沟里的水蛇",描写了小艇的外形特点,可以先借助文中的插图,让学生直观感受并进行语言表达,进而回归文本,让学生深刻体会小艇的 "长""窄""深""翘"的外形特点。此外,还可以创设质疑为什么是这样的外形,留在课下探讨,丰富文本。

例如:在六年级下册《两小儿辩日》中,可以发现,这篇古文中就附有一则插图,是一个儿童用手指向天空中的太阳与另一个儿童进行辩论的情境,将本文中激烈的辩论形势生动形象地表现了出来。因此在教学这课时,可以设计语用训练为:①要求认真地观察图片在表达什么,进行思考,组织语言。②课堂交流,畅所欲言……通过课堂交流,可以看到适时而优美的插图激发了学生语言表达的欲望,让学生乐于表达、易于表达,从而有效提高语用能力。

(四)巧用留白,开发语用训练

"留白"一词指书画艺术创作中为使整个作品画面、章法更为协调精美而有意留下相应的空白,留有想象的空间。文学作品中亦有留白,课文的"留白"就是作者在写作的过程中由于写作手法的需要而略写的内容,或者是"不可言传"而含蓄表达或不写的内容。语文教师在阅读教学中,应该寻找这些"留白",开发语用训练点,让学生通过研读文本,丰富想象,进行表达训练,既能使学生对课文内容的理解更加深刻,又能有效地训练他们的语用能力[1]。

1.文中"留白"的"语用"训练

例如:六年级上册的《月光曲》是一篇意境优美的文章,讲述了德国著名音乐家贝多芬因同情穷鞋匠兄妹而为他们弹琴,有感于盲姑娘对音乐的痴迷而即兴创作出《月光曲》的传奇故事。作者以生动的文字将《月光曲》的内容、意境及情感表达出来。文章熔传说、美景、深情于一炉,文字美、情感美、意境美。面对语言这么优美丰富的文章,要怎样训练和发展学生的语言能力呢?在教学这篇文章时,发现人物的对话里几乎没有提示语,特别是第3自然段兄妹俩的对话。因此,增加了这样一个小练笔的教学环节:①让学生自读第3自然段。②加上适当的提示语。③请同学们根据说话的内容,想象他们说话的语气、动作、神态,补充描写,使人物的对话

---

[1]蒋玉娥.语文阅读教学中"留白"艺术的运用[J].文教资料,2020(22):208-209.

更生动形象。④交流评价,看一看是否体现出这对兄妹互相体贴的手足情深。经过这样的表达训练,就能逐步提高学生的"语用"能力。

2.结尾"留白"的"语用"训练

例如:在六年级上册的《穷人》中的结尾处,只写到桑娜拉开帐子,告诉渔夫,西蒙的孩子就在这里,接下来会发生什么事就没有交代。看似不完整的故事情节,给我们留下了想象的空间,需要学生们用自己的语言补充完整。因此,我们就可以引导学生用自己的语言,或者仿照课文的语言,展开丰富的想象,把《穷人》这个故事合理地续编下去。在课堂交流时,要求以符合原文的人物性格进行合理评价。通过这一环节设计,学生们的语言表达欲望被唤起,他们表达的过程,就是灵活运用语言的过程,也是继续深化文本的过程。

再如:在同一单元的《桥》中,文章到结尾才交代老支书和小伙子的父子关系。这样写的好处是设置悬念,前后呼应,吸引读者的兴趣,给读者留下丰富的想象空间,可以看出老支书是一个大公无私、不徇私情、临危不惧、舍己为人的人。此时,就可以设定为一个很好的"语用"训练点,要求补充老支书、老太太和那个小伙子三个人物间的语言、心理描写,从而在进一步深化人物的过程中强化语用训练。

(五)情景表演,开发语用训练

情境表演是指教师依据教学内容和教学目标,设计有针对性的情境,让学生扮演情境中的角色,模拟情境过程,让学生在高度仿真的情境中获取知识体验以提高能力的教学方法。在小学语文教学中,让学生参与到不同的角色表演中,使学生站在角色立场上进行自我感受,进而感知文本、理解文本、探索文本,最终激发学生的积极表达,从而实现语言运用训练的目的。

例如:在三年级上册《去年的树》这篇文章的教学中,通过让学生认真研读文本,分析人物形象,体会到了鸟儿和树之间深厚的友情。为了让学生进一步体会到鸟儿寻找树的过程中一系列的心理活动,设计了一场情景表演。在表演过程中,通过师生、生生的即时评价,使学生们深切感受到鸟儿寻找树的过程中焦灼、伤心的心情。此外,要求学生能够体会不同人物的特点,树桩也是树的一部分,他在回答鸟儿时,应该也是担心、焦急的;工厂的大门对于树悲惨的遭遇司空见惯,语气应该是漠然的;而小女孩,应该是抱着同情的心态的。对于他们的语言,让学生体会

后进行朗读指导,朗读中可以提示他们带着表情去读。让学生参与到不同的角色扮演,使学生更深入地感知文本、理解文本,实现了语言运用训练的目的。

再如:四年级语文上册《牛和鹅》就极富情趣,可以进行情景表演。教学环节设计为:①要求学生自主阅读文本,初步了解故事的主要内容。②要求以小组为单位合作表演"怕鹅、遇鹅、不怕鹅"的故事过程。③开展师生、生生的即时评价,引导强化文本理解,进一步达到语用训练的目的。经过情景表演课堂上出现了一只傲慢的"鹅"大摇大摆地走过来,还有吓得惊魂失色的"我"狼狈地抱着头窜来窜去,这带给学生全新的体验,让他们在开心愉快的情境中理解运用语言,提高他们的语言表达能力、思维反应能力、创新能力等综合素养。

在情景表演中,学生可以选择自己喜欢的角色即兴表演,自由、开放的活动给予了学生更宽的发展空间,通过情境表演的教学方式使教学内容更加生动形象,创设合适的情境有利于学生深化文本的理解,提高学生对语文学科的兴趣,有利于培养学生的主体意识,促进学生的思维能力、创造能力和语言运用的能力。

总之,有经验的语文教师都会自觉增强语用训练,并把确定语用训练点看成备课和上课中最重要的工作,下功夫深入文本,在文本中找到开发语用训练的最佳切入点,再配以精心的设计,使得这样的课堂会更有韵味,也就一定能培养好学生的语用能力。我们的语用训练的探索永远在路上!

指向核心素养的小学语文
阅读策略教学实践研究

天津市河北区光明小学　张媛

一、阅读策略教学实践研究的背景

(一)提高学生阅读能力势在必行

《中共中央国务院关于深化教育教学改革全面提高义务教育质量的意见基本要求》中指出,要树立科学的教育质量观,深化改革,构建德智体美劳全面培养的教育体系,增长学生知识和见识,增强学生综合素质。当今全球化社会中,阅读是一切形式的个人阅读和智力成长的基础。具有读写素养的人口,是一个国家社会和经济发展基本要素。为提高人民生活质量,国家需要最大限度发挥人员、社会和物质资源的潜力。具有阅读能力的公民对实现这一目标至关重要。

核心素养指学生应具备的适应终身发展和社会发展需要的必备品格和关键能力,反映了学生终身学习所必需的素养与国家、社会公认的价值观。落到学校教育上,一方面,核心素养指导、引领、辐射学科课程教学,彰显学科教学的育人价值,使之自觉为人的终身发展服务;另一方面,核心素养的达成也依赖各个学科独

特育人功能的发挥、学科本质魅力的发掘，只有乘上富有活力的学科教学之舟，才能顺利抵达核心素养的彼岸。因此，小学语文教学亟待突破仅把阅读教学价值定位在"提高学生阅读能力"的视界，需要走出仅把阅读教学价值定位在"训练学生写作能力"的狭隘视野。国际阅读教育界已经从学校教育、个人幸福、国家经济、社会发展全域看待阅读教学。

为什么要研究语文阅读能力的提高？就个人知识的获得来说，一般来自两个方面。一方面通过生活中亲自实践获得大量感性知识，然后通过思考上升为理性知识，这些构成了个人知识的一小部分来源。另一方面则是直接把人类在长期实践中积累起来的知识继承下去，把社会的知识转化为个人的知识，这是学生知识的主要来源或大部分来源。正如恩格斯所说："每一个体都必须亲自去体验，这不再是必要的了；他的个体的经验，在某种程度上可以由他的历代祖先的经验的结果来代替。"在继承知识的各种途径中，可以说阅读是一条主要途径。可见，阅读能力直接关系到知识学习的结果。

在教学中，阅读是语文教学的根本，是培养语文能力的基石，是语文学科的生命；阅读对于开拓学生视野、活跃学生思维、发展学生智力，具有其他任何活动不可替代的作用。过去我们受着应试教育影响及传统教育观念的束缚，语文教学走上了一条"重课内，轻课外；重讲授，轻阅读；重死记，轻能力；重分数、轻素质"的路子。学生大多只重视学习教科书，知识面窄，阅读能力差，写作水平低。在素质教育的今天，这种不理想状况仍然存在。家长重视课内学习，忽略课外阅读。认识不到广泛的课外阅读可以使学生开阔视野，更忽略了课外阅读度对学生形成良好的思想品德和行为习惯的意义；学生缺乏对文字性的课外读物的兴趣，他们乐于接受"快餐式"的文化，如电视媒体、网络、漫画等；缺乏良好的课外阅读习惯和一定的阅读方法的指导；缺乏独立思考、探究性读的能力；学生的阅读内容缺乏指引，课外读物选择盲目，阅读量不足等。这种现状对于学生语文素质的提高是极其不利的。

（二）统编教材阅读策略内容的创新编排

国家统编义务教育小学语文教科书执行主编陈先云主任在《用好统编小学语文教材的若干建议》中提出，要积极探索阅读策略单元的教学模式与使用方法。阅读教学积累了丰富的教学经验,形成了不同风格的阅读教学模式,阅读策略单元的教学不仅仅要引导学生理解课文的内容,还要引导学生关注理解课文内容的思考过程,并将学习获得的阅读策略迁移运用到不同的情景或文本中去,以帮助学生掌握阅读策略为主要目标,培养学生运用阅读策略的意识和基本能力。

统编版教材从三年级起,每个年级编排一个"阅读策略"单元,主题分别是"一边读一边预测""在阅读中提出问题""提高阅读速度"和"有目的地阅读"。统编版教材每个阅读策略主题单元聚焦于一种阅读策略的学习,但是在真实的阅读情境中,每种策略又不可能孤立存在,阅读时必定是多种策略综合运用,阅读者需要根据阅读目的,选择恰当的阅读方法。语文教材的这一变化,无疑给小学语文阅读教学带来新鲜的气息,这也是我们这项实践研究切合新教材、顺应时代发展的价值所在。

二、国内外关于阅读策略研究综述

(一)对阅读策略概念的认识

(1)国外学者们关于阅读策略的概念界定,观点基本一致。美国心理学家古德曼在 1967 年指出,阅读策略是心理语言学的猜谜游戏,强调的是阅读过程中推测策略。还有学者从心理层面上定义阅读策略,提出阅读策略是指读者在阅读过程中为理解文章,而有目的地处理文章的心理操作。或者从文本类型的角度来定义阅读策略是根据文本类型决定的灵活选择阅读的方式,总的来说,大部分学者基本上都认为阅读策略是一种认知活动的计划。

(2)我国学者对阅读策略概念也从不同的角度进行过解释。有从认知理论出发的,如倪文锦教授指出,所谓阅读策略是读者为了理解各种文章,而有意识的、灵活调整的认知活动计划。上海市宝山区教研员周龙兴老师认为,阅读策略就是学生在阅读过程中根据阅读文章特点、阅读目标等因素所选用的调控阅读行为及程序的恰当方式。浙江省特级教师蒋军晶提出,阅读策略指的是为了达到某些阅读目标,所采取的一系列有计划的阅读方法和技巧。还有以阅读目的和阅读过程

等为侧重点提出的对策略的认识。

(3)《大辞海》中对于"阅读策略"做如下解释。阅读策略(reading strategy)是指读者用以提高阅读效果的方法或技巧。按阅读过程的不同方面,可分为加工策略、组织策略、理解监控策略、记忆策略等。根据阅读策略之间的相互关系,可分为一般阅读策略和特殊阅读策略[①]。

(4)结合日常教学实践,笔者认为阅读策略是读者为方便快速理解各类文本内容而有意识采用的可以变通、机动的认知活动计划,是读者在阅读历程中,依据不同的阅读目的和阅读文本类型等因素来选择适用的能够促进理解的方法和技巧。

(二)阅读策略和阅读方法的关系

阅读方法是指阅读主体为了实现阅读目标而在阅读过程中采用的一系列相关的办法,如浏览、速读、精读等。阅读方法与阅读策略相比较要更加详细具体,是阅读策略下位的概念,受阅读策略的统筹。

在阅读过程中,阅读策略可以依据阅读目的和阅读文本类型的不同而支配运用各种适宜的阅读方法。也就是说,阅读方法受制于阅读策略,在层次上要低一些。从逻辑关系上分析,阅读策略具有整合性,而阅读方法更加具体。阅读方法是可操作的具体化的办法,而阅读策略则包括选择、评判、监控,所以阅读策略的外延要比阅读方法大。由此可知,阅读方法是构成阅读策略的基础,当阅读策略确定后,接下来就是对阅读方法按照步骤来操作了。也就是说,阅读策略在先,阅读方法在后。

三、指向核心素养的小学语文阅读策略教学实践

(一)研究目标

(1)依据教材和师生实际阅读经验,提炼有效的阅读策略。

[①]夏征农,陈至立.大辞海[M].上海:上海辞书出版社,2020.

(2)研究统编教材四个策略单元,归纳阅读策略教学模式。

(3)培养学生运用有效的阅读策略,提升阅读能力和效率。

(4)培养学生成为积极的阅读者,提升学生语文核心素养。

(二)重点内容

(1)研究阅读策略本身,我们的学生在小学阶段需要学习并掌握哪些阅读策略。除了教材内编排的四个阅读策略单元以外,在阅读其他课内外文本时,还有哪些常用的有效策略。

(2)研究教师如何通过阅读策略的教学,提升学生核心素养。这里又包含了以下三方面的内容。

1)建构阅读策略单元的一般教学模式。

2)探索策略单元的教学实施,提升学生的阅读能力,发展学生核心素养。

3)探索不同文体的阅读策略教学实施,培养学生成为积极的阅读者。

(三)统编教材阅读策略训练序列

1.解读统编教材四个策略单元的教学内容

统编教材各年级的阅读策略单元,纵横联系,教学前需要进行细致的解读分析,理解教材编排意图,再理清策略单元各文本之间的关系,从而准确把握统编教材阅读策略的训练序列。

(1)三年级上册教材编排了"猜测和推想"的阅读策略。这一策略是指阅读主体在阅读时会依据阅读过的信息以及与信息相关的原有的背景知识,去推测文本内容的发展,包括作者和文中人物的感情、观点和行为等。

运用这一策略时,读者要根据已有的经验与背景知识,针对阅读文本的线索,对文本内容的发展形成新的假设,从阅读过程中寻找资料验证先前的假设,并带着假设继续阅读,不是简单地猜测文章的内容。更重要的是,需要不断地验证自己的猜测。如单元当中《总也倒不了的老屋》要求学生预测情节,并且要有依据;《胡萝卜先生的长胡子》则要求学生将自己的预测与原文做比较;《不会叫的狗》则给出三个不同的结局,让学生进行分析和判断,巩固前两课学习的策略之余,还提出让学生在课下读整本书的时候也尝试停下来,进行猜测和推想,再在后续的阅读

中印证自己的想法,从而学会运用并掌握这一阅读策略。

以低年级绘本阅读课为例,其实儿童在阅读之初,甚至是入学之前,其实已经具备了相关的猜测和推想的能力。比如我们在读绘本《下雪天》的时候,通过对封面的观察和书名的理解,儿童会预知绘本故事的大致内容;还能结合自己在下雪天的经历,预测到小主人公出去会非常冷,会在雪地上留下脚印等等情节。读过一部分内容时,也会根据他们对书中人物的了解,去推测后续有可能发生的情节。在后续阅读中,如果儿童发现自己的预测和书中的情节相似或相同的时候,会为他们带来极大的阅读成就感和兴趣。所以说,儿童具备猜测和推想的能力,只是尚未成为有意识的行为而已。

(2)四年级上册教材编排了"学会提问"的阅读策略。提问策略也叫质疑策略,是指在阅读中能够发现疑惑并且能提出问题,美国教育哲学家布鲁巴克认为"最精湛的教学艺术遵循的最高准则,就是学生自己提问题"。在平时的语文阅读教学中,教师提问一直是课上的主要方法,学生提问则很少。教师指导学生提问,能够加深对文本内容的理解,学生在阅读时提出问题,能提高理解文本的意识,从而促进对文本内容的理解水平和记忆水平。提问策略在阅读理解中起到导向作用,能促进学生积极地进行信息加工,还能激活原有知识,加深对文本内容的理解和记忆。

在四年级上册的阅读策略单元中,《一粒豆荚里的五粒豆》让学生积极思考,尝试提出问题、整理问题;《蝙蝠与雷达》一课,要求学生从不同角度提问;《呼风唤雨的世纪》渗透用批注的阅读方法,写下自己的问题,并说明这样提问的目的,再积极地尝试解决问题;略读课文《蝴蝶的家》则是进一步对问题进行分类、统整,筛选出有价值的问题,并尝试解决。

(3)五年级上册第二单元是策略单元,要求掌握的阅读策略是"学习提高阅读速度的方法"。"阅读速度"顾名思义是指在一定时间内所能阅读的字数,或阅读一定字数需要的时间。提高阅读速度,能够提高小学生阅读理解的效率和效果,是一种重要的阅读策略。本单元共安排了四篇课文,第一篇抒情散文《搭石》,要求学生计时读课文,训练注意力集中的能力;第二篇历史故事《将相和》,要求用较快速度默读,并且连词成句不回读,课后题训练学生看一段话,看一眼能记住多少内容;第三篇《什么比猎豹的速度更快》在快速默读的同时,还要尝试了解主要内容。第四篇红色经典文章《冀中的地道战》则要求充分利用学习提示、课后题等,带着问题默读课文,综合运用以上策略。实现从自读自悟、尝试运用到合作交流,再到独立运用阅读策略的目的。

(4)六年级上册阅读策略单元要学习"有目的地阅读"。本单元共安排了三个篇目。《竹节人》一课的策略体现在阅读同一篇文章,阅读目的不同,关注的内容、采用的阅读方法就会有所不同;《宇宙生命之谜》要求学生先质疑,再阅读,并做批注。《故宫的博物院》则要求学生根据不同的任务,选用恰当的方法阅读文本,梳理信息。本文篇幅很长,涉及四个不同类型的材料,有故宫博物院的方位介绍、太和殿的由来、故宫博物院官网介绍、故宫博物院平面示意图,这就需要训练学生具备根据不同学习任务,提取、整合不同材料中重要信息的能力。

2.梳理统编教材四个阅读策略单元的横向联系和纵向联系

在解读各年级教材的基础上,我们再进行各年级之间阅读策略单元的串联和纵横交织的分析,会发现统编教材中关于阅读策略的安排具有很强的层次性和顺序性。

统编版教材在三至六年级分别编排了"预测、提问、速读、有目的阅读"四种阅读策略,这样的编排结构是基于学生认知水平发展的。小学中低年级的学生主要表现为形象思维和感性思维,因此,三年级的阅读策略是"猜测与推想",四年级是"学会有效提问"。到了高年级,学生的思维逐渐向理性思维、逻辑思维过渡,可以让学生尝试提高阅读速度和根据一定的目的进行阅读的策略。同时,每个年级的阅读策略和上下年级的阅读策略有所联系,低年级学习过的阅读策略(如提问)会在高年级巩固提升;高年级阅读策略单元也会对低年级学过的阅读策略和方法再加以运用,如在边白处做批注、提出阅读中的问题等。所以,教材中四个阅读策略单元纵向联系紧密。

除了这四个单元以阅读策略为教学核心以外,这些阅读策略在其他单元的语文要素和课后训练题中也有所体现。以五年级阅读策略单元为例,同一单元中的四篇课文,题材、体裁各不相同,也就是说,无论哪一种类型、哪一种体裁的文章,都可以使用提高阅读速度的方法。拓展到其他单元的文本内容,同样可以使用在阅读策略单元学会的阅读策略和方法,这样就形成了阅读策略单元在一册教材中与其他单元的横向联系。学习的最终目的是运用,正是让学生通过阅读策略和方法的习得,运用到平时的阅读之中,提升阅读更多类型文本的能力。

阅读策略单元

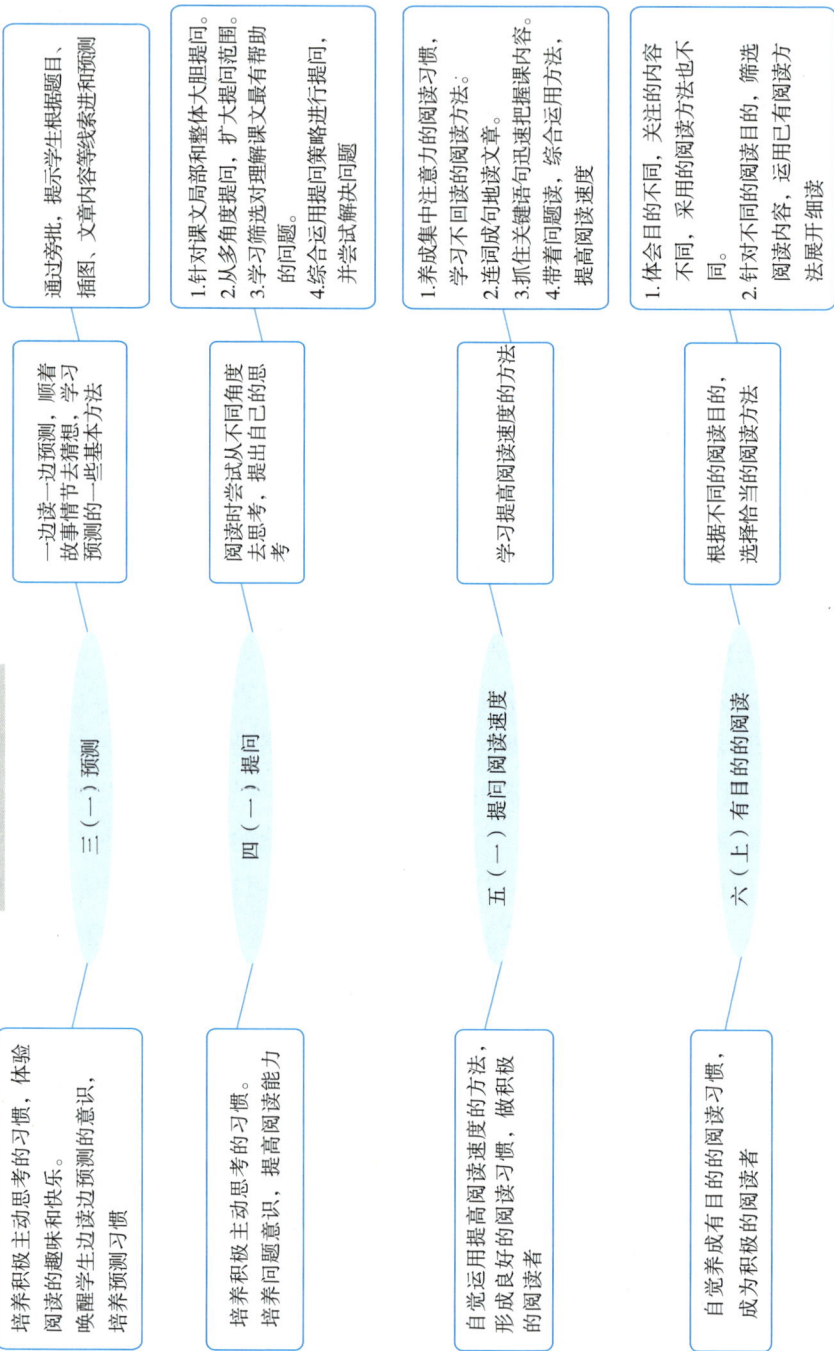

三（一）预测
一边读一边预测，顺着故事情节去猜想，学习预测的一些基本方法

通过对标题、提示学生根据题目、插图、文章内容等等来进行预测和预测，捕捉，文章内容等来推测和预测

培养积极主动思考的习惯，体验阅读的趣味和快乐。唤醒学生边读边预测的意识，培养预测习惯

四（一）提问
阅读时尝试从不同角度去思考，提出自己的思考

1.针对课文局部和整体大胆提问。
2.从多角度提问，扩大提问范围。
3.学习筛选对理解课文最有帮助的问题。
4.综合运用提问策略进行提问，并尝试解决问题。

培养积极主动思考的习惯。培养问题意识，提高阅读能力

五（一）提高阅读速度
学习提高阅读速度的方法

1.养成集中注意力的阅读习惯，学习不回读等方法。
2.连词成句地读文章。
3.抓住关键语句迅速把握课文内容。
4.带着问题读，综合运用方法，提高阅读速度。

自觉运用提高阅读速度的方法，形成良好的阅读习惯，做积极的阅读者

六（上）有目的的阅读
根据不同的阅读目的，选择恰当的阅读方法

1.体会目的不同，关注的内容不同，采用的阅读方法也不同。
2.针对不同的阅读内容，筛选阅读内容，运用已有阅读方法展开细读

自觉养成有目的的阅读习惯，成为积极的阅读者

图7-1 统编教材小学语文阅读策略单元教学内容及要求

(四)建构阅读策略单元的一般教学模式

1.形成针对阅读策略单元的有效教学模式

教师在教学中要准确把握策略单元框架结构及各部分功能,树立"指向策略学习的阅读教学"的教学意识,形成针对阅读策略单元的有效教学模式。

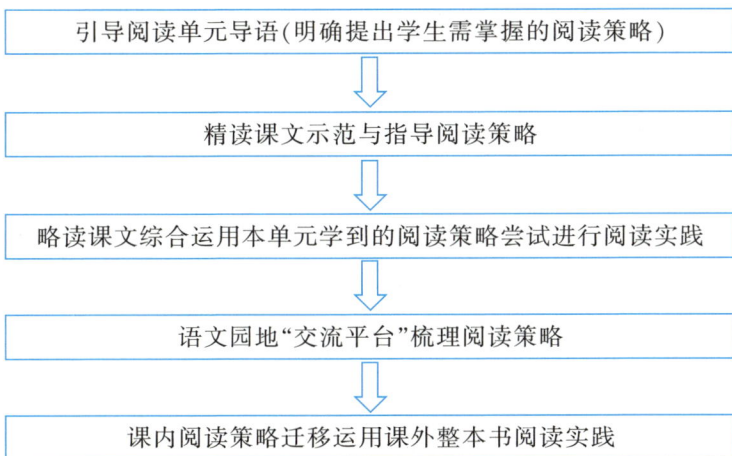

```
引导阅读单元导语(明确提出学生需掌握的阅读策略)
                    ↓
精读课文示范与指导阅读策略
                    ↓
略读课文综合运用本单元学到的阅读策略尝试进行阅读实践
                    ↓
语文园地"交流平台"梳理阅读策略
                    ↓
课内阅读策略迁移运用课外整本书阅读实践
```

图 7-2　统编教材小学语文阅读策略单元教学流程示意图

2.确定各板块的主要教学内容

单元导语明确提出学生需掌握的阅读策略;精读课文进行阅读策略的示范与指导,在课后思考练习题中进行落实;后面的一至两篇课文具有实践性质,引领学生综合运用本单元学到的阅读策略。语文园地中对所学策略进行回顾与梳理。最后,由课内阅读策略迁移至课外单篇及课外整本书的阅读实践。教学过程中,教师应以策略教学为先导,切实落实阅读策略的习得和运用。

(五)统编教材四个策略单元的教学实施建议

在界定阅读策略概念的时候,我们提到过阅读策略是阅读者的一种认知活动计划,那么要实施这一计划,还要有具体的行动和操作,也就是我们所说的恰当的阅读方法。下面举例说明。

1.猜测和推想策略的教学(三年级上册)

猜测不只是"猜猜看",但是这种类似猜谜的游戏常常能触动少年儿童的好奇心,将这种好奇心应用于阅读中,也能启动学生阅读的动机,从被动接受者转化为主动思考者,使他们在阅读的过程中有更多精彩的发现。

教学前,教师应该先进行教材分析,除了教学者能掌握文章的主要意义外,更需要找出有利于理解文章意义的重要信息。如:故事发生的时空背景、引发人物产生困惑的事情、人物为了解决问题而采取的计划和行动、人物采取行动后的结果及结局等,这些常常是理解文章的关键点。教师可以在这几个关键点进行教学设计,让学生推测故事接下去会发生的事情。

2.提问策略的教学(四年级上册)

提问策略的重点在于"问问题"。提问主要基于四个方面:对文章标题、书名和封面有何联想? 想从文章中或书中知道什么? 从作者和作品的背景知识能够知道什么? 某一个情节为什么会发生,而又将如何演变?

第一层次,我们可以教给学生一个简单的5W 1H法。

即什么人? W H O	什么事? W H A T
什么地方? W H E R E	什么时间? W H E N
什么方法? H O W	为什么? W H Y

5W1H属于单一标准答案的封闭问题,在学生学习提问策略之初,还是比较容易掌握的。这样的问题好问、易答。学生通过使用这样的方法提问,文章的基本内容就能够理解了。

第二层次是推论信息的提问,学生在掌握了5W1H提问法后,为了不让学生的思考层次断开,应该指导学生掌握第二类提问的方法,帮助学生加深文本内容理解的程度。

概述性提问:如这一自然段说了什么? 总起句是什么? 中心句是什么?

比较性提问:如比较两个点的异同。角色在事件发生的前后有何变化?

推论性提问:如依据文中的信息来说说,他是一个怎样的人? 性格怎样? 可以在文中找出相关信息。

第三层次是对文本深层理解的提问。与作者看法不同,产生怀疑,或是与自己先前判断有出入,可以先提取出来,读完文本之后,再深入探究。

判断性提问：如说明人物这样做对不对，并且解释原因。

反思性提问：如果你是作者主人公会怎么办，请你给文中的人物提个建议等。

当然，以上的这些提问形式并不适用于所有文本和问题，要依据具体的文本内容进行不同类型的提问。在阅读教学中，教师在指导学生运用提问策略时，不要只局限于提取信息的表象，希望多提一些能引领学生思维发展问题。

3.提高阅读速度策略的教学（五年级上册）

教材中提示要教给学生在阅读的时候计时、快速地默读、不回读，这些方法都能够提高学生的阅读速度。

此外，老师还可以在课上进行"空白卡片法"的指导。以往我们可能习惯用空白卡片遮住未读的部分，露出已读的部分，保证阅读不会串行。为了提升学生的阅读速度，可以让学生用空白卡片遮住已读的部分，露出的是若干行未读的段落。学生可以根据自己的阅读速度不断地下移空白卡片，在这一过程当中，有的学生就会慢慢达到一目十行的阅读速读。

如五年级《将相和》一课的课后题要求学生"看一段话，看一眼比比谁记住的内容最多"，这里面又涉及了一个扩大视域的阅读方法，教师可以在课上对学生进行训练，或者训练学生通过抓住关键词语来快速理解文本意思。再有提升难度的方法，可以教会学生不要读词语，而是读"意群"。多种方法的熟练使用，必然能够提升学生的阅读速度。

4.有目的地阅读策略的教学（六年级上册）

六年级上册第二单元的教材提到学生可以根据不同的任务，去阅读文本梳理信息。例如：如果是介绍故宫博物院的一处景点，我们应该读四个文本中的哪一个内容？如果是要为参观者介绍一条游览线路，我们应该读哪些内容？根据任务展开阅读是落实有目的阅读的一个很好的方法和途径。在阅读整本书的时候，老师还可以教会学生"地图法"。就是说打开整本书的目录先通读目录，就如同在看地图。以目录为导航，知道书的各部分内容分别是什么，再根据自己的阅读需要详细地阅读相关章节。

（六）不同文体的阅读策略教学实施

统编教材策略单元的内容，温儒敏等编者称之为"广义的阅读策略"。结合当

下语文课程重视理解和体验,积累、内化与迁移的语用目标,我们将学生需要具备的阅读策略进一步细化为借助复述课文、归纳主要内容、品悟课文中心等属于归纳、推论类的策略;灵活运用感情朗读、默读、略读、浏览等方法进行自我调节式的智慧阅读策略;对课文形象的感悟、点评,对作者表达形式的鉴赏,对字、词、句、段、篇的赏析的评价策略等。基于此,广大教师在日常教学中不仅要关注阅读策略教学的典型课例,也应关注不同文体的阅读策略使用及教学流程。

1.文学性文本的阅读策略教学——提炼"故事线"

少年儿童接触的文学性文本多为童话、寓言故事、小说等,这类文体最适合运用"故事线"的策略来进行阅读。"故事线"是将一个完整的文学性文本用线性的方式直观地将故事情节展现出来,在文本中是有一定的模式当作主轴。比如,我们在记叙文中常常提到记叙文六要素,即时间、地点、人物、事件起因、经过及结果。六要素对于一般的记叙文进行文章内容及架构的分析是可行的,但是如果遇到长篇的、情节稍微复杂的文本,再使用六要素作为文章的主轴就显得不够用了,尤其是在整本书的阅读当中。所以为了能够帮助儿童阅读结构复杂一些的文学性文本,我们可以引入"故事线"策略,找准"故事线"的策略有以下几个要素。

进入情节——引领学生在阅读完故事的开头后,快速地从读者所处的生活情境进入文本内容展现的情境。

抓住冲突——指导学生在文学文本中读懂重要事件,也就是情节主轴。

解决问题——在阅读中要抓住冲突及冲突后的解决方法。不同的解决方法会让故事情节有不同的发展方向。

读懂结局——结局是指一个段落和篇章的结束。读过文学性文本之后,能够准确抓住故事的结局,读懂故事的结果。

找准这四点就能够帮助学生形成一个完整的故事线,应用"故事线"策略能促使学生快速地读懂文本内容。

2.实用性文本的阅读策略教学——"联结"文本与生活

儿童除了文学性文本外,接触最多的就是实用性文本。比如说科学、天津与世界、道德与法治这些学科的教材。它们既没有小说的生动情节,又没有散文的丰富情感,学生容易读不透文章,也会认为这样的文本乏味单调,从而丧失阅读兴趣。其实,阅读这类文章书籍可以扩充青少年的知识领域,建构知识背景引发追根究底的兴趣,并能发展广泛博雅的阅读能力。适用恰当的阅读策略,能够让学生在阅读实用型文本的时候有法可依,读有所成。

学生在阅读这一类专业性较强的文本时,一般很难理清句子之间和段落之间的关系,以及对所阅读的内容没有储备相关的背景知识,所以阅读策略最好采用联结策略。

"联结"包括文章中前后内容之间的联结,也包括文章内容与读者生活经验的联结。首先,文章中内容的联结指的是读者读到的信息与先前读过的信息相联结,如句子之间的联结、段落与段落之间的联结。其次,读者经验与文章内容联结指的是读者将正在读的内容与长期记忆的经验知识相联结。如:用过去读过的篇章和正在阅读的篇章做比较,或者以过去的阅读作为当下阅读的一个理解基础等,这也是一种跨文本的联结。

3.非连续性文本的阅读策略教学——绘制"结构图"

结构图阅读策略能够使学生在短时间内快速获取丰富的文本信息,并且让学生学会质疑、讨论和整合信息。结构图的特点是:①图表形式呈现信息清楚明了,学生能快速获取重要信息;②图表形式多种多样,能够激发学生的阅读兴趣;③可以帮学生梳理阅读思维,培养学生的思维能力。

利用结构图可以分别获取文本信息,比如整理表格,将重要信息进行重构。还可以构建认知结构,比如绘制树形图、鱼骨图、蛛网图等等。结构图可以将多篇零散的文本以一个点为中心来进行整合和梳理。

四、指向核心素养的小学语文阅读策略教学应注意的问题

(1)统编版教材共有四个阅读策略单元,每一单元聚焦于一种阅读策略的学习。在真实教学情境中,教师则不应局限于一种策略,应结合学生实际阅读能力,根据阅读目的综合使用多种策略,并将具体阅读方法教给学生。促使学生关注文本内容的同时,发展他们的阅读思维,从而提升学生的综合素养。

（2）阅读策略的习得与阅读习惯的形成，需要基于大量的、常态的训练。也就是说，在阅读策略单元所学会的阅读方法，教师要引导学生自觉运用到其他单元以及课外阅读中，才能从真正意义上有意识地运用阅读策略，形成良好的阅读习惯，为学生的终身发展做奠基。

（3）仍需关注目前阅读策略单元的教学状况，在策略的引领下怎样通过具体可行的方法提升学生的阅读水平。由策略单元迁移到其他单元，把阅读策略的学习渗入普通单元，通过更多训练落实所学的阅读策略。引导学生在日常生活中应用阅读策略，在整本书的阅读中经常使用什么策略、需要什么策略等。

附：指向核心素养的小学语文阅读策略教学实践研究成果——小学五年级上册阅读策略单元《冀中的地道战》教学设计

《冀中的地道战》教学设计

天津市河北区扶轮小学　贺鑫

一、教学目标

（1）在阅读中认识"侵略军、修筑、任丘"等词语。

（2）学习带着问题用较快的速度默读课文的阅读策略，边读边感受地道战是一个"奇迹"，是中国人民的智慧。

（3）尝试在阅读中综合运用学过的阅读策略，提高阅读速度。

二、教学重、难点

学习带着问题用较快的速度默读课文的阅读策略，边读边想感受地道战是一个"奇迹"，是中国人民的智慧。

三、教学准备

（1）教学课件。

（2）问题清单。

四、教学过程

（一）回顾阅读策略单元已经学习的阅读策略

（1）在第二单元阅读策略单元中，我们重点学习的是提高阅读速度的方法。在已经学过的课文中，我们掌握了哪些阅读方法呢？

板书:连词成句——不回读

关键词句——捕捉读

(2)我们在阅读《冀中的地道战》中又要学习什么样的阅读方法呢?

(二)读题目,提出问题

(1)板书课题,提出问题。

(2)梳理问题。

(三)带着问题寻读

(1)带着四个问题,快速阅读课文。

要求:在问题清单上记录阅读时间,再做好解决问题记录。

(四)交流阅读体会

(1)阅读中哪个问题没能解决?

预设:"冀中"指的是哪里?

文中找不到答案的问题,我们该怎么办?(阅读后,查阅资料)

教师:对呀,要提高阅读的速度,我们需要抓大放小,不抠细节。那这个问题,我们先放一放。

(2)阅读中哪个问题最先找答案的?

以采访形式进行:

预设:采访阅读使用时间最短的同学。

问题一:你带着问题,花费了多少时间阅读了全文?

问题二:在阅读中你解决了几个问题?

问题三:你最先寻找到答案的是哪个问题?

预设:为什么要在地道里作战?

追问:在哪几个自然段中寻找到答案的?

1)我们就带着"为什么要在地道里作战"这个问题,进行一次阅读竞赛,看谁在第一、二自然段中最快寻找到答案。

追问:你们还会用到学过的哪种阅读方法?(借助关键句)

2)因为大家都读过一遍了,提高点难度,老师会遮盖读过的部分,大家注意连词成句不回读。准备好了吗?开始——

3)指名回答。

4)其实文章中还有一处回答了这个问题,带着问题再次寻读,看谁能最快找到答案。

教师启发:带着问题读,我们不仅能提高阅读的速度,还能发现写作方法吗?(前后照应)

(3)阅读中哪几个自然段花费的时间最多?这几个自然段是解决那个问题的?第三、四、五自然段解决"地道是什么样?"

刚才的同学的问题我也遇到了,这几个自然段我们带着问题,再配合什么阅读方法能再提高点阅读速度呢?谁有妙招?

预设一:抓首句跳读。

预设二:PPT展示,两个自然段的第一句,说说发现了什么?

1)首句都概括了这个自然段的主要内容。

2)那我们就可以带着问题,用首句或尾句跳读的方法,捕捉有用的信息,提高阅读速度。

3)说说地道是什么样子的(地道就是个奇迹,它的式样多)。

4)下一个自然段也用这种方法好像行不通吧?怎么办?带着问题读一读,看有什么发现?

5)教师启发:我看到了"出口",你发现了哪个词?——"陷坑""迷惑洞""子口"。

6)小结:带着问题,抓关键词,我们照样能跳读,提高阅读的速度。

板书:找准问题跳跃读

7)读书还要思考,地道出口什么样?(地道出口设计巧妙)

(4)"地道里怎么打仗?"这是最有趣的问题,你怎么找到答案的?

1)带着问题首句跳读——地道中有效防御敌人。

考察一下,大家读懂了吗?

我是敌人,我想各种方法来破坏,你们做冀中人民迎战。

我发动火攻——

2)聪明的冀中人民,我问问你们,你们在地道战里怎么传递地面上的信息呢?带着这个问题阅读,看谁最先发现答案?

——通过无线电、有线电。

你怎么这么快找到答案？

——抓关键词跳读呀！

教师鼓励：聪明的阅读者！

(五)交流阅读收获

(1)教师启发：聪明的同学们还要善于通过阅读实践积累阅读方法,在这节课上我们又学会了哪些阅读的方法？

读文前,我们看着题目提问题。

读文章时,我们是带着问题进行寻读,运用了首尾句跳读,抓关键词跳读等方法,迅速捕捉重要信息。

现在文章读完了,你还能提出什么更有价值的问题吗？

……

(2)带着这些问题,我们可以再次有一定速度地阅读文章,相信我们还会对文章有更深入的理解。下节课我们就做这样的阅读尝试。

(六)带着问题阅读的阅读策略,迁移运用到整本书阅读

(1)看书名提出问题。

(2)看目录再提出更有价值的问题。

(3)小结：看来经常综合运用阅读策略读文章,读整本书,不仅会提法阅读的速度,还会让阅读变得更加其乐无穷。我们需要,板书：熟能生巧读得快。

板书设计：

冀中的地道战

连词成句——不回读

关键词句——捕捉读

找准问题——跳跃读

熟能生巧——读得快

指向核心素养的小学语文课堂教学实践活动研究

天津市河东区缘诚小学　朱广英

我们一直在追求有效的课堂教学,乃至高效的课堂教学,希望在课堂教学中培养学生良好的学习能力,让学科核心素养落地。语文课堂教学的有效性,归根结底是学生学习的有效性,课堂教学目标是否达成,要看学生是否学会了、习得了、发展了、升华了。

杜威认为教育的本质是"经验的不断改造或改组",教育的过程也就是"从做中学"的过程,学生要获得经验,就必须从活动中体验、尝试。肯·古德曼认为语言要达到沟通的目的,必须在使用的情境里才能发挥作用。语言学家克拉申提出"母语的内化必须从学生的实际出发,它更强调大量的实践。"王荣生认为目前语文课堂教学普遍存在教师的"教"代替学生的"学",课堂中过于追求教师的"教",而忽略了学生的"学",我们应该追求学生"学的活动"的丰富多样[1]。"语文课堂教学的有效性,归根结底是学生学的有效性;语文课堂教学的活力,归根结底是学生在语文课堂教学中的活力"[2]。新课程改革重视学生自主、合作、探究学习。因此,当前形势下教学过程应创造一系列接近学生生活的情境,选择"从活动中学习"这一模式[3]。

---

[1]王荣生.阅读教学设计的要诀[M].北京:中国轻工业出版社,2021:177.
[2]王荣生.阅读教学设计的要诀[M].北京:中国轻工业出版社,2021:178.
[3]王策三.教学论稿[M].北京:人民教育出版社,1984:135–137.

小学语文课标中指出,语文是实践性很强的课程,应着重培养学生的语文实践能力,而培养这种能力的主要途径也应是语文实践。应该让学生更多地接触语文材料,在大量的语文实践中体会、掌握运用语文的规律。语文实践从某种意义上讲就是要进行语文活动教学。学生只有在实践活动中、在真实情境的运用中,全面锻炼听说读写的语文能力,丰富实践体验,才能将书本的知识内化为自己的知识,将知识转化成能力,提升认识,发展思维,化为行动。在语文课堂中关注学生的实践活动,让"教"堂成为"学"堂,促进学生实现意义的获得和自我主体的建构,让语文课充满活力。

小学语文课程标准指出,语文课程应致力于学生语文素养的形成与发展。语文素养是学生学好其他课程的基础,也是学生全面发展和终身发展的基础。小学语文教学需要培养的语文核心素养是"理解""运用""思维""审美"等四个维度。

语文新课程的模型应该是"语文素养——养成"①。陈先云先生指出,"核心素养是后天形成的,是习得、悟得的过程,它不是一蹴而就、一次完成的,是多次培养、反复训练的结果。语言首先是一种能力,其次才是知识。语言的理解运用处于最基础的部分,语言的发展与思维的发展是相辅相成的,思维、审美能力的培养是以语用能力为基础,是在语言的理解和运用过程中实现的。阅读、表达是实践途径,听说读写是实践途径,一般来说,听、读属于理解范畴,说、写属于运用语言范畴。语文教学要多读多思多实践,实践大阅读观、大语用观,语文教学要特别注意保护儿童的天性——好奇心、模仿力和创造欲"②。

教育的任务是立德树人。语文是一门综合性、实践性的学科,是人类文化的重要组成部分,其学科特点是人文性与工具性的统一。语文课程除了致力于学生语文素养的形成和发展,还肩负着培养学生正确的世界观、人生观和价值观的重要使命,这样才能落实好"情感、态度、价值观"的精神,才能让"立德树人"这一根本任务落地。在语文课内,引导学生通过听说读写等实践活动,建构新知系统,体会思想内涵,使学生自觉产生情感体验,受到熏陶感染,提升思想认识。语文课内的实践活动,是对学生润物无声地渗透思政教育,培养学科核心素养的途径之一。"语文实践"与"养成",包括听、说、读、写、积累、感悟、科学训练等多种多样的学习

---

①温儒敏.义务教育语文课程标准(2011年版)解读[M].北京:高等教育出版社,2012:35.
②陈先云.中国教育学会小学语文专业委员会"第二次语文研讨会"上的讲话[R].2016.

活动,"实践与养成"模式下的学习是主动的。我们不仅仅是使学生学会语文知识,形成语文素养,从人生成长的角度应该是培养他们主动学习语文的习惯与态度。注重课堂实践活动对主体的建构性、主动性,发展学生的能力,课堂实践活动在教学中具有重要的地位及价值。

我们的课堂应该是使学生的"学"更为丰富多样的课堂,丰富多样的课堂就是要调动学生的脑、口、耳、眼、鼻、手等器官。教育心理学也早已证明,多器官参与的学习效果会更好,让学生在多样化的语文实践中快乐学习,高效学习。

一、语文课内实践活动设计与实施的原则

新课标倡导"以学生为主体、教师为主导"的"双主"理念,提倡"自主、合作、探究"的学习方式,运用活动体验,进行真实参与。实践活动中,我们既要考虑小学生的心理特点,又要考虑教学目标;既要考虑外部环境,又要考虑学生已有知识经验;既要考虑教师引导的方式,又要考虑学生的能动性的发挥,使学生在实践活动中,真正得以发展。

我们在进行课内实践活动设计与实施时要遵循以下原则。

(一)遵循学习目标

课堂实践活动是学习的一项策略,要紧紧围绕学习目标开展,根据不同学段的要求,把握好语文知识体系内部的结构以及横向、纵向的联系,根据语言学习的规律,设计实践活动,不求多,求实效,不能只看表面热热闹闹,实则毫无成效。只有紧紧围绕教学目标进行实践活动,才能使学生夯实知识基础、提升情感、提高学习能力。

(二)关注学生心理

课堂教学必须进行学情分析,结合学生心理特点开展实践活动。小学生对周围事物有强烈的好奇心,有旺盛的求知欲,好动好问,既喜欢模仿成人,又希望自我独立。同时,他们的知识、经验和能力又有很大的局限性。实践活动应注意趣味性、生活性,根据学生学习的起点进行实践活动,让他们跳一跳能摘到桃子,他们才会发生兴趣。不同年级学段的学生,心理特点也有所不同,从学生的实际心理特点出发,才能更贴近学生,学习的效果才能更好。

(三)创设语用情境

学习论指出"学习者与周围环境的交互作用,对于学习内容的理解起着关键性的作用",构建充满活力的教学情境,需回归生活世界①。肯·古德曼的全语言理念提倡以儿童为中心,主张学习的历程要回到真实的世界中,语言不能被肢解,通过孩子在生活中运用语言的机会——提出问题、聆听回答、对回答做出回应等,从听说读写的过程中全方位地学习语言。学生在真实意义的语言运用环境中学习语言会更为高效,使学生深化对知识的理解,促进其感悟"从模糊到清晰,从浅层到深刻,从片面到全面,从错误走向正确"。让学生在熟悉的学习生活环境中运用新知,让新知在已有学习生活经验的基础上建构,使学习发生迁移,习得语言范式。

(四)关注学生主体性

教学活动的本质含义应包括"教"和"学"两个方面,课堂的主人应该是学生,教师是学生学习的促进者,教师的"教"应该以学生的"学"为出发点和落脚点,关注教师的"教",是为了更好地服务于学生的"学"。学生应该站在课堂的中央,教学设计应该根据学生学习的行为特点进行设计,通过课堂丰富的实践活动,调动学习的主动性,发挥其主观能动性,使学生在原有知识结构基础上主动建构,激发他们的学习兴趣,让学生真实参与实践活动,建构意义,巩固新知,类化知识,提升能力,让学习真正发生。

(五)力求形式多样化

小学生知识储备不多,思维处于发展中,多样化的实践活动符合他们的心理需求,课堂上适宜采用形式多样、直观形象的方式来吸引小学生参与其中。可以通过客观实物、图片、视频,通过对学生视、听、味、触觉等多感官的体验,通过小组合

---

① 何克抗.建构主义的教学模式、教学方法与教学设计[J].北京师范大学学报(社会科学版),1997
(05):74-81.

作、对话、表演、竞赛、辩论、绘画、游戏等多种形式让学生保持实践活动的兴趣,在实践活动中进行训练,形成正确的思想认识,训练思维方式,养成学习习惯,培养核心素养。

(六)及时给予评价

评价具有引导性,要利用好评价的指挥棒。教师评价,教师对学生的学习及时加以引导、帮助,避免实践活动流于形式,摒弃表面的热热闹闹,学生实则没有任何收获的做法,学生要在教师的帮助点拨下有所感悟、启迪、提升,使其更有实效性。学生互评,学生更乐于接受同伴的帮助,更乐于听从同伴的导引,口头点评、积分获得,个人或者小组等多种评价方式相结合,学生在相互评价中,锻炼思维,习得语言,锻炼与人交往的能力。评价促进教师关注学生学习的全过程,注意因材施教,可以使学生在学习过程中即时进行修复;评价提升学生对于语文知识的把握程度,提高学习语文知识的能力。

二、语文课堂实践活动的类型与方法

(一)游戏竞猜型

夸美纽斯说:"兴趣是创设一个欢乐和光明的教育环境的主要途径之一。"游戏是小学生最为喜欢的活动、最感兴趣的活动,他们好奇心强,对周围的事物充满了探索欲望,但是他们自我控制能力差,有意注意的时间短,游戏是他们最适合的活动方式。在语文课上开展游戏活动,不仅能够活跃气氛,还能激发学习兴趣。

游戏竞猜类型的实践活动多应用于低中年级,这个年龄段的学生直观形象思维占主导地位,无论是在知识习得阶段,还是知识保持阶段,抑或知识运用阶段,通过游戏都能使其保持高昂的学习兴趣,在实践活动过程中,他们全情投入,全员参与,能收到很好的学习效果。例如"大转盘"游戏通常在识字教学中被高频使用看似简单,却深受学生喜爱。学生在"指针"的带领下,在与小伙伴的合作中,一遍遍复现刚刚学习的生字词,自己动手转动转盘,自己决定停转时间,眼、耳、口等感官被调动起来,小伙伴之间的亲密合作,大脑皮层也是处于兴奋状态,这样的识字效率高,效果好。学生有转的,有说的,全员参与其中,在复现词语后再造句,使这一稍有难度的学习也在愉快的情绪中进行,降低了难度,大家的积极性都被调动起来。

再如,生字卡片的使用,在学习生字过程中,教师令其找出某一个字,快速举起,学生们就会以自己最快的速度找出,并争取第一个完成。形式简单的竞猜活动延长了学生的有意注意时间,促进了他们的长时间记忆。

还有,借助动作表演来学习生字。在学"衬衫"一词时,大家对衬衫有了一定的生活经验,但是有的学生不一定很清晰,还有的学生容易和T恤衫混淆。课堂上,请穿衬衫的同学快速站起来,再请同学们相互看一看,是否符合要求,学生加以评判。学生的活动增加了参与度与趣味性,给学生以直观的认知,在此次基础上做出判断。在做出判断前要根据常识进行思考,再做判断,这一过程使得概念更为清晰,促进了学生思维的发展。

学生参与课堂的学习,他们是课堂活动的参与者,这样的竞猜小游戏简单有趣,使他们在游戏中巩固了知识,意义的建构更加清晰,同时迁移了认知能力。

(二)实物感受型

利用实物开展实践活动是学生习得语文知识最基础的活动,通过对实物的观察、操作、研究,促进对知识的掌握、能力的提高以及思维能力的初步发展。这一实践活动类型适用于小学各年级段,不仅仅局限于真实的物体,还包括音频、视频、图片等,借助这些实物进行实践活动,增强学生的无意注意,激发学习期待,使学习更为直观形象,由被动引领变为主动学习,提高学习的主动性。

在人教版教材二年级下册《画杨桃》一课,老师在教学设计中利用实物激趣,导入新课,又用实物再次引发学生对文本思想内涵的深入思考。

《画杨桃》教学设计

一、实物激趣,导入新课

(一)谈话导入:同学们,今天老师带来了一样东西,你看这是什么?(出示杨桃)

(二)观察实物,说说看到的和知道的,从色、形、味几个方面来说。(形状:一般

有 5 条棱)

（三）过渡：围绕杨桃还发生过一个真实的故事，故事的主人公就和你们差不多大，故事发生在一节普通的图画课上，现在就让我们走进这个故事《画杨桃》。

教师通过杨桃的实物激发了学生的学习兴趣，激发了阅读期待，也为后边理解课文内容、再次观察杨桃埋下了伏笔。

第二课时，学习第 12~18 自然段，在学生阅读了文本，了解了文中同学们看到"我"的画后的嘲笑，授课老师请同学到前边，拿杨桃给同学们观察，进一步体验"原来看的角度不同，杨桃的样子是不一样"，加深了学生对文本的理解。用实物创设的情景再现了课文中的情景，再次观察杨桃是在用事实说活，直观的现场感受，自然深化理解，感受升华。

例如，罗美竹老师执教的《"看见"味道》：教学设计源于学生的一个发问"这篇文章为什么能让我好像闻到气味，作者是怎么学出来的？"罗老师设计了一个观察、发现、提取、运用的实践活动过程，让学生自己去探究，让他们真正做学习的主人。教师设计了两个重要环节：提供香包，让学生实际闻香包，记录嗅闻到的气味；"制作香料名片"，帮助老板在网上售卖香料，提示学生使用学习文本的记录，选择文中的词语，联系自己的生活实际，进行书写。罗老师设计了先对实物进行嗅闻观察，通过调动自己的嗅觉和观察他人的表情反应来体会气味。然后通过任务推动，帮助香料店老板撰写宣传香料的名片，使他们的书写变得有目的，激发了写作的欲望。教学环节的设计使学生的学习成为生活化的情境，让学生在最为贴近生活的环境里进行实践练习，让写话成为有意义的行为，学生的表达欲望与刚刚获得的经验高度融合，这样的学习更具实效性和实用性。

（三）言说思辨型

言说思辨型的实践活动能有效促进学生学习语言表达的方法及思维辨别能力的发展。语文课程必须秉承课程改革的基本精神，依据学科的特点，重视在"听、说、读、写"的语文实践中培养学生运用语言文字的能力，重视课程内容的价值取向和语文材料的熏陶感染作用，尊重学生在语文学习过程中的独特感体验[1]。语文素养的形成，是通过听说读写的语文实践活动，将语文知识转化为语文能力，最终

---

[1]温儒敏.义务教育语文课程标准(2011 年版)解读[M].北京:高等教育出版社,2012:49.

形成语文素养。语言学家克拉申提出,"母语的内化必须从学生的实际出发,它更强调大量的实践"。课堂教学中应通过大量的言说实践活动,提升学生言语能力,促进学生思维的发展。言说思辨型课堂应该结合学生的年龄特点和思维发展规律,由浅入深,螺旋上升。

在阅读教学中,学生通过朗读、品词析句的活动,感知意思、感悟思想。教学环节可以是"趣味导入—整体感知—品读赏析—延展迁移—体验反思"。学生在阅读文本语言后,课堂上不仅是品词析句,抓住文本中的语言进行体会琢磨,更应是顺学而导,抓住学生思维的生长点,通过言语论说推进学生思维横向、纵向的发展。

统编教材六年级上册的《书戴嵩画牛》,在学生读熟课文,了解了大意,梳理出牧童的话、杜处士的认可和苏轼的感悟后,请同学们发表自己的看法,并激发学生提出自己的疑问。此时借助视频录像"斗牛"的场景,使学生观察,提出疑问(牧童的话到底对不对?)学生会根据自己的理解发表意见:书下注释,斗牛的真实情况是,牛在角斗时,尾巴不一定都是夹入两腿之间的,牧童的观察没有错误;画家画的只是牛相斗的一瞬间,并非斗牛的全貌,斗牛时也会有这样的情况,况且,艺术来源于生活而高于生活,戴嵩画的斗牛也没有错;查阅资料,苏轼记载这个故事,其实是为了告诫人们术业有专攻,要仔细观察,要向有经验的人请教。在学生的论辩中,教师适时补充唐代诗人、画家王维的画作《袁安卧雪图》,画中雪地与芭蕉共存的情况就引起过争论。沈括在《梦溪笔谈》中就明确指出:王维师心写意,不必拘泥于生活的真实。通过文中语言、书下注解、播放视频、拓展资料,师生共同讨论,得出"如果只凭借这篇课文就得出牛相斗时一定会把尾巴夹在两腿之间"的结论,这也是没有细心观察、深入思考、全面分析的结果!"尽信书不如无书",这样的思辨讨论不仅引领学生深入研读文本,抓住文本中的细节深入思考,通过辩论言说,梳理出来共识,更是让思维之窗更加敞亮,思维之度更为深远、宽广。正如叶圣陶先生主张把"预习""讨论""练习"作为语文教学最重要的三个环节,这是非常有道理的。

王崧舟老师执教的《墨梅》

师：孩子们，请仔细看大屏幕。大屏幕上的画，就是墨梅。我可以很负责任地告诉你们，这墨梅，就是王冕亲手所画，它就收藏在我们国家的故宫博物院。

师：仔细看，请把你的目光盯在任何一朵梅花上。看清楚，你看到的这朵梅花是什么颜色。

生：我看到的那朵梅花是黑色的。

师："黑色"不准确，能用王冕诗中的词来形容吗？

生：淡墨痕。

师：你把目光放到另一朵梅花，看它是什么颜色？

生：我看到的梅花也是淡墨痕的颜色。

师：你看那一枝的梅花、一树的梅花是什么颜色？

生：淡墨色。

师：但是，天底下的梅花，没有淡墨色的，而王冕居然把自家的梅花画成了淡墨色。这是为什么？猜猜看。

生：我觉得是因为想表达自己的独特。

师：你说的也很独特。这是他的看法，很独特。

生：我觉得是因为他想突出梅花不与百花争艳，独自在冬天开放，不鲜艳。

师：第二种看法，凌寒独自开，不鲜艳，所以画成了淡墨色。

生：我觉得王冕之所以不把梅花画成鲜艳的红色，是因为那样会显得非常骄傲。如果画成白色的话，因为梅花非常顽强，在冬天都可以开放，他为了突出冬天雪落在梅花上，突出雪非常白，就把梅花画成淡墨痕，这也能看出雪裹在梅花上的样子，体现出王冕非常谦虚。

师：你的意思是，不画红色，不想骄傲；不画白色，显得谦虚，是吗？(生点头)

生：因为他练字很刻苦，他把梅花画成淡墨色，是为了突出自己像王羲之那样练字、练画非常刻苦。

师：明白，这是第四种看法。还有第五种看法吗？

生：淡墨痕这种颜色显得很冷淡，画出来之后能显出梅花的孤傲，同时也能表现出他的性格十分孤傲。五种看法，各有不同。

王崧舟老师抓住了"淡墨痕",带着学生往思维的深处挖掘体会,引导学生通过体会王冕的内心世界,体会梅花的品格,在语言的表达中深化了理解。

课堂教学中,教师应设计更多语言表达的机会,创设氛围和情境,鼓励学生用几句话或一段话表达想法。期间,引导学生学习正确的言语表达方法,让师生、生生之间展开交流、辩论,从而能共同参与言语、思维的碰撞活动。

口语交际实践活动,是学生集中进行言语实践活动的课型。课堂上要努力寻求学生语言能力发展的生长点,通过讨论、交流、辩论、演讲等形式,与学生的生活实际紧密结合,使其有话可说,有言可述。在实践中训练学生的语言运用能力,习得语言规律,发展言语能力,提升思维能力,使学生在言说活动中的学习与对生活表达相融合,使学习过程真正成为儿童生命表达和意义实现的过程。

言说思辨型语文实践活动,提升了语言表达的能力,训练了思维的逻辑性、连贯性、敏捷性,使学生的思维向宽广与纵深发展。

(四)读写迁移型

建构主义强调学生主体的积极实践,学生在实践活动中将文本中学到的表达方法进行运用巩固,开展实践活动,让学生的言语能力得以迁移,提升语文素养。

例如,台湾罗美竹老师执教的《看见"气味"》一课。首先让学生进行观察,观察文本"能看见味道"的词语,然后用归类的方法将"能看见味道"的词语进行分组命名,然后为香料店老板设计名片,介绍香料。在归类时,通过给每一组词语起名字,发现有的是写"像……",有的是写"好……",有的是写"……的",虽然写法不同,但都是描写对气味的感受。学生在阅读—寻找—归类—发现过程中获得了写味道的方式,特别是"起名字"的环节,使得学生运用自己的语文经验进行整合,这样的建构更有意义,知识结构也更加稳固。再通过任务驱动,使获得的写味道的方式在实践中得以练习、验证。学生在阅读获得方法的基础上,开展言语的创作,既可以运用已有词语、表达方式,又可以使用已有生活经验。这样的读写迁移是真正的能力迁移,学生不会因为离开了文本语境就无所适从,不知如何下笔。

(五)激发想象型

想象力是学生创造能力的重要基础,小学阶段注重对学生想象力的培养,利

用文本内容激发学生想像,在想像中开展言说、读写的实践活动,促进听说读写能力的提升,促进思维能力的发展,为创新型人才的培养做好奠基。

例如二年级下册第四单元的人文主题是"童心",本单元的教学目的是培养学生丰富的想象能力和语言运用能力,学习重点是运用学到的词语把想象的内容写下来,共选编了4篇课文,有儿童诗、儿童散文和儿童故事,选文体裁多样,内容富有童趣,有利于激活儿童的经验,富于想象;单元的语文园地,主要进行拓展识字,仿照提示展开想象,借助看图写出想象,感受手影戏变出的栩栩如生的动物形象,激发学生的想象力。

《彩色的梦》要求学生展开想象,仿照课文相关段落,把自己想画的内容写下来;《枫树上的喜鹊》引导学生根据提供的情景展开想象,把自己想到的内容写下来;《沙滩上的童话》要求学生展开想象,试着运用学过的词语,根据故事的开头编故事;语文园地"字词句运用"栏目,要求学生仿照句式,借助"泡泡"中的提示展开想象,用上"一会儿……一会儿……一会儿"说句子;"写话"栏目,引导学生借助图画发挥想象,用上提示的词语,按照时间的顺序写话,单元教学在学生的聆听、阅读、说话、写话的语文实践中,循环往复、螺旋上升,丰富了学生的想象力,运用了语言,最终达成教学目标。

片段 1

《彩色的梦》教学设计

一、学习第三节

(1)出示图片、文字,展现小作者描述的森林美景,请同学朗读,交流葱郁的森林中都有哪些美好的景物。

(2)这是彩色铅笔画出的彩色的梦,请同学们交流,在这么美的画面中,你又看到了哪些色彩?点拨"葱郁"一词。

(3)有感情朗读本小节,体会画面中的景物和色彩。

(4)请学生交流这节小诗中哪些地方写得有趣(雪松像小朋友一样拉着手,太阳像苹果一样又大又红)。

(5)老师引读,请同学们用朗读来回答老师的问题,再次体会本小节的写法。

二、拓展练习、提升能力

如果让你拿起彩色铅笔,你会怎样画?出示小朋友的铅笔画(提示:在深蓝的海洋里,在五彩的花园里),请同学们仿照第三小节的写法,为它配上小诗。

片段 2

《枫树上的喜鹊》教学设计

一、分角色朗读 6—8 自然段,学习结合情景展开想象

(1)指导学生朗读喜鹊妈妈和小喜鹊的话。

1)出示 6—8 自然段。

2)教师当喜鹊阿姨,学生当小喜鹊,指导学生读出"鹊,鹊,鹊……"叫声中小喜鹊的稚嫩。

3)学生当喜鹊阿姨,读"鹊! 鹊! 鹊! ",指导学生读出感叹号的语气。

4)师生合作分角色朗读 6—8 自然段。一名学生当喜鹊阿姨,一名学生当喜鹊弟弟,剩下的学生读"我"的话。

(2)学习体会课文中的"我",结合情境进行想象。

1)提问:课文中的"我"听到,喜鹊阿姨"鹊! 鹊! 鹊! "的叫声,怎么是教拼音,而不是教唱歌、教小喜鹊做游戏呢?

2)师生交流。是因为"我"听到喜鹊阿姨一声一声的叫声,想到的不是教唱歌和教做游戏。

3)师生合作,创造性地朗读 6—8 自然段。

教师出示 6—8 自然段,创设情境:喜鹊阿姨又在教小喜鹊学拼音了,喜鹊阿姨教完了 a、o、e 以后,继续教喜鹊弟弟学拼音,让我们一起在读中想象。

……

二、结合情境,实践运用

1.出示喜鹊阿姨给喜鹊弟弟吃虫子的情景,请学生完成写话练习。

2.全班进行交流。

三、小结本课,推荐书目

小结:这节课我们通过看喜鹊阿姨的动作,听喜鹊阿姨和喜鹊弟弟的叫声,和

课文中的"我"一起与喜鹊一家进行对话,获得快乐的体验,学会了读书的方法。在这节课即将结束的时候,老师推荐给你们一本书叫《一百层的房子》,有谁住在一百层的房子里呢?相信这本书一定会让你们感受到想象的美妙。

片段 3

《我是一只小虫子》教学设计

师:那么我们要来看学习提示三,使用本课学的词语,写一写小虫子和小伙伴的对话。你想一想,这么有意思的小伙伴与小虫子遇见了会说些什么?现在打开老师给你的第一个法宝,写一写小虫子和小伙伴的对话,一会儿看看哪位同学用过的咱们本课学过的词语最多,再开始书写。

师:写完的同学就请坐好。谁来读一读你写的小虫子和小伙伴的对话?

生:小虫子说:"屎壳郎都把我撞伤了。"屎壳郎说:"对不起,我搬运食物的时候从来不看路。"我用上的词语是"屎壳郎"和"撞伤",还有一个"搬运食物",一共用到了三个词语。

师:对,请坐。我们在读完的时候也像这位同学这样说,我用的词语是哪几个,然后我们给他数一数,他一共用到了几个词语。我们来评一评,谁是今天的用词小冠军。好,谁来接着读,你来说。

生:小虫子说:"你好!天牛。"天牛说:"我要顶你!"小虫子说:"你别顶我,你的脾气可真不好。"天牛说:"好吧,我不顶你了。"

师:你用到了哪几个词?

生:脾气、天牛、顶我,三个。

师:好,请坐。谁再把自己写的读给我们听一听,你来说。

生:"天牛大神,你好呀!"天牛说:"你好!今天你都去哪儿了?"小虫子说:"今天,我坐着免费的特快列车去旅行了。"

师:读得真好。

生:我用到了"天牛""旅行""免费""特快列车"。

师:用到了几个?

生:四个。

师:太棒了,请坐。谁还能读一读自己写的?

生:小虫子说:"天牛大神,早上好!"天牛大神说:"哼!你是谁?"小虫子说:"我是小虫子,天牛大神的脾气真不好。"我用上了"天牛大神",还有"脾气"。

师:你读的声音洪亮,真不错,我们的小虫子和小伙伴的生活有意思吗?

生:有。

片段 4

《沙滩上的童话》教学设计

师:我们也来展开想象,编织我们的故事吧。谁能把它变成完整的一句话?

生:这里有可爱的小动物。

师:你看图片,这里还有?

生:快乐的小朋友,花草树木。

师:有一天,一只小羊在山坡上散步,突然,它看到了一只大老虎,要用到这些词语让我们的故事更加精彩。这时……谁来说一说?

生:一只凶恶的大老虎出现了,它凶恶地说:"小羊,我要吃掉你。"

师:小羊肯定特别害怕,这时,一只大猩猩出现了,它说?

生:小羊,你别怕,我来救你。

师:它对大老虎说什么?

生:你这只凶恶的大老虎,我要把你赶跑。

师:用什么办法把它赶跑?想一想。

生:我们合作一块儿打败大老虎。

师:还有吗?

生:小羊,我们配合。

师:如果你先动手,我们就合作用炸药把你的窝给炸没了。

生:老虎害怕了。

师:这时候,大猩猩对小羊说什么?

生:小羊对大猩猩说:"谢谢你救了我。"

师:同学们,展开想象就能编织故事。大家自己发挥想象,"在一片沙漠里,有……",小组讨论。

生：从前，这里是有花有水的地方，突然来了一个凶恶的怪物，它把这里变成了一片沙漠。一个老百姓说，我们做炸药，把怪物炸死。这个老百姓的做法得到了赞赏……它们用炸药把怪物炸死了，从此，老百姓们过上了幸福的生活。

师：我们把故事大王的称号送给她。下课把故事讲给你的家长听。

整个单元的教学，都是紧紧围绕单元主题"童心"和"展开想象，运用语言"的任务来开展教学活动的，《彩色的梦》是仿照课文第三小节，运用诗歌的形式写出想象，《枫树上的喜鹊》是提供具体的情景，借助课文的句式把自己想象的内容写下来，《沙滩上的童话》是运用学过的词语，根据故事的开头展开想象。这样多角度、多层次地练习，学生在文本的语言中反复地读、说、写，在学习活动中进行实践，教师及时点拨指导，学生在信息的输入与输出之间，思维活动也在积极地进行着，学生的听说读写能力在潜移默化中提升，这样的学习是高效的，这样的思维训练是实效的。

从低年级学生的心理特点出发，采用情境教学法，将学生带入创设的情景，运用角色体验的形式，把枯燥的学习情境化、情趣化，在教师的引导下，通过有感情、有层次地反复朗读，将课文中规范的语言信息输入学生头脑之中，学习文章的语言，体会人物情感。再根据提供的情景展开想象，发散学生的思维，激发学生的想象力，由训练学生根据情境说话，到用上学过的词语说话、到仿写句子，再到尝试简单的写话，学生在一系列的实践活动中运用语言；由教师提供想象的脚手架，到只给一个开头，让学生大胆想，激发想象，自由表达，给学生创造一个信息输出的平台，使学生的情感得以丰富，思维得到发展，语言运用能力得以提升。课堂上，学生在老师的带领下，感受课文文字的温度，到教师推荐课外阅读书目，把课堂教学延伸到课外，让学生享受想象带来的无尽乐趣。

三、语文课堂实践活动的作用

(一)培养了学生学习的主动性

夸美纽斯曾经说过："一切语言通过实践去学比通过规则去学来得容易。"布鲁纳的发现学习法指出，学生是学习过程中积极的探索者，发现是学习的主要手段。教师引导学生主动质疑,锻炼学生主动发现问题并提出质疑的能力,在语文实践活动中,关注学生语言能力的生成,使学生能主动地、富有个性地学习,体现出自主性和主动性。

(二)促进了学生的学科核心素养的提高

语文实践活动是形成语文核心素养的重要途径,以"实践活动"作为教学的重要形式,促进学生主动参与语文学习,并通过主体活动完成自身成长任务,在师生平等对话的基础上,由教师引导学生综合运用语文知识,提升语文能力,形成学生的语文素养。

布鲁纳认为学习的主要目的是"要学生参与建立该学科的知识体系的过程",学生在学习中通过实践活动避免言语活动的浅表化,使文本中的语言在理解积累的基础上得以运用,并在教师的引导、同伴的合作中,能够在生活语境、未来语境中灵活运用。

学生在听说读写等多种课堂实践活动中,帮助学生养成批判性思维,在相互的补充、评价中,培养了质疑精神,学会了与他人交流、合作,形成了良好的语文综合素养。

教师把课本知识作为言语训练的起点,遵循由易到难的规律,先阅读再说话,先思考再表达。实践活动使学生将知识内化,又通过实践将知识外显,其实这是一个思维发展的体现。语文实践活动,不仅促进学生的言语表达能力,也促进了学生分析综合、抽象概括的能力,并形成正确的价值观。在语文的学习与实践中,熏陶提升学生高雅的审美情趣,并传承优秀的中华传统文化。

(三)让课堂焕发活力,让学习走向纵深

语文课堂实践活动,使学生成为学习的主人,在多种方式的实践活动中激发了学生的学习热情,引燃了他们的内在学习动机,学生全身心地投入理解、领会、评判、体验、感受,让知识"活"起来、"动"起来,在实践活动中体验成功,获得发展。学生真正走进学习,从被安排跟着老师走就行,到在老师的指导下参与多样式的实践活动,学生全身心投入学习,将新知与已有的经验整合,相互间的质疑释疑,都使学生的学习真正的发生。而处于真实情境中的学习,学习的效果会更快、更好,知识的运用中也会很自然。以学生为中心的学习,通过"知识结构""学习动机""深度理解"和"解决复杂问题"等环节,把学生的学习引向纵深,让学生的学习更加有意义。

基于小学语文核心素养的文本细读

天津市宁河区桥北街第一小学　杨常玉

纵观中国语文学科教育,我们会发现,随着新一轮高考改革的逐步推进,大语文时代悄然来临,"得语文者得天下,得阅读者得语文"逐渐成为共识,语文——我们的母语学科越来越受到国人的重视。小学语文阅读教学是基础教育中的重要一环,越来越被教师、家长重视。同时,我们还看到各级各类辅导班应运而生,为了提高成绩,孩子们疲于奔波于各个辅导班之间。但是,提高语文成绩,不能以牺牲学生的休息时间、体育锻炼、睡眠时间作为代价。从国家政策层面上来讲,越来越重视学生的素质发展,"五项规定"的出台,从"睡眠""作业""手机""体质""课外读物"五个方面进行了明确的规定,我们的语文阅读教学要高效,靠死记硬背、拉长战线占用副科、加大作业量等提高语文成绩的方法也逐渐被教师摒弃,提高学生语文素养,成为更多小学语文教师追求的目标。

"核心素养"的提出是我国教育变革进入新时期的表现之一,义务教育语文新课程标准是小学语文课堂教学的主要政策参考内容。小学语文教师应以新课程标准为依据,从课程总目标基本技能,以及语言、思维、审美、文化等方面进行核心素养培养。提高语文核心素养,备课和学生是关键。进行文本细读是备课的第一步,也是关键的一步,是小学语文阅读教学效率能否提高的瓶颈与基础,然后才能依据课程标准进行科学取舍,设计教学流程,进行教法、学法的选择,进行课堂的预设。当前语文教学改革,有脱离文本的倾向。不但脱离文体,而且脱离写作①。很多语文教师颠倒了其顺序，文本细读缺席，草草阅读文本、教参或直接借助现成教案就上课堂，教学犹如"羊吃碰头草"，走到哪儿算哪儿，或为凸显学生的主体地位，对学生离题万里的随意解读不置可否或大加肯定，教学上成"夹生饭"，教学效率低效就靠时间来"磨"，虽然成绩尚可，却以消磨学生兴趣作为代价，得不偿失。还有部分教师，备课重点更多地花在琢磨课件、选用方法上，过分依赖信息技术，课件制作精彩纷呈，吸人眼球，解读文本内容表浅且轻率，无法突破瓶颈，甚至以偏概全，出现科学性错误。还有部分教师出现过度诠释文本的现象，远离文本内涵，超越了课程标准及儿童的认识水平，增加学生学习难度，加重学生课业负担，文本细读，应当有"度"——这个度就是课程标准，一味追求"深度"亦不可取。

阅读教学是教师、学生、文本三者对话的过程。这个对话过程是有顺序的，教师与文本的对话，即文本细读，是教学开展的前奏，可以这样说，有什么样的文本细读就会呈现什么样的课堂教学。实践中我们不难发现，在那些"大家"精彩纷呈的语文课中，无不闪烁着文本细读的智慧光辉——文本细读无疑是实现高效课堂最便捷、最重要的路径和平台。所以，作为一名语文教师，备课时切莫荒废了"文本细读"这亩良田，语文教师在阅读教学前要将基于核心素养的"文本细读"做实、做细、做到位。

一、"基于小学语文核心素养的'文本细读'"概念界定

(一)"文本细读"来源

文本细读是文学批评的重要术语，是一种文学批评方法，由英美大学及文学批评界的新批评派提出。新批评发轫于二十世纪二三十年代，四五十年代一度风

---

①孙绍振.文本分析的"还原"方法和教师的主体性问题(上)[J].福建论坛(社科教育版),2005
(06):6-9.

行美国学院,60年代走向消亡①。此概念建立在英国语义学批评家瑞恰兹对于语义学批评的基础上②。文本细读在文学批评角度下,更加重视深入细致地对文学语言的研究,以及对文学作品结构的分析,最终是为文学批评服务的。

新批评派的"细读法"自诞生之日起就饱受争议,因为它更多地立足于文本细读,将作品与读者、社会脱离开来,追求所谓"纯粹"的文学作品的艺术价值,但陷于孤立封闭的状态。新批评派最终衰败,但其基本观点和方法,尤其是"文本细读"的方法,仍对今天的文学教育产生深远的影响。我国古代也有文本细读,"书读百遍,其意自见","训诂"和"评点"算得上是古人的"文本细读"。借鉴新批评派与我国古人的文本细读理论与方法,通过细读法关注作品本身,成为语文教师必须学习并指导学生进行语文学习的有效方法之一。

(二)阅读教学中的"文本细读"

我国当代对阅读教学中的文本细读进行研究的有福建师大孙绍振先生、华中师范学院王先霈先生,还有钱理群先生。孙绍振先生不但有高超的理论知识,还根据实践总结出一套具体可操作的"文本细读"方法,尤其是"比较、还原"等方法,对一线语文教师的文本细读极具指导意义。在小学语文阅读教学领域对文本细读进行深入研究的有沈大安先生,知名教育专家、小学语文新一代领军人物王崧舟老师和窦桂梅老师,他们撰写了大量生动鲜活的文本细读案例,对小学语文教师细读文本产生了广泛影响,受到一线教师的欢迎。

"课程论语境下的文本细读,主张作者、作品、读者、编者、学生等多种姿态的和平共处"③。同是文本细读,课程教学语境下的文本细读与文学批评语境下的文本细读不同,前者是阅读教学的准备工作,为阅读教学服务,目的为提高教学质量,提高学生语文素养。文本细读要以课程标准为指导,以阅读教学为出发点,与阅读教学相伴,提高语文教学效率,发展学生思维,最终达到使学生学会学习的目的。阅读教学语境下的文本细读是指教师与文本、作者进行对话时从文本言语材料入手,对文本从题目、作者、原著到字词句甚至标点等相关信息进行细致、精准

---

① 孙绍振.美国新批评"细读"批判[J].中国比较文学,2011(02):65-82.

② 贺梦瑶. 小学语文阅读教学文本细读的策略研究[D].上海:上海师范大学,2012.

③ 王崧舟.走向"多元"和"兼容"的文本细读[J].教学月刊(小学版),2010(Z1):4-6.

的分析,从而实现对文本语言准确、透彻地解读。再根据课程标准目标要求,结合单元语文要素,精准选择教学内容,精选教学方法,引领学生进行并学会文本细读,学会学习。

(三)基于小学语文核心素养的文本细读

《义务教育语文课程标准(2011 年版)》指出:"语文课程致力于培养学生的语言文字运用能力,提升学生的综合素养,为学好其他课程打下基础。"语文素养在语文课程综合素养中是最核心的素养。那到底什么是"语文素养"呢?《普通高中语文课程标准(2017 年版)》将"语文素养"内容界定为"语言建构和运用""思维发展与提升""审美鉴赏与创造""文化传承与理解"这四个方面。"语言建构和运用"是小学语文学科核心素养的重要组成部分,是核心的核心,也是语文学习的基石。为了提高学生语文素养,落实"课标"要求,全面达成三维目标,语文教师备课时切莫荒废了文本细读"这亩良田",语文教师的细读文本也必须指向语文核心素养。

基于小学语文核心素养的"文本细读"指小学语文教师不仅深入地理解、诠释文本,更应当在与文本、作者进行对话时,从文本言语材料入手,对文本从题目、作者、原著到字词句甚至标点等相关信息进行细致、精准的分析,再根据课程标准目标要求,结合单元语文要素,精准选择教学内容,精选教学方法,实现文本的再创造,并引领学生进行并学会文本细读,学会学习。从教师层面来说,语文文本细读可以有三种理解:一是文本要细读出什么,二是文本细读的操作策略,三是如何引导学生文本细读。上述三种理解合一的细读构成了基于核心素养的小学语文文本细读的内涵。

指向核心素养的文本细读应当具备以下四个特点:一是根本核心在"语用",即语言的建构与运用;二是指向于提高学生的语文素养;三是直接指向研究文本语言,但不可脱离语境,孤立地进行细读;四是关键在教师,我们常强调教学中师生地位平等,但是在文本细读中则不然,必须要做到教师先行细读,教师选择,教师指导。

二、阅读教学"文本细读"缺失造成的问题

近年来,不断有人高呼语文课要有"语文味",要"文本细读",语文课何以要兴师动众讨论"语文味",要强调"文本细读"? 这跟喝酒要研究是否有"酒味"一样不可思议。深究缘由,是因为许多年来文本本身不受重视,出现了很多问题。

(一)穿新鞋走老路

统编教材自 2019 年全面使用,教材做了大胆改革与创新:"人文主题"与"语文要素"双线组元,"人文主题"统领单元内容,突出主题思想;"语文要素"定位语文学习目标,使教师更容易操作与落实。利用统编教材特点,我们可以进行单元整合教学,凸显读写训练,落实语文要素,从而提高课堂教学效率,提升学生语文素养。但是有的教师讲课中没有读懂统编教科书的编者意图,依然存在"穿新鞋走老路"的情况。

《只有一个地球》是一篇老课文,在人教版教材中,作为一篇科学小品文,很多教师教学中都会抓住宇航员的话:"我们这个地球太可爱了, 同时又太容易破碎了",引导学生反复诵读,重点体会说明方法的特点及好处,以及"本来""至少"等词语的准确表达。但就是这篇文章出现在统编教材中时,文章的"使命"发生了变化:本单元以"我们是大地的一部分,大地也是我们的一部分"为人文主题,以"抓住关键句,把握文章的主要观点""学写倡议书"作为语文要素,教学中必须引导学生抓住中心句,了解课文讲了哪几方面的内容,再引导学生体会作者怎样一步步论述得出这样的结论,再针对生活中不环保或不节约能源的现象设计宣传语进行练笔,为"学写倡议书"奠定基础。有的教师没有仔细研读文本,还按照"老套路"处理,造成教学重难点偏离。可见,要想提高教学质量,提高学生语文素养,首先要做好统编教材的解读,了解编者意图,避免我们的语文教学偏离正常轨道,造成效率低下甚至无效等现象。

(二)解读文本浅表

一些语文老师备课的通病是在理解文章内容和表达思想感情上下大功夫。一位老师讲《狼牙山五壮士》(六年级上册),他用了整整一节课时间,也抓了很多词,但都是在引导学生理解课文的内容及文章的中心。一节课下来,学生的收获甚微,仅仅感受到了五壮士的英勇无畏,而作为表达层面的教学重点——学习本文"点面结合"的方法写场面这一目标却未曾触及。究其原因,就是教师对文本解读过于表浅,最后的结果自然是教学效率低下。还有的教师以教参的解读代替自己对文本的理解,灌输式为主,存在教师将教参中的观点强加给学生的现象。

(三)出现科学性错误

统编教材三年级上册第六单元中《富饶的西沙群岛》一课的教学,我们应当紧紧围绕单元"借助关键语句理解一段话的意思"的语文要素展开教学。文章的第二、三自然段都用首句话概括文段的主要内容,但是第四自然段的关键语句却不在首句和末句,而是出现在文段中心部分"各种各样的鱼多得数不清"一句。细读文本,不难发现,"各种各样的鱼"承接上文"鱼的种类多","多得数不清"引起下文"一半是水一半是鱼",即鱼的数量多。教学中,常常发现老师错误进行文本解读,出现教学的科学性错误。

(四)课文没好好读,就讲"超越"和"拓展"

部分老师墨守成规,将自己设定在固有的教学程式中,文本不解读,就急于做"超越"与"拓展",以此来寻找语文教学亮点,以为由此就能落实语文要素,达成提升学生语文素养的目的,过度解读或不切实际的超越,只能事倍功半。

三、基于核心素养的文本细读"读什么"

一篇文章呈现给我们的知识点很多,不同学科有不同的理解,在同一学科中也会因为年级不同而有不同的教学重点。就语文阅读教学来讲,我们语文老师仅仅要读出文本的内容及文章所要表达的情感吗?文本细读要求我们留意些什么,读出些什么?

夏丏尊在《学习国文的着眼点》中指出,我主张学习国文该着眼在文字的形式方面。就是说,诸君学习国文的时候,该在文字的形式方面去努力①。

在语文教学中,理解文章内容、体会表达情感是基础,但学习"语用",即文章的言语表达形式更重要。也就是说,我们的教学重点要研究文章怎么写、为什么这样写。学习"语用",就是重视言语训练,学习如何运用言语形式表达言语内容,语文教师要立足于言语形式,按言语形式的学习来安排学习进程。所以文本细读重点要抽丝剥茧,用一双慧眼发现文章言语形式上的特点,大致包括以下几项。

(1)布局谋篇:开篇结尾的作用关系、脉络结构、内容详略、过渡照应等。

(2)表达方式:记叙、抒情、说明、描写、议论等。

(3)遣词造句:词语运用、句子组成、标点、符号、修辞方法等。

(4)表达顺序:事情发展顺序、倒叙、插叙、时间顺序、空间顺序、逻辑顺序等。

(5)表现手法:开门见山、前后照应、承上启下、点面结合、动静结合、虚实结合、借物喻人、以小见大、借古讽今、夹叙夹议、借景抒情、欲扬先抑、欲抑先扬、直接描写、间接描写、设置悬念、对比衬托等。

(6)描写方法:外貌描写、动作描写、心理描写、语言描写、环境描写、场面描写、细节描写等。

当然,作为一名小学语文教师,要有自己的真知灼见并不容易。如果想成为一名好的语文老师,就必须努力学习,只有多读书,有深厚的文化积淀,才能正确理解和把握文本。

四、基于小学语文核心素养的文本细读操作策略

阅读教学中,文本细读应以文本为核心,贴近文本,沉入言语,发掘言语的多元内涵。然而,这种细读并不是随意地、漫无目的且无重点地逐字逐句细读。那么,不同的文本材料出现在教科书中,我们怎样让这些精选的文字达成使命,文本言

---

① 夏丏尊.学习国文的着眼点[J].中华活页文选(教师版),2013(09):4–8.

语的逻辑重点、关键点是什么？教师应当怎样做呢？我认为教师应当在文本中走上几个来回，与文本进行两轮深度"对话"。

(一)第一轮对话——整体把握

1.从单元统整视角进行整体解读

当前教师的文本细读多局限于单篇文本思想内容的解读，忽视了所教文本与年段目标之间的关系以及所教文本在整个学科体系中的独特地位。这种状态下的文本细读无形中在教学活动的起点降低了教学效率。在文本细读的前提下，作为教师要浏览全套教材、通读某一册教材、细读某一单元教材、精读某一篇文本，将文本放在单元里细读，从单元统整视角进行整体解读——参照单元导航系统，让单元整体教学目标精准定位。只有细读单元内容系统，厘清板块之间的层次关系，结合单元助力系统，才能落实具体教学目标。正是有了宏观的把握，才会有细化的解读、落地的设计，使得语文学科核心素养在一个协调有序的系统中螺旋式上升。

2.整体把握文本

阅读教学要和"内容分析式的阅读教学说再见"[1]，所以我们教学的重点不是要用上整整一节课的时间研究"写什么"的问题，还要琢磨作者"为什么写"，更要研究作者"怎么写的"，学习作者选词造句的精妙和写作方法的特点，使学生进入文本世界和作者的精神世界，从而达到建构学生个体精神空间的目的。

因此，面对一篇文本，我们老师首先要做的不是研究"怎么教"的问题，而是"教什么"的问题，这就需要我们静下心来与文本来上一轮对话，这样一轮对话应当从整体上把握六个要点：一是把握文章内容即写什么，站在理解层面，是对文本的感知、理解和概括，注重知识的积累；二是了解文章写法即怎么写，要用慧心发现作者的写作技巧，强调语言的运用，为学习"语用"奠定基础；三是体味文章情感即为什么这样写，着重研究作者的思想感情；四是读什么，是文本潜在情感的内化，强调人本统一；五是怎么读，是情感的表达、语感的训练和生命的提升；六是想到什么，是加入个人细读的联想，文本的超越，人类精神的驰骋。这六个问题是阅读教学的基础，具有一定的程序性。前三个问题基于文本，从写作角度出发，研究

---

①徐秀春.与"内容分析式"阅读教学说再见[J].小学教学参考,2014(19):4-6.

内容与写法;后三个方面从"读者"角度入手,超越文本。这一轮对话的六个方面,是教师进行文本细读,与文本第一次亲切会晤的基本策略,在备课的时候必须重点把握。

(二)第二轮对话——抓关键点

在对文本整体把握的基础上,我们教师就应当擦亮眼睛与文本进行第二轮对话。这一轮的对话更加细致,我们要从文本的表层潜入文本深处,读出文本内涵,读出文章的精髓,读出文字的真谛。那么,文本细读应该采用什么方法呢?

1.读题目,抓主干

拿到一篇文章,首先映入我们眼帘的是文章的题目,所以,我们的文本细读也应当先由题目入手。题目是文章的眼睛,是文章的灵魂,也是文章的核心所在。抓住题目来读,我们能得到很多信息:有的课文题目交代了主要人物,有的题目交代了主要事件,有的题目是文章中心所在,有的题目是文章的线索,有的题目具有象征意义,有的题目一语双关,有的题目吸引读者兴趣,有些题目又会让我们生出许多的问题。针对题目质疑,再带着问题读书,能给大脑提供思考方向,在阅读时就能提取书中的知识点,提高阅读的效率。

2.借助背景,读作者

统编教材的课文,大多选自名篇且文质兼美,而作品又与作者紧密相连,无法分开。读作品先读作者:读作者的生平,读作者的情感经历、心路历程,才会领悟在什么样的背景下,写下这般文字,在什么样的心绪下,创造这样的作品。感受作者在当时的心情,因何思念,因何喜爱,因何激昂,因何悲哀。

若要读懂李白的诗,我们必须先了解李白。他一生为报国,辞亲远游,为求举荐,谋得为国效力,后求隐于深山。直至不惑之年,才为皇上引见,无实职,但作诗词得皇心,日渐厌倦,一日玄宗呼之不朝,上做诗文晦涩,玄宗疏之。中晚年遇安史之乱,徒有忧国之心,奔波入狱,五十岁末才获自由,生活窘迫,身体病重,六十多溘然长逝。李白一生,经历了盛唐转衰,浪漫诗篇是大唐的见证,也是留给世人的永恒诗篇。读一生求抱负,李白自比大鹏,鹏振余风激万世,我们自然明白饮酒作诗,潇洒如李白。

同为唐朝的杜甫,诗篇风格与李白大不相同,他少年至中年多次应试,以落第告终。官场不得志，目睹了唐朝上层社会的奢靡与社会危机。安史之乱爆发，杜甫先后辗转多地。759 年杜甫弃官入川，虽躲避战乱，生活相对安定，但仍然心系苍生，胸怀国事。其《登高》《春望》《秋夜将晓出篱门迎凉有感》《三吏》《三别》脍炙人口，直至 85 岁垂暮之际，仍作《元日示宗武》留与后人。

可以说，文本就是情境的产物。作者在文章会流露出自己的心境与态度，而特定的历史时代、创作环境和写作意境，也决定了作品的内容和主题不同。读一个作品，先读作者，了解他们的生平，才能读懂他们背后的情感，作品是诞生于作者心情的波澜之下，一如过去读不懂李白的诗，也不能看懂杜甫，直至了解他们的生平、他们的人生、他们的故事。借助背景读作者，这样的细读才会更加真实、丰满、深刻。因此，细读文本需要把握文本的背景，将文本置于特定的历史文化语境中"情境还原"，才能读懂读通。

3.读原文，回归本真

统编教材很多由名作改编或节选，有的作品做了较大改动，比如六年级特殊习作单元的《盼》一课，做了较大删减，改变了文章的主旨，读原文能够帮助我们更好理解课文内容，明确编者意图。还有一些文章，节选自名篇或名著，比如《草船借箭》一课，节选自《三国演义》，对于诸葛亮"神机妙算"识人心这一特点时，识"鲁肃"忠厚老实的人性特点，联系上下文可知，但是识"周瑜"嫉贤妒能与"曹操"生性多疑这一特点不太好理解，找到原文读一读，理解就透彻了。

4.确定逻辑重点

不同年段，不同的文章，不同目标，教学重点不同，一篇文章可选择教学的点又有很多，为了达成教学目标、落实语文要素，我们要在通读文本的基础上把握文章的逻辑重点，避免出现偏离教学目标与重难点的问题。例如，《爬山虎的脚》一课我们就应当把教学重点放在描写爬山虎的脚的内容和段落，而不能将教学中心放在爬山虎的叶子一段；教学《圆明园的毁灭》一课，我们就不能将重点放在结尾段上，而是重点感受圆明园的布局美、建筑宏伟和珍藏的文物丰富，感受作者为什么要将以上三部分内容做具体描写，从而体会作者的痛惜之情，深刻领会落后就要挨打的道理。

5.斟酌词句，感受神韵

"文本细读就是穿行在多重话语之间"。小语教师要用敏锐的眼睛去触摸文

本,咬文嚼字,悉心体味,发掘内涵,发现文章字词句段,甚至标点上的良苦用心。仔细推敲琢磨,揣摩作者为什么这样说而不用另一种表达,为什么用这个词而不用那个词,为什么用这个标点而不用那个标点,不但能读到文本语句本身的信息,深入想开去,更会获得更为深刻的感受。例如,四年级上册第一单元《观潮》一课,"潮来时"这部分是我们教学的重点段落,作者抓住潮来时的"声"和"形"的特点,运用比喻、拟人等修辞方法将潮来时壮观景象写得生动传神。课文三四自然段同样都描写了潮来时的"声"和"形"的特点,但是,如果我们仔细阅读,你会发现第三自然段先写"声"后写"形",第四自然段先写"形"后写"声",这是为了什么?还有第四自然段中运用了三个意思相近的词语,"犹如""如同""好像",作者为什么要这样表达?仔细揣摩,你就会发现这是因为运用不同的顺序和近义词表达,使得文章避免重复,表达丰富,能吸引读者的兴趣。当我们教师把细读的成果变成课堂教学的学生学习的着眼点,一定能让语文课兴趣盎然、精彩纷呈。

6.揣摩细节,领会内涵

文本细读,除了要对文章中的语言咬文嚼字,细细品味、推敲,文本中的某些细节也值得我们挖掘。所谓"细节"描写就是课文中对人物、事件、场面、景物等表现对象进行微小细致的描写。可以说,细节描写就像用放大镜将事物放大,达到"于细微处见精神"的目的。如果我们能有效挖掘那些有价值的细节,那"细节"将会成为精彩课堂最亮的闪光点,而学生也可以被培养成有智慧、善思考的文本细读者。

统编教材六年级上册第三单元中精读课文《那个星期天》是史铁生先生所著。本文主要写了一个星期天,忙碌的母亲答应带孩子出去玩,在小男孩热切盼望与等待中时间一点点过去,可是由于母亲家务繁忙一次次爽约,最后男孩愿望落空,失望至极的故事。文章善于将情感寄托在事务与景物中,几处景物描写是细节描写,引领孩子们细细品读,会感受到男孩希望落空后的失望与无奈,这样细读,味儿就出来了。再引导学生仿照这样的方法进行习作,方法就习得了,就学会了"表达"。

例如,学习《匆匆》以后,让学生模仿融情于事的写法,写一写;学习《那个星期天》以后,让孩子们仿照融情于景的写法借景抒情,表达自己的真情实感。让学生即学即用,将读写有机结合,使"学阅读"与"学表达"紧密结合,让写成为读的有效延伸。以下是孩子们仿写的片段节选。

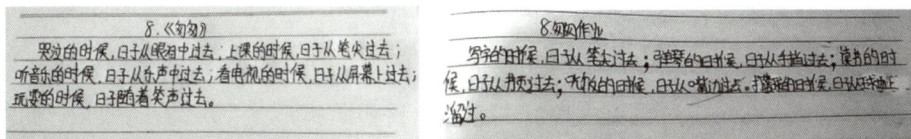

图 9-1　学生学习《匆匆》仿写作品

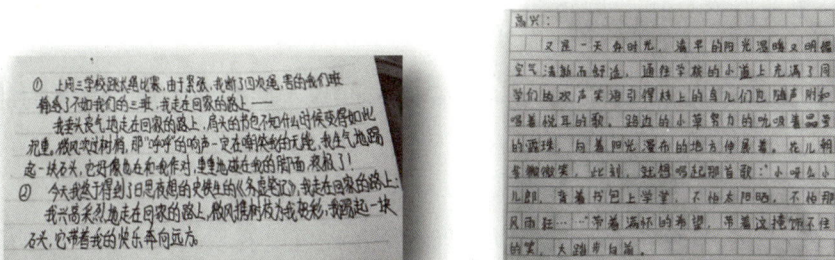

图 9-2　学生学习《那个星期天》中"融情于事"的方法，进行仿写

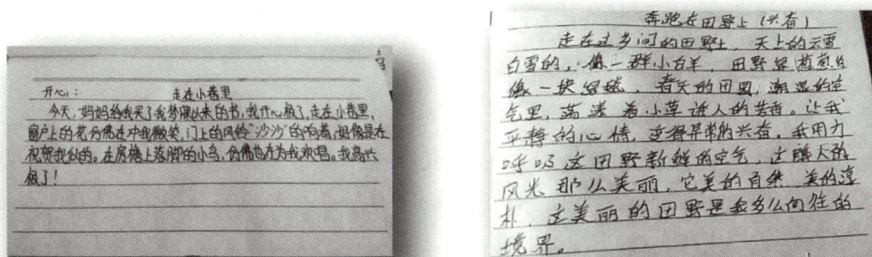

图 9-3　学生学习《那个星期天》中"融情于景"的方法，进行仿写

在学习完两篇课文与两篇习作例文后，总结写法，给奋战在一线的白衣天使写一封信，表达自己的真情实感。一时间，孩子们的情感被激活，真情在笔尖流露，精彩纷呈。

生1：我无意间在网上看到一个六岁男孩哭着不让妈妈去武汉支援；一位丈夫对即将出阵的妻子喊：只要你平安归来，全年的家务活我全包……我被这些英勇的白衣天使们舍小家为大家的可贵精神深深感动，在危难之际您挺身而出，毫

无畏惧,国家和人民需要像您这样的白衣天使!

生2:我当然也知道,您现在的工作十分艰难,在前线,您冒着被感染的危险,争分夺秒在救治病患。您每天憋在口罩、手套和防护服下,我们在新闻中看到,您的手让汗浸得皱皱巴巴的,甚至有些医生的手都脱了皮,有的女孩为了工作剪了美丽的长发,口罩和防护服在您的身上勒出了印子……写到这,我热泪盈眶,又不知如何表达内心的情绪,千言万语汇成一句话:"您辛苦了,白衣天使们,谢谢您!"

生3:2020年的春节,我们不开心,感到憋屈,因为我们无法回到心爱的课堂,无法到野外愉快玩耍、自由呼吸……可是,我们的这些小烦恼却是您求之不得的幸福。您也有自己心爱的家人与朋友,也有自己的家庭,我知道您是带着诸多不舍来到一线奋战的,您的内心可能激动、可能痛苦、也可能有说不尽的话想对自己的亲人说。

生4:每当看到新闻里您逆行的身影,我的心中便无比感激,无法用言语表达出我内心的情绪,您是那么让人敬佩与爱戴!

……

我作为一个中国学生,我骄傲我自豪!就算病魔再强,我也不曾害怕!因为我们中华民族有无数个你们这样的英雄,中华民族就没有过不去的坎!

生5:当我从电视中看到您穿着成人纸尿裤、戴着口罩、穿着防护服、戴着手套时,我心里顿时酸了一下。当我看到您摘下口罩,满脸的创伤时,我想您就是英雄。当您脱下防护服休息时,我不禁泪潸潸了,想对您说一句"辛苦了!"希望您在与病毒斗争的同时,照顾好自己。

生6:您是最美丽的"风景线",我相信乌云遮不住太阳,阴霾终将散开,唯有努力不会被辜负。我们一定能赢得这场疫情防控阻击战,迎来春暖花开,万家祥和!

……

在这些真情表达中,我们可以看到,孩子都能够学以致用,有的运用融情于事的写法表达自己的情感,有的融入自己细腻的感受,还有的直抒胸臆,表达自己对白衣天使无比敬佩的强烈情感。

7.抓住结构,品味构思

把握结构,就是解读文本形式背后的意义①。选入教材的每篇课文在谋篇布局上都有一定的特点,在表达上都传达了作者的目的和意图。只有有条理地细读文本,把握文章结构的特点,层层分析语言的内部组织结构,才能体味文学作品的独创性和细腻构思,对文本有更高的宏观认识。

比如:《桥》是一篇小小说,出现在统编教材六年级小说单元,写老汉在汹涌的洪水来临之际,指挥村民过桥,却从队伍中拉出一个挤在面前的"小伙子",在桥即将倒塌的一瞬,他却将小伙子推上桥,最终两人都被洪水冲走了。老人和年轻人之间是什么关系,这一"拉"一"推"之间又有怎样的奥妙?这里没有解释。但是读到结尾部分,我们才感到震惊。原来,他俩是父子关系。其实,作者清清楚楚地知道他们的关系,却故意不在前面交代,留到结尾点明,这就是作者在谋篇布局上的独创性。这样先设置悬念后揭开谜底的结构形式,能产生更动人的效果,让读者产生"意想不到"的震撼,催人泪下。

8.转换角色,感悟真情

文本细读,教师还要善于转换角色,将自己作为文本主人公,从而深入感悟文本真情。转换角色,就是教师作为读者层面,结合文本、联系生活体验,产生独特的经历和感受,达到"共情"效果。对文本形象产生角色认同或移情体验,才会发挥读者最大的主观能动性,才能与文本做最充分的交流和沟通,产生最真实的阅读体验,为提高教学效率打下扎实的基础。

9.加入想象,丰富语境

低年级的文本非常简单,图文并茂,朗朗上口,易于学习,但是真正读懂并不容易。例如,统编教材一年级下册《棉花姑娘》一课,课文用简洁的语言讲述了棉花姑娘因生了蚜虫,盼望医生来给她治病,燕子、啄木鸟、青蛙都未能帮她,七星瓢虫成功治好了她的病。课文第一自然段"她多么盼望有医生来给她治病啊!"一句,"盼望"一词和感叹号的使用,能体现棉花姑娘的痛苦与渴盼,但是要想引导一年级小朋友体会出来,并不容易。因此,我们可以展现蚜虫图片,引导学生想象成千

---

① 王崧舟.统合综效:文本解读的视野融合[J].四川教育,2020(Z2):36-39.

上万只蚜虫将尖细的嘴刺进棉花姑娘的嫩茎中,使得棉花姑娘疼痛难忍,因病痛日渐萎靡的场景,从而深刻理解这句话的含义并将这句话读出渴盼之情,同时为后文学习人物对话这一目标奠定基础。总之,解读低年级比较简单的课文,更适合此类方法。古诗难以理解,利用想象丰富画面也能起到帮助学生理解内容、体会情感的作用。

文本细读的操作性策略很多,教师可以根据文本特点选择使用。文本细读是每一个教师必备的基本功,有什么样的文本细读就有什么样的课堂,但是切不可过度诠释。文本细读,要根据课程标准,落实语文要素,提高学生语文素养,并结合学生的年龄特点。超越了文本的内涵,超出了儿童的认识水平,当深则深,一味追求"深度"的做法是不可取的。

五、以《盼》为例,文本细读

2019 年秋,在天津市和平区中心小学参加天津市中小学"学科领航教师培养工程"学员跟岗实践时,我选择了六年级上册特殊习作单元的《盼》一课进行教学,课前我进行了详尽的文本细读,才展现出了一节成功的课例,下面我将文本细读过程进行分享。

(一)读原文,做比较

为将这节课上好,我找到了铁凝的短篇小说集《夜路》,《盼》是其中的一篇,发表于 1980 年。原作内容先写妈妈为蕾蕾买了一件漂亮而又特别的雨衣,小女孩蕾蕾盼下雨,因为想穿上这件特殊的新雨衣,她的同学赵小芸也有一件斗篷式的雨衣,穿上新雨衣就可以向同学显摆了。经历了曲折的过程,终于盼来下雨,有机会穿上新雨衣(此部分内容为课文选文内容),路上碰见学校传达室张伯伯因为把伞塞给了老师,而自己送孙女赶火车却没伞,就果断把自己的新雨衣借给了他们。收入统编小学语文教材六年级上册第五单元 (特殊习作单元),编者做了较大删改。文中三处描写,我们可以与原文相比较,通过读原文,帮助学生加深理解。

(1)妈妈送给蕾蕾的是一件"淡绿色的、透明的新雨衣",而且"雨衣上竟然还长着两只袖筒,想干什么就干什么",这是蕾蕾盼穿雨衣的原因。原文中提到的斗篷式的雨衣蕾蕾的好朋友赵小芸就有一件,结合原文,我们可以很容易想到,蕾蕾穿上新雨衣的目的就是和好朋友炫耀。

(2)"你没说,爸爸可说过。"这话一出口,我就脸红了。因为我没见爸爸,也没人告诉我要炖什么肉。蕾蕾为了穿上雨衣撒了谎,这是课文中的描述。可是原文第一句话就是,我生平最讨厌两件事:一是下雨,二是撒谎。原文中上来就强调下雨、撒谎是蕾蕾最讨厌的两件事,但是,下雨变成了盼雨,为了穿雨衣也撒了谎,前后的对比,突出了蕾蕾对穿雨衣这件事的渴盼。

(3)结尾处,蕾蕾终于穿上了心心念念的雨衣,那么最后这件雨衣所去何踪,可以引导小学生拓展阅读原文,感受蕾蕾的善良、助人品质,弥补课文因删减过多而改变原文主旨的不足。

读原作,结合本单元语文要素,我们可以揣摩编者的意图,后文做具体阐述。

(二)读作者,加深背景理解

我还了解了作者铁凝的生平、作品。这位生于 1957 年的女作家,主要著作有长篇小说《笨花》《玫瑰门》等 4 部,中、短篇小说《哦,香雪》《对面》《永远有多远》等 100 余篇、部,散文、随笔等共 400 余万字,结集出版小说、散文集 50 余种。作品具有现代气息,《夜路》是铁凝的第一本书,是她的短篇小说集。

书的前面是孙犁和她的两封书信,做了序。书的最后,是她写的后记。书中共有十二篇短篇小说,其中有几篇是儿童小说,可以归类到儿童文学的范畴。像铁凝等一大批作家,起步的时候都会从儿童文学入手。这是非常容易理解的。年轻的时候,童心未泯,写儿童文学富有童趣,也得心应手。儿童小说不复杂,不需要那么多人生的历练,所以,不少作家起步都是从儿童文学入手的。

铁凝的这些小说,基本上都是农村题材。如果说背景,那么基本上是冀中平原。她写的都是她熟悉的生活、环境、人物。四十余年过去,读着她对人物性格和心理的精确描写,依然能写到我们心中,让我们会心微笑。

这本书出版于 1980 年,书中有的作品一改再改,改了三遍的都有。可见,铁凝的文学创作态度非常之严谨。但不容置疑的是,作品中都有时代鲜明的痕迹。就比如蕾蕾盼穿雨衣接近疯狂的这件事,现在几乎没有,却是那个时代的真实写照。文

学不可能脱离生活,生活不可能离开时代和社会。

(三)读课文——读懂编者意图

读了原文再读教材选编课文,我读懂了编者的意图。《盼》由小说《夜路》选编作为特殊习作单元中的一篇课文,原著中蕾蕾将雨衣借给张伯伯爷俩的助人内容,在收入统编教材时被删除,删减了将近三分之一的篇幅。删减后,文本主题发生改变,反映的是蕾蕾迫切穿新雨衣的心理和反常的言行。而这种看似反常的心理状态和言行,恰恰体现了童真童趣。这样大刀阔斧地删减,目的很显然,为契合本单元"文章以立意为宗,不以能文为本"的人文主题,学生先体会文章是怎样围绕中心写的,再学会表达——围绕中心来写,从而落实单元语文要素。文章千余字内容紧紧围绕"盼"来写,体现了儿童的生活情趣。

(四)读题目,明中心

题目"盼"是形声字,从目,分声,原意指眼睛黑白分明的样子。如"美目盼兮"出自《诗·卫风·硕人》,盼,即白黑分。题目中可以理解为一双眼睛黑白分明,充满了内心的渴盼。题目简练,一个"盼"字,贯穿全文,高度凝练概括;一个"盼"字,统领全文,是文章的中心立意所在。

(五)读结构,理脉络

梳理全文的过程中,我们会发现,本单元的上一课《夏天的成长》围绕这一中心,从不同方面来写,而《盼》则是具体写了一件事。但是这一件事没有平铺直叙,而是围绕中心通过几件小事来叙述,故事情节一波三折,采用"反转"手法,充满情趣,引人入胜,教学中可引导学生采用同类方法,从而凸显中心。

(六)细品表达方法

1.细节描写

文中一处细节描写吸引了我,当我急切盼望下雨能穿上雨衣时,"我的雨衣一直安安静静地躺在盒子里,盒子一直安安静静地躺在衣柜里"。连续两个"安安静静",安安静静的是雨衣,不安静的是什么,没错,是蕾蕾急切穿雨衣的心情,作者采用这样巧妙的细节描写,衬托蕾蕾内心的不平静。

2.景物描写

"一切景语皆情语",文章中为数不多的几处景物描写出现在文章的第四自然段和结尾段。第四自然段景物描写充分表现了"蕾蕾"盼雨终盼得的喜悦之情。结尾处,欢快心情也在景物描写中表现得一览无余。

3.心理活动描写精彩呈现

文章篇幅较长,五次心理活动描写贯穿其中。

"每天在放学的路上我都这样想:太阳把天烤得这样干,还能长云彩吗?为什么我一有了雨衣,天气预报总是'晴'呢?"当盼雨不得时,作者连续用了两个反问句,集中体现"蕾蕾"迫切盼望雨降临,想穿上雨衣的急切心情。

"路上行人都加快了走路的速度,我却放慢了脚步,心想,雨点儿打在头上,才是世界上最美的事呢!"当终于下雨时,作者采用对比的方法,再加上心理活动的描写,一个感叹号,体现了小主人公对雨到来时的渴盼与欣喜之情。

"望着望着又担心起来:要是今天雨都下完了,那明天还有雨可下吗?最好还是留到明天吧。"虽然下雨,但是由于时间关系,蕾蕾与雨衣无缘,但是为了明天能穿上雨衣,竟然想让雨"留"到明天再下,天真可爱的孩童形象跃然纸上。

"可雨点要是淋在淡绿色的雨衣上呢,那一定比珍珠玛瑙还好看。我扑到自己的床上,一心想着明天雨点打在雨衣上的事。"念念不忘穿雨衣的蕾蕾,"一心"只有穿雨衣这一件事了。

心理活动描写如一串珍珠,散落在文中,却能贯穿全文。教学中,我们可以引导学生圈点勾画,悉心体会。

4.人物动作、语言、神态描写

本文全文除题目外,仅出现一次"盼",作者善于并多处运用人物动作、语言、神态描写体现中心。比如,"我兴奋地仰起头,甩打着书包就大步跑进了楼门"。再如,"'我今天特别特别不累。妈妈,我给你买酱油去吧,啊?'我央求着"。

(七)梳理本单元习作要求,突破教学难点

本单元"围绕中心写"的习作要求,必须在引导学生细读品味文本的基础上,才能得以落实。在教师细读的基础上,确定教学重难点,精选教材内容,再引领学生在文本中"酣畅"游览一番,语文阅读学习是何等有趣,习作也必定不是一件枯

燥的事情。

六、结语

　　文本细读,是阅读教学中最易被忽略的一个环节,也是决定阅读教学成功与否的一个环节。小学语文教师要加强重视,以核心素养的达成为目标,潜心会文本,从读者走向教者,用专业的眼光去审视;从语义走向语用,看到语言表达的秘妙所在;从教师走向学生,从儿童的角度选择教学内容并切入课堂。这样,才能精选教学内容,实现简单、实用、科学、有效教语文的目的,演绎最精彩的语文课堂!

从"心"出发
培养小学生阅读能力

天津市红桥区实验小学　李子健

　　近期,在以"提升学生语文核心素养为目标的语言文字运用"为主题的中国教育学会小学语文教学研讨会上,陈先云理事长提出了小学语文核心素养清单。这份清单总结与概括了小学语文的核心素养,可以归纳为四个方面,即"语言理解能力""语言运用能力""思维能力""初步审美能力"。这四个方面的核心素养的达成都离不开阅读。阅读是人们获取知识最有效、最直接的途径。而语文作为一门基础性学科,涉及面广,涵盖的知识与技能非常丰富,成为培养学生阅读能力十分重要的阵地。阅读能力包括文字的理解能力、感受力、分析概括能力等等多方面的综合能力,这些能力不是一蹴而就的,是需要经过长时间熏陶和训练才能够逐步提升的。

　　小学阶段是培养学生阅读能力的奠基时期。阅读教学对小学生而言有着独特的意义。在新课程改革的要求指引下,教师要根据学生实际情况制定合适的教学方案,有目的地培养学生的阅读兴趣和阅读能力。教师在教学过程中要善于改变过去的传统教学理念,要能够对单一枯燥的阅读教学模式进行深刻变革,基于学生学习的主体地位,应用不同的教学手段,鼓励学生积极参与语文课堂,进行高效的文本学习,在丰富多样的教学策略中,有效促进学生语文阅读素养的综合发展,实现高效语文阅读的构建。基于这样的认识,在语文阅读教学实践中,我以学生为主体,从"心"(自信心、好奇心、持恒心、异众心、进取心、求知心)出发,引导学生钻

研文本,掌握的阅读方法,并运用方法进行自主阅读,增强阅读体验,在广泛的阅读中培养兴趣,提升阅读品味,提高语文综合素养。

一、细致而有效的预习指导,培养学生自主阅读的自信心

预习能够很好地培养学生的自学能力,学生经常进行预习训练,就会加快阅读速度,提高思维的敏捷性,能提前知晓自己知识上的缺陷,并能及时查缺补漏。课前预习的目的在于能了解教材各知识点,并初步理解和找出疑难问题,以便能在课内注意听讲,有利于达到学得快、理解透彻的目的。同时,有利于教师在课堂上精讲,突出重点和突破难点。预习过程不仅是学生理解活动的开始,而且是阅读教学的发端。因此,我们要鼓励学生学会预习,做记号,划重点,记要点,多思索,提疑问,激发学习的兴趣,从而提高阅读效果,为学生培养自己的阅读能力增强信心。

根据学生的年段特点和学习语文的特点,可以循序渐进地进行预习指导,逐步养成良好的预习习惯,培养学生的自学能力。具体来说在低年段,教师可以先尝试让学生在课堂上进行预习,重视教给学生预习的方法。预习方法一般让学生先把课文读通顺、读熟练,把生字读准音。低年级识字教学是重点,指导学生在预习时有意识地把要学的字和以前学过的字进行比较,找找它的好朋友(与哪些字相似),争取自己想办法把它记住,这样学生会感到原来汉字这么有趣,会比较专心地预习。应该特别重视学生预习的兴趣培养,要让学生喜欢预习,只有有了兴趣才能为学生持续预习和提高自学能力提供内驱力。教师可以发挥榜样激励的作用,表扬预习好的同学,他就更开心,以后课前预习就更主动,其他同学也都会效仿他。低年段的教师要特别注意呵护这种预习的热情,久而久之就能培养学生预习的习惯和能力。对于中高年级学生,预习方法可以这样引导。

(一)自读批注法

这种方法就是要求学生要"读进去"——细读,深思,发现问题,提出疑点。有了细读才有了深思,才能发现问题,手脑并用,阅读要与划、批、写、注相结合。划——划出层次,找出重点;批——眉批,把自己的体会、看法写在书的旁边;写——将自己不懂的地方(无法解决的难点、疑点)整理出来;注——在教材上将疑难处(造成阅读理解障碍的地方),用明显的记号标注出来。

在课文读通读顺的基础上,教师向学生提出一些关键性问题,让学生带着问题继续预习课文。如学生在预习《金色的鱼钩》的时候,我让学生在读通、读顺的基础上,带着问题(课文为什么以"金色的鱼钩"为题)再读。在阅读中,他们就进一步明确了预习的目标。学生按"接受任务、护送病号、壮烈牺牲、永远怀念"给课文划分了层次。对课文中的一些句子,如当"我"看到老班长吃鱼骨、嚼草根时有什么感受,自己做批注。对课文的好词好句或各种问题,教师可以鼓励学生用笔画下来,或用不同的记号标出来,这样学生就逐步养成读、画、写的习惯。学生有了这样的预习就等于对课文有了初步的认识与思考,在听课过程中,也就有的放矢了。

(二)抓住文章的关键词语推敲咀嚼

如《桥》一课的预习中,引导学生找到对老汉形象刻画最传神的两个句子,"他像一座山""老汉凶得像只豹子"。第一个关键句展示了老汉在群众面前的那份威严和一心为民的高大形象;而第二句则表现了危难之时,老汉对自己儿子不徇私情的那份坚定。这两个句子揭示了文章的主旨,是全篇文章的核心点。抓住这两个句子,就是抓住了这篇文章的文眼,可以获得纲举目张的效果。预习时,要求学生紧紧抓住这两个句子,摸清作者的行文思路,思考老汉"像一座山""像只豹子"分别是在什么情况下对老汉的描写,他又在想些什么。学生有了这样的预习,对课文的理解就降低了难度,达到事半功倍的效果。在这样的预习过程中,学生在预习题目的指引下初步感知了小说这种文体的特点,感受了人物形象,为落实本单元的训练重点奠定了基础。抓关键语句的阅读方法,也会在学生的心田里潜滋暗长,成为他们自主阅读的一把金钥匙。

(三)抓住文章含义深刻的语句深入思考

如布置《桃花心木》一课的预习,为了帮助学生初步理解文尾作者的感悟,我设计了以下三个预习问题。

(1)从"给树苗浇水"这件事中,作者联想到了什么?从课文中找出有关语句读

一读,想一想,作者想表达怎样的见解。

(2)"不确定中生活"是什么样的生活？联系课文和生活上的例子说一说,在"不确定中生活的人"会有什么样的收获?

(3)反向思考,在"确定中生活的人"会是怎样的?

通过环环相扣的预习问题,引导学生由树及人,从中悟出做人的道理,潜移默化地对学生进行了思想教育。学生对课文借物喻人的写作方法有了初步的感受。

二、民主而有趣的氛围营造,激发学生主动阅读的好奇心

2011版语文课程标准指出:"语文课程必须根据学生身心发展和语文学习的特点,爱护学生的好奇心、求知欲,鼓励学生自主阅读、自由表达"。由于师道尊严和课堂教学形式的局限,学生前怕狼后怕虎,不敢说,不敢做,甚至连想都不敢想,大大阻碍了学生主动参与阅读教学活动,也阻碍了学生创新精神的发扬。心理学研究表明,自由能使人的潜能得到最大的发挥。只有学生感兴趣的东西才会激发他们的好奇心。因此,教师应当转变观念,重视学生的主体地位,充分激发学生学习的积极性、主动性。教学伊始,教师要营造一种轻松、民主、有趣、新颖的课堂氛围,师生间建立一种平等、和谐的关系,有利于学生带着一颗好奇心渐入佳境。通过师生互动,学生自由"学"、善于"思"、主动"疑"、自觉"议",在他们好奇心的驱动下主动地投入阅读。

(一)谈话解题,营造氛围

侯秉琛先生在执教《丁香结》一课时,从"结"字入手解题,先后向学生展示了《说文解字》和《现代汉语词典》中对"结"的解释,让学生比一比哪种注释更好。在民主平等的对话与交流中,学生觉得《说文解字》中的注释更有文化味。在这样的比较中,学生发展了思维,培养了审美能力。然后,侯先生又展示了自己穿着的唐装上的扣子和中华结的图片,让学生在生活中理解了"结"的含义。紧接着又引导学生从陆龟蒙《丁香》、李商隐《代赠》的古诗句中引出丁香结,了解丁香结的两种含义。这样民主的课堂氛围、师生平等的互动、多元化的课堂引入,令人耳目一新,极大地激发了学生的好奇心和求知欲,使学生以高涨的热情自觉主动地投入阅读与思考,对于学生建构文章整体意义,统整景、情、理三者之间的关系,深刻理解作者的人生态度有很大帮助[①]。

(二)多媒体引入,活跃气氛

如学习《鸟的天堂》一课时,教师利用优美的电视短片,把学生带入我国四季如春的南方。视频中,堪称奇观的大榕树、夕阳映衬下波光粼粼的湖水、悦耳的鸟鸣声、群鸟纷飞的场面,使学生沉醉在鸟的天堂的美景中。轻松的情境导入,使学生忘却了紧张,同时大脑处于兴奋状态,为学生主动进行阅读提供了沃土。接着,教师及时引导学生针对文章特点自定学习目标,有的同学说:应该掌握鸟的天堂的特点;有的同学说:体会文章修辞方法的作用;有的同学说:做到有感情地朗读课文,表现鸟的天堂的美,读出作者的喜爱之情;还有的同学说:要学习文章前后两次写鸟的天堂有什么不同?为什么会有不同?……学生的发言让人惊诧,在学生喜欢的领域里学习时,他们才会投入,才会有信心,才会展示才能。

(三)以旧带新,激发兴趣

例如在教学《山中访友》一文时,教师先引导学生回忆:学过的哪些古诗描写了诗人到山中拜访朋友。学生兴趣大增,于是"松下问童子,言师采药去,只在此山中,云深不知处。""远上寒山石径斜,白云生处有人家。"的诗句再现课堂。教师接着启发:"诗人到山中访友,对隐者寻求而不遇,那么作家李汉荣到山中去拜访哪些朋友,又有着怎样的感受呢?快速阅读课文回答。"教学的导入以经典诗篇诵读中引发了学生学习的欲望,并借势进入了对课文学习的思考。学生通过读课文知道作者笔下的"友"是大自然的精灵:古桥、树林、山泉、小溪……并引导学生逐一和他们亲切地打招呼:老桥老朋友、树知己、山泉姐姐、溪流妹妹、白云大嫂、瀑布大哥、悬崖爷爷、云雀弟弟……一种亲切、和谐的课堂氛围悄然形成,学生学习兴味盎然。

[①]丰向日,侯秉琛.小学散文教学如何让学生基于内容想开去[J].语文建设,2020(4):31-35.

阅读教学是学生、教师、教科书编者、文本之间对话的过程。学生只有在民主、轻松、愉悦的氛围中，才能全身心投入学习，才能启迪智慧，实现语文素养的提高。

三、巧妙而循序的教学设问，激发学生探索真知的持恒心

在新课程改革的背景下，互动式教学方式已经成为小学语文课堂教学的重要教学形式。而课堂提问作为教师与学生进行课堂互动的主要方式，对于激发学生学习积极性、引导学生思维活动、提高学生阅读理解能力、促进师生情感交流等方面都发挥着不可替代的作用。

(一)精心设计教学提问

教师从学生的兴趣入手，精心设计教学提问，引导学生由简单的语言文字思考其背后表达的情意。而环环相扣的设问一步一步引领学生去发现语言文字的魅力所在，激发他们不断深入阅读的持恒心。

例如，教学《两小儿辩日》，这是一篇古代文言文，内容比较浅显，但是对小学生而言刚刚接触古文，理解起来还是有一定的困难。教师可以从题目作为切入点，设计问题，唤起学生学习的兴趣。在新课伊始，学生了解了一些学习古文的常识后，教师可以根据板书的课题，启发学生："看了课题，你知道什么？你有什么疑问吗？"学生小桃思考了一会儿，马上举起手来："我知道两小儿是围绕着太阳展开辩论的，可是他们辩论的依据是什么呢？"教师顺水推舟接着说："这个问题真值得研究，下面就请大家仔细读一读课文，从课文中找一找答案。"这节课学生边理解古文的意思，边联系小桃的问题进行思考，还把自己当作"一小儿"理直气壮地进行朗读，学得不仅带劲，而且卓有成效。他们跃跃欲试、妙语连珠，挑战的小手如雨后春笋般林立。在教师精心的设问中，语文的学习变得轻松而有趣。课终，教师趁热打铁接着说："两小儿谁的观点正确呢？请同学们在课下阅读相关的天文知识，为下一节语文课'驳两小儿的辩论会'上的发言做准备。"这一问题又引导学生利用课下时间,继续延伸到课本以外,进行知识的拓展。学生的阅读变得持续而恒久。

(二)抓住关键句深入解读

课堂上,引导学生抓住文章的关键性语句设疑,可以对语言文字进行多角度的深入解读,提高学生阅读与理解能力。

如,《荷花》一课的教学,特级教师王崧舟适时地引导学生对"白荷花在这些大圆盘之间冒出来"这句话,做出多元解读,培养阅读、理解、想象、表达等多种能力。

教师:你觉得哪个句子写得特别美?(指名读说)

学生:我觉得这个句子写得特别美:(朗读)白荷花在这些大圆盘之间冒出来。我觉得这个"冒"字写得特别美。到底美在哪儿,我也说不清楚。

教师:说不清楚是正常的,说得清楚却是不正常的。你能觉察到"冒"字特别美,就已经非常了不起。请大家想一想,"冒"字还可以换成别的什么字?(长、钻、伸、露、探、冲)

教师:自己用心读读前后几句话,体会一下,你觉得怎样长出来才可以叫作冒出来?

学生:使劲地、不停地、急切地、笔直地、高高地、痛痛快快地、争先恐后地、生机勃勃地、兴高采烈地、精神抖擞地、喜气洋洋地……

(要求学生分别把这些词填到原句中去,再来读读悟悟。)

教师:大家看,这就是从挨挨挤挤的荷叶之间喜气洋洋、生机勃勃地冒出来的白荷花。(课件播放荷花)你们看,这些白荷花冒出来以后,仿佛想干些什么。组织学生想象写话:"白荷花在这些大圆盘之间冒出来,仿佛＿＿＿＿＿＿＿＿。"

写后组织全班交流。例如:

白荷花在这些大圆盘之间冒出来,仿佛想看看外面这个精彩的世界。

白荷花在这些大圆盘之间冒出来,仿佛想深深地吸一口新鲜的空气。

白荷花在这些大圆盘之间冒出来,仿佛在尽情地展示自己的美丽。

白荷花在这些大圆盘之间冒出来,仿佛在进行时装表演。

教师:多么可爱的白荷花呀!大家看,一个"冒"字,不但把白荷花写活了,而且使白荷花变得更美了。正像同学们说的那样,这是一种喜气洋洋的美!这是一种生

机勃勃的美！让我们一起,像白荷花一样地冒出来！快冒！快冒！(齐读)

通过找美句—品美词—想美景一系列教学活动的设计,引导学生披文入境,展开想象,拓展对关键词语的理解。这种理解不是教师强加给学生的,而是学生自然而然的感悟。

(三)在学生容易忽视的细节之处设疑,培养思辨能力

例如,教学《长歌行》时,教师重点设计了一次究竟该用哪个标点符号的讨论活动。《长歌行》一诗的颈联是"百川东到海,何时复西归。"作者是以疑问词"何时"来强调肯定的语气,即不会复西归,学生对此理解容易产生歧义。果然,学生理解这一句时说:"千百条河流向东流入大海,什么时候才能流回来呢？""你们对他的理解还有没有不同意见？"学生们纷纷摇头。教师引导:"好,仔细看屏幕,你会发现什么？"(屏幕上出示了这句话)"按照刚才同学们的理解,句子末尾是不是该用这个标点符号。"说着教师一点鼠标,一个硕大的问号从屏幕上端飞入,遮住了原有的句号。"咦,对呀？"学生们窃窃私语。教师趁热打铁:"可是为什么书中用的是句号？是写错了吗？"教师再一次按动鼠标,问号飞走了,原来的句号又醒目地显示在屏幕上。一石激起千层浪,学生三五一组聚在一起议论开了。议论过后,小芳说:"河水东流入海是不会再流回来的,所以不应该是疑问的语气。"小强用朗读的方式告诉大家疑问句强调的是"何时",而陈述句强调的是"复西归",与"何时"连用意思是不会复西归。小强又抢着说:"这里用句号是告诉我们时间就像东去的河水一样,一去不复返。"

通过一个标点符号的反复推敲教学环节,引导学生去揣摩和把握诗句的内涵,从而受到深刻的思想教育。这一教学设问是着眼于学生容易忽视的问题,引发他们思考、讨论,使学生的思维活动更加严密而有效,激励学生不断地探索真知。

四、多样而个性化的朗读,启发学生阅读理解的异众心

新课改要求,小学语文课堂阅读教学中朗读指导作为小学语文课堂教学的重

要组成部分,对语文课堂教学效果有着巨大的影响。古人说"书读百遍,其义自见",朗读有利于加强学生对文章的理解,可以激发学生的学习兴趣,锻炼语言表达能力。朗读使学生在学习中做到了口耳眼并用,有助于学生更专注地学习。朗读还有利于提高学生的审美情感。朗读要求学生投入感情去阅读文章,从而能激发学生的情感,与作品产生共鸣。

(一)创设情境,移情式朗读

在朗读课文时,可以通过创设美好的情境,让学生仿佛置身其中,激发学生"学"的兴趣,从而达到激发"读"的兴趣。

如教学《桂林山水》一课,教师可以一边展示漓江两岸秀丽风景,一边动情地为学生解说画中的风光,待学生的心思都被吸引到桂林山水的优美意境中时,再对学生说:"现在我们已经来到了甲天下的漓江上,乘着木筏,欣赏着桂林美景。如果能有位朗诵家来上一段就更好了。"采用移情策略非常有效,课堂上立刻洋溢着活跃的气氛,同学们怀着愉悦、轻松的心情展开朗读,第一次试读就读得有点声色了。

(二)演示范读,模仿式朗读

教师是学生的一面镜子,小学生尤其爱模仿老师。教师可以通过声情并茂的范读,引导学生通过模仿来理解所朗读的语言文字,进而达到"知其意,悟其情"的效果。教师在朗读技巧上要做必要的示范指导,无论放录音还是教师范读,都要根据课文的特点来确定示范的时机,教会学生处理重音、停顿,恰当运用语气、语速、节奏、音色等。教师范读的时机可以灵活把握,比如对于一些比较难读懂的文章或古诗,可以一开始就以示范引路,这样可以降低难度,放缓坡度。也可以在学生无法达到朗读要求或者是学生的朗读出现偏差时,教师范读,如"你们听听老师这么读,想想为什么要这样读?""听老师用不同的方法朗读课文,几种读法中,你们最喜欢哪几种?为什么?"这样的提问必然引起学生的注意,引起他们的思考,从而加深对课文的理解,又能在教师的范读中学到具体可感的朗读知识和技巧。学生在模仿老师朗读的过程中进而达到理解语言文字的目的。

(三)角色体验,共鸣式朗读

在朗读训练中,为了让学生深入理解课文内容,促进情感共鸣,还可以采用分

角色朗读的方法。通过角色体验，深化对课文的理解。例如教学《我不能失信》一课时，请学生分角色去表演、朗读庆龄、爸爸和妈妈三人的对话。面对家人的劝说以及伯伯家的种种诱惑，庆龄坚守自己的诺言，留在家里等小珍。在分角色朗读表演的过程中，学生感受到庆龄信守诺言的品质，并通过朗读将自己的敬佩之情表现出来，同时也在朗读中渐渐明晰爸爸妈妈的一次次劝说是对庆龄有意的考验，明白了父母的良苦用心。在角色体验的过程中，学生情感得到了一步一步深化，与文中人物产生情感的共鸣。

(四)多元解读，个性化朗读

莎士比亚曾经说过：一千个读者就有一千个哈姆雷特。因为每个人的身份、地位、年龄、经历不同，所以对于作品的主题思想以及人物性格特点的理解也不尽相同。学生对文本的理解也是一样，朗读作为学生与文本"亲密接触"的重要方式，不仅是学生认知能力的基础，同时也是实施其他语文实践活动的纽带。学生个性化的朗读，应源于他们阅读文本语言时产生的独特的理解、感受与体验。《义务教育语文课程标准(2011年版)》明确指出"珍视学生的个性化理解，不以教师的解读代替学生的多元化体验"。因此，"教师要在尊重学生认知的基础上，鼓励学生通过个性化朗读，将多元感知呈现出来，让语文课堂呈现出多样化的精彩"①。例如，《天窗》一文描写的是孩子们在雨天被关在黑屋子里，通过天窗看到了比真实露天更加精彩的场景。"此时，孩子们的情感有了较为鲜明的变化。教师可鼓励学生结合生活经验，对孩子们的情感进行体悟。有的学生从'卜落卜落跳'体悟到孩子们愉悦之情，有的学生从'威力''锐利'等词语中，体悟到孩子们内心的兴奋、紧张与刺激。不同的着眼点、不同的内容让学生有了完全不同的体悟。教师又鼓励学生将自己的情感融入文本语言，通过朗读的方式加以展现。学生们在处理这一段朗读时的方式丰富而又精彩：读到雨滴敲打在天窗玻璃上时，学生用手指轻轻敲击桌面，表达轻松愉悦的心情；读到'闪电一瞥'时，学生故意做出了眼睛一眨的动作，将灵动、活泼之感融入朗读；读到'这风，这雨，这雷，这电'时，学生不仅加快语速，还调整了语气，完美再现了文本中孩子们想象出来的世界②。"个性化的朗读表现了孩

---

①谭军.尊重认知体验推进个性朗读[J].成才之路,2020(9):81-82.
②谭军.尊重认知体验推进个性朗读[J].成才之路,2020(9):81-82.

子们透过天窗欣赏雨景的生动画面,学生也从中体会到了阅读的快乐。

个性化朗读也是需要教师指导的。比如,正确处理重音,准确地表达大小、强弱、轻重、褒贬等不同的概念;合理安排停顿,不但可以自然地调节朗读者的气息,准确地显示原作的语气,生动地表现语言的节奏,从而清晰地提示出原作词、短语、句子、层次、段落之间的内在联系,鲜明突出地表达原作思想内容,还能给听者留出思索和消化的时间;注意语速的调节,使语言富有节奏感,形式更丰富,表情达意更准确;恰当运用语调的变化来朗读,表达出不同的语气,形成丰富多彩的语调变化,从而生动地表现人物个性,形象地烘托环境气氛。这些朗读的方法可以在学生的朗读实践中有目的地进行指导,使学生表达出独特的阅读感悟。

五、新颖而有趣的读写结合,鼓励学生学会运用的进取心

如果说阅读与思考相结合可以提高学生的思辨能力,那么阅读与写作相结合,则可以实现对原有阅读的突破性理解和创造性运用。大量的阅读可以帮助学生积累丰富的写作素材,有效的写作训练则能够增强学生的语感,加深学生对文本主题的把握。读写结合,对培养学生的语文综合素养具有极其突出的重要作用。读写结合的形式有以下几种。

(一)经典摘抄

编选入教材的文章,优美的语段语句比比皆是,教学中可以引导学生在理解感悟之后,将它们摘录下来,反复研读,进行博闻强记,使它们成为一段段经典镌刻在学生的心田,内化为自己的语言。学生再写作文就不会发愁地咬笔杆了。

(二)典型仿写

教学中遇到格式规范的典型语段,还可以引导学生进行仿写,不断激励学生学以致用,进行写作技能的积淀。例如《月光曲》一文的第九自然段,作者借助皮鞋匠的联想将贝多芬乐曲的内容淋漓尽致地表现出来。教学时,首先引导学生借助

语言文字展开想象,体会了《月光曲》的艺术之美。然后,思考作者是怎样将看不见摸不着的乐曲表现出来的,进而感悟联想写法的妙用。最后给学生播放一曲二胡演奏——《赛马》,请学生也试着根据自己听乐曲时产生的联想,进行仿写。这样的练习可能对小学生来说有些困难,教师可以给出提示,指导学生根据提示进行仿写,降低难度。

仿写提示:

听着＿＿＿＿＿＿＿＿＿的音乐,我仿佛＿＿＿＿＿＿＿＿＿＿＿＿＿＿＿。

音乐时而＿＿＿＿＿＿＿＿＿,好像＿＿＿＿＿＿＿＿＿＿＿＿＿＿＿;

音乐时而＿＿＿＿＿＿＿＿＿,好像＿＿＿＿＿＿＿＿＿＿＿＿＿＿＿;

音乐时而＿＿＿＿＿＿＿＿＿,好像＿＿＿＿＿＿＿＿＿＿＿＿＿＿……

《赛马》乐曲的引入,引导学生把听到的音乐想象成一幅幅生动的画面,再用语言文字去表现这幅画面。这个过程是学生对文本的理解与再创造的过程。

再如,习作例文《一支笔的梦想》的第二至六自然段,作者用结构相同的并列段式列举一支笔神奇而多样的梦想。教学时,可以引导学生找到这几段中相同的句式:"第(　　)个梦想,是(　　)。知道我要做什么吗?……哈,多么好玩! 多么开心!"并以此作为框架进行仿写。对于三年级学生而言,这样的仿写降低了难度,学生兴味盎然。更重要的是学生在这一单元的习作中,可以仿用《一支笔的梦想》这几段的同构性,用同样结构的几个语段将自己的几个梦想串联起来。这样文章不仅显得有序、规整,而且便于内容的组织。这样的仿写,对学生进行了写作技能的培养,达到了事半功倍的效果。

(三)续编故事

续编故事,是从原文出发,遵循着原文的思路,对于原文做延伸。基于学生熟读原文,故事情节烂熟于心,人物性格把握准确,全文旨意理解透彻。续写的过程是学生基于原文再创造的过程。学生可以运用原文中学到的写作方法,加上自己的想象来完成续编。

例如《穷人》一文故事的结局是这样:"'你瞧,他们在这里啦。'桑娜拉开了帐子。"教师可以引导学生想一想桑娜拉开帐子以后,她和渔夫会说些什么(投影出示课文插图)。请同学们结合插图,展开合理想象,给结尾续上一笔。

课堂上,学生经过思考和准备后,续写便呈现出来。

生1:"噢,桑娜!"渔夫刚刚皱着的眉头舒展开了,"我们想到一块去了!你真是一位善良的好妻子。无论生活多么艰苦,我们总会把孩子抚养大的。""会的,会的,我们一定会!"桑娜眼里闪烁着激动的泪花。

生2:渔夫说:"原来你早就把孩子抱过来了,我还担心你会不同意呢。嘿嘿——以后,可要辛苦你了。"桑娜说:"孩子多可怜呀,我们哪能不管呢?我们,我们一定会撑过去的。"

生3:渔夫提起马灯,走到帐子前,看到了睡得正香的七个孩子,对桑娜说:"我们想到一块去了,虽然我们以后会更苦点、更累点。但我们一定会熬过去的。"桑娜说:"是啊,是啊。我们一定会熬过去的。"两个人的手紧紧地握在了一起。

学生运用学到的人物描写方法,进行当堂续写,展现了作品中人物的美好心灵。

在丰富的读写活动中,学生以文本为范式进行摘抄、仿写、续写,增强了阅读与理解的能力,并学习运用,激发了他们不断大胆尝试的进取心,提升了习作的能力。

六、由课内延展到课外,激发学生广泛阅读的求知心

苏霍姆林斯基曾说:"对于学习困难的学生,要引导他们阅读、阅读、再阅读。""课本上的选文充分体现工具性与人文性统一的特点。要想提高学生的语文能力,仅靠课本的知识是不够的。语文课程具有全面性、综合性和广泛性的特点。因此,教师要引领学生走向课外阅读和生活实践这一教育领域,拓宽他们的学习空间,增加学生语文实践的机会,培养他们的阅读兴趣和生活实践能力"[①]。

(一)"课本"导趣,拓宽阅读视野

"得法于课内,得益乃至成长于课外。"把课内所学之法运用到课外阅读活动之中,把方法转化为帮助,又从广泛的课外阅读中增长见闻,从而形成一个阅读之

[①]杨丽.课内外阅读结合,让学生厚积薄发[J].小学教学参考,2021(10):21-22.

网,使课内外知识融会贯通,让学生在阅读中不断整合知识,逐渐提高学生的语文学习能力。学生接触最多的就是课本,而课本的有些内容是从名著名篇中选出来的。如《草船借箭》选自《三国演义》,在学习了这篇课文后,教师向学生介绍了三国的形成,对峙、衰败的历史,还介绍了一些主要人物的特点。课后推荐学生看《三国演义》原著,组织三国故事会,绘画三国人物脸谱。这些活动激发了学生阅读的兴趣,这种阅读不是盲目的阅读,而是读中思考,读中分析,读中品评。再如学习《少年闰土》,请学生找到《故乡》中对中年闰土的一段描写,用课内积累的人物形象分析方法,分析中年的闰土,学生的阅读能力在实践中得到提高;学习老舍先生《北京的春节》,可以再阅读梁秋实先生的《过年》,学生就可以感受到不同地区不同的节日习俗,在两部作品的对照中,学生又能发现作家不同的语言风格;学习《牛郎织女》,可以再读一些民间故事,并复述给大家听……这种由篇章到整本书、由一篇文章到同类文章的阅读活动,为"课文"的补充和拓展,为学生阅读提供了更广阔的天地。由于有了"课本"这个引子,很容易引发学生的阅读兴趣,优美句段引导其放声朗读,极大地培养了学生的语言的理解与感受能力。如此,课内与课外阅读之间的有益补充,大胆引导学生在课本与更广阔的生活之间架起一道桥梁,拓宽了学习和阅读的范围,学生才能从中受益无穷,趣味无穷。

(二)故事引趣,唤起阅读欲望

有的小学生虽然不愿读书,却愿听故事,反而能从讲者绘声绘色的讲述中了解情节,认识人物的个性,知道事物的善恶,对故事留下深刻的印象,对未讲的故事或未讲完的故事产生强烈的好奇心,会有听的欲望。教师可以抓住学生的心理特点,引导学生自己去看书,教师可以推荐书目,然后开故事会,可由教师讲故事,也可由学生讲。教师利用学生愿意听故事、讲故事的心理,因势引导地把讲故事的活动转移到读书上,从而达到使学生对朗读间接生趣的目的。

(三)"季节"牵趣,感受真实语文

语文学习离不开生活。在生活实践中,学习语文能激起学生的阅读兴趣,调动学生阅读的积极性。语文新课标指出作为实践性强而富有开放性和综合性的语文课程,要充分利用社区、家庭和学校等教育场所,沟通课内外,拓宽学生综合性学习空间,增加语文学习实践机会,让学生留心生活、观察生活,从而获取阅读体会,

感受真实语文。如《我们奇妙的世界》一文向我们展示了大地一年四季变化。课后，教师可以引导学生想一想每年在不同季节看到的不同景致，有条件的情况下也可以带学生到大自然中去观赏美景。适时地牵引学生的兴趣，问他们看到的景色怎么样，然后让学生去读描写相应季节的诗歌或文章等，再开一个赞"春夏秋冬"的朗读会，写一写自己眼中的四季。这样，就把学生的举动由"看"牵引到"读"，再生发成"表达"。从学生朗读的《春》《荷塘月色》《秋菊》《梅花》等文章中，可见学生对阅读有了浓厚的兴趣，教师也达到了牵引兴趣的目的。在走进生活、感受真实语文的过程中，学生的表达能力在潜移默化中得到了提高。

(四)表演成趣,品味体验之乐

课内外有许多适合小学生阅读的读物，具有可作为小学生表演的故事情节。这些故事情节生动,趣味性强,学生也愿意去演。学习《将相和》后,学生对《负荆请罪》的故事非常有兴趣,教师可以组织学生进行表演,学生兴趣盎然。教师趁热打铁,举行一次表演比赛,以课文为依托,学生自由选择、确定表演内容,学生利用课余时间进行内容编排、角色分配,然后投入准备,加上教师的适当指导,表演取得了成功。通过表演活动,激发了学生的阅读兴趣,使得他们更主动地去阅读更多的课外读物,既积累了课外知识,又提高了阅读水平以及个性化语言的表达能力。

拓展阅读是一种巩固学习成果、丰富知识的有效手段,教师要充分认识这种阅读的重要性。"小学阶段的阅读教学重点应放在学生基础能力和习惯的培养上,看重学生的终身发展。海量有益的阅读,如同甜美的甘露,滋润着学生的心田,将会使他们终身受益"[1]。

总之,在语文阅读教学中,学生敢想敢说、充满好奇、异想天开、勇于进取、坚持不懈以及许许多多美丽的"错误",都可能是他们阅读能力得到提升的一级级台阶。因此,教师从学生的兴趣出发,营造民主的氛围,以真诚的尊重、有效的教学活动、悉心的指导、适时的激励、课内外活动的有机结合,培养学生的自信心、好奇心、异众心、进取心、持恒心、求知心。让"心之花"盛开在语文阅读教学的课堂中,盛开在学生的笑脸中,盛开在他们成长的道路上。

---

[1]卓玉红.浅谈小学生语文阅读能力的培养[J].名师在线,2021(19):83-84.

小学生阅读能力提升策略研究

天津市北辰区荣辰小学　董瑞丽

一、问题缘起

认真研究世界各国和我国的新课程改革,会发现以人为本、注重学习的过程与方法、培养各方面能力、重视价值观等等已成为现代教育的重要组成部分。教学导向已成为引导学生学会学习,学会生存,学会做人。语文教学的主要目的之一是提高学生的语文素养,促使学生全面发展,而阅读教学是培养学生语文素养的基础。尤其是在小学阶段,阅读教学占有很高的比例,《义务教育语文课程标准(2011年版)》(以下简称《课程标准》)指出,"阅读是搜集处理信息、认识世界、发展思维、获得审美体验的重要途径。阅读教学应是学生、教师、文本之间对话的过程"。阅读能力的重要性可以见得。

(一)阅读是提升学生语言文字水平的重要途径

对低年级的学生来说,阅读可以帮助他们进行识字,在具体的语境中识字比单纯拆解部首来识字要容易得多,也有意思得多。低年级的学生在这样的环境下进行识字,不但有利于对文字本身进行记忆,而且有助于提高学生对语言文字的兴趣,唤醒对中华文化的认同和热爱。于高年级学生而言,阅读有利于他们在具体的语境中掌握字、词、句的不同表达含义,培养自身的语感,做到积累语言、运用语言。所以说,阅读是提升学生语言文字水平的重要途径[①]。如今的阅读是为学生学会阅读、进行终身阅读奠定基础,未来他们都会进一步学习、深造,会有更多大量的文本需要他们处理,如果在小学阶段能够落实自身搜集处理信息的能力,对未来的人生无疑有着举足轻重的意义。

(二)阅读是学生拓展知识广度,增长见识的重要途径

选入语文课本的课文无一不是中外文学的精粹,在这样满是经典的语言环境中,学生除了能够学习到语言文字的运用,同时也能领略到课文想要表达的内涵,与中外文学名家进行思想上的碰撞;课外阅读也是同理,丰富多样的文本带给学生的是不同于自身生长环境的、更多元的体验,有利于启发学生的思维能力,领略丰富多彩的世界,学习到更多知识,增长自身的见识,开阔自己的眼界。

(三)阅读是培养学生情感态度与价值观,加强审美体验的重要途径

优秀的文学作品都是引人向善的,会向读者传达积极向上的思想内涵,引导读者进行正向的思考。多多阅读这样的文学作品,有利于帮助学生在潜移默化中形成自己的世界观、人生观、价值观,辨别真善美,剔除假恶丑[②]。教师在阅读教学中也要重视情感态度与价值观目标的落实,五育融合,帮助学生加强自身的审美体验。

阅读能力如此重要,但小学生受到年龄的限制,自身认知水平发育还不完善,阅读能力也尚有薄弱之处。即使在老师和家长的帮助下了解到阅读的好处,也难以依靠自己的力量养成良好的阅读习惯。因此,阅读教学对小学生来讲至关重要。阅读教学是小学语文教学的重要内容,是学生人格成长和发展的基石,能将阅读的重要性落在实处,帮助学生脚踏实地,从细节入手,了解到阅读的内涵,提升学生的阅读兴趣,引导学生学会阅读,养成良好的阅读习惯。因此,作为小学语文教师,培养学生养成良好的阅读习惯和阅读能力是我们需要着重研究的问题。

---

①叶圣陶.叶圣陶语文教育论集[M].北京:教育科学出版社,2015:524.
②马英英.小学语文阅读教学策略研究[D].延安:延安大学,2014.

二、现状分析

阅读能力对于小学生的综合发展至关重要,但放眼如今的语文课堂,在阅读教学方面仍存在许多问题,以至于影响学生阅读能力的发展。

(一)阅读教学方法和手段单一

我们都知道,文章分为不同的题材、体裁、表达方式,对于不同文章的阅读教学,也理应使用不同的方式。但如今的阅读教学手段十分单一①,缺乏对于具体文章的多元化处理,导致学生对于文章的理解逐渐趋于模板化,缺乏灵活性。且小学各学段对于阅读的要求也不甚相同, 教师在准备阅读教学时应该充分考虑到学情,考虑到学生的年龄特点,从而选取不同的教学手段来提升教学的有效性。

(二)学生对于文章的自主思考十分缺乏

部分教师在教学中常常以自我为中心,用自我经验和对课文的理解来代替学生自己的思考和感悟,导致阅读教学出现"填鸭式"教学,本该学生自己动脑思考的地方都被教师已有的经验和理论代替,长久以往,学生对阅读的思考消失了,取而代之的是固定单一的教师思维。究其原因,教师没有将学生放在主体位置,更没有尊重学生对于课文的个性化理解,盲目"求同",却忽略了"一千个人眼中有一千个哈姆雷特"。

(三)学生的阅读限于课内,对阅读缺乏兴趣

大量阅读是培养学生阅读能力的一个很好的方法, 但实际上却往往受到忽视。教师倡导让学生在课下自主阅读,但缺乏一定的方式和方法,也疏于反馈,导致课外阅读只流于表面,学生没有真正落实。同时,学生也没有养成良好的学习习惯,对阅读缺乏兴趣,对他们而言,读书的吸引力远没有动画片、游戏等娱乐产品来得大,因此许多学生的阅读仅仅局限于课内,阅读量堪忧。

①沈小虹.提升小学语文阅读教学有效性的策略研究[J].读与写(教育教学刊),2016,13(10):184+242.

三、具体策略

(一)兴趣培养策略

从学生的阅读现状来看,部分学生没有建立起对阅读的正确观念,总是觉得阅读枯燥乏味,下意识地抗拒阅读。这就要求教师不仅要从锻炼学生的阅读能力下手,还要对学生的心理进行适当干预,提醒学生对于阅读的兴趣。

1.课前小讲堂,调动学生阅读积极性

鼓励学生把阅读的过程和内容分享出来是一种很好的方法,这样可以让学生在潜移默化中提升对于阅读的兴趣。例如每天上课前用五分钟时间开启班级"小讲堂"活动,让学生分享自己在阅读中的收获、体会,讲述有趣的小故事或是推荐自己喜欢的书籍,同时让学生进行评价、互动,学生与学生之间的交流有助于提升班级整体的阅读氛围。孩子们都想在他人面前展现出自己优秀的一面,都有一种强烈的表现欲望,同学们在准备演讲稿的过程中,为了能搜集有意义的内容,在同学们面前展示自己的才华,就要博览群书,随时收集、分析、总结所见所闻所感,在这个过程中也同时锻炼了他们观察问题、思考分析问题的能力。这样,我们不仅把学生学习语文知识的积极性调动起来了,而且帮助学生扩大了知识面,丰富了知识的积累,开阔了视野,提高了语文素养。

2.开展丰富多彩的语文实践活动,激发学生阅读乐趣

学生学习语文的渠道是多样的,除了课堂上学习到的知识外,丰富的语文实践活动也是学生知识来源的主要渠道之一。和语文课堂教学相比,课外实践活动的主要形式是体验学习和自主活动,有利于促进学生将理论知识融入生活实践,进行转化,让自己协调发展。在转化的同时,又有许多新的知识能够进入学生的视野,这是一个有益的循环,有助于学生多元智力的开发和多种学习方法的掌握。这个过程能提升学生的阅读兴趣,让孩子体会成功的喜悦和参与的快乐,让学生在良性竞争中养成阅读的习惯。活动中,教师可以充分利用多媒体课件、网络等现代化教学手段丰富活动过程。

疫情期间,受疫情影响,学生假期时间有所延长,读书汇报活动无法开展,于是我们发起了"停课不停学,好书推荐'云端'共享"活动。活动可以分三个阶段:第一阶段(动员阶段),学期末的家长会上讲明假期读书活动的意义和方法;第二阶段(实施阶段),班级群内"推荐阅读书目",学生自主选择图书,完成《读书记录本》的书写,老师推荐简单容易操作的文稿范例,保证每个孩子能够顺利地完成准备小讲堂展示;第三阶段(展示阶段),家长协助孩子录制小讲堂视频,在"世界读书日"发送到班级群中,参与班级评选,评选出"读书之星""读书小博士"。通过阅读书籍前言了解书中的主要内容和故事背景,然后逐一阅读每一章节,认识了书中塑造的人物形象,对于自己喜欢的章节,这一段进行了反复阅读,总结出了自己的读书心得。有的孩子还自己制作了教具,像一位小老师给大家介绍自己的书;有的制作了好书推荐卡和书签,将自己喜欢的角色用绘画的方式分享给大家;有的制作了精美的 PPT,一边讲一边利用电视机播放出来,让大家观看,每个学生的读书感受各不相同,你有你的想法,我有我的想法,我们相互交流、相互探讨,最终让我们的想法碰撞出思维的火花。孩子们通过线下阅读,云端分享,将自己在书中汲取的知识与感悟与同学们进行交流。虽然疫情期间在家中,但孩子们读书的欲望丝毫没有减弱。活动真正使他们体验到:我读书,我收获,我快乐,我成长!孩子们遨游在书的海洋里,亲历文字的魅力,品味浓郁的书香,提高了学生的语文素养。

3.充分运用榜样和家庭的力量,让学生享受读书的快乐

让孩子喜欢书,喜欢阅读,关键在教师,基础在班级。我们首先以班级为单位开展活动。教师根据学生的知识基础、认知水平、年龄和心理特点,以及课文单元主题,不定期地向学生推荐适合阅读的课外读物。推荐阅读的书目也很丰富,有诗歌、童话、寓言、散文、小说,也有科普知识、历史故事,有人物传记,也有趣味幽默大全、故事等等。除了为学生推荐书目外,还不忘给他们介绍作者的故事,学生会因为读书而熟悉作者,也会因为喜欢上作者而去读他的书。根据学生读书的情况积极开展"阅读之星""读书小博士"的评选活动,利用榜样的力量带动学生进行阅读,学校搭建平台,为学生树立榜样。

在具体的操作中,我们在班级内制定了班级读书活动具体要求,学生课余图书至少达到了一人一书,有的同学达到了二、三本。各班制定了不同星级的读书小

标兵评比标准。各班学生都搜集了有关读书的名人名言,引导学生把收集到的名人格言抄录在小卡片上,制作成书签。写读书笔记,做了阅读记录卡,小组合作办好以"读书"为主题的手抄报,在动手实践的过程中激发学生阅读的兴趣,提高审美水平。

学生也可以面对全体同学,向大家介绍自己的阅读经历,良好的集体阅读氛围和认知有助于学生提升阅读兴趣,积极参与读书活动。同时,在活动中其他学生可以进行评价,在评价的过程也是将读书体验进行碰撞和交流的过程。教师适时鼓励,提高学生参与的积极性。

"家庭是孩子最好的老师",在提升阅读兴趣上,我们也可以引入家长的力量,家校合作,将阅读演变成一项家庭亲子活动,在日积月累中培养学生对于阅读的兴趣。

(二)内容拓展策略

《课程标准》明确指出,小学阶段课外阅读总量不少于 145 万字,提出要"培养学生广泛的阅读兴趣,扩大阅读面,增加阅读量,提倡少做题,多读书,好读书,读好书,读整本的书,鼓励学生自主选择阅读材料"。仅仅阅读书上的课文对学生而言是不够的,学生需要在大量的阅读中感受不同的风光,积累更多的语言,这就要求教师在上课时要注重"拓展阅读"的选取和使用,让学生在教材的基础上获取更多的阅读内容。因此,我们精心选取拓展课外阅读,扩大学生阅读量。

1.以教材为依托,借助课程文本,拓展大量阅读

"拓展阅读"在文本的选择上应以语文教材中的文本为参照,所选文本应该是课文的补充和延伸,根据教材编排的特点,注重知识和学法的迁移,为每一篇课文选取一至两篇拓展阅读材料。选文要与课文有内在的联系,教学设计要重点突出,强调一课一得。精读课让学生得到的是方法,拓展阅读课就是让学生运用这些方法自主阅读。选取的内容可以是题材相近的、体裁相同的、作者相同的、语言表达有共性的,在教学中,教师选好与教材有共同特点的拓展阅读,由学生主动发现其中的联系并自主运用,那么就很容易能达成自主阅读的效果,也是学生建立阅读自信的很好的途径。

例如,三年级课文《给予树》与拓展阅读《送小龟回家》都是体现小主人公善

良、仁爱之心的美文。学习《给予树》，引导学生抓住心情变化、感受内心世界、体会人物的品质。妈妈由担心到生气，金吉娅由高兴到担心再到兴奋，体会出了小主人公金吉娅的善良、仁爱、同情和体贴。而拓展文章《送小龟回家》同样也是抓住小主人公小男孩由惊喜到担心再到兴奋的心理变化，体会出孩子内心世界的善良、仁爱。而拓展过程则是由学生学着《给予树》的学法，自主完成的。

六年级学生学习毛主席的诗《七律·长征》之后拓展阅读了主席的另一首词《卜算子·咏梅》和反映主席"百姓"生活的文章《难忘珍惜情》，不仅学会了诗词的学法，领略了"伟人"风采，也感受了"凡人"情怀。

再如，我们选文时，在考虑题材、体裁、作者的同时，最关注的是语言样式，尽量选择在语言表达上共性比较多的作品。在四年级《呼风唤雨的世纪》和拓展文章《指纹的奥秘》的教学中，引导学生了解说明文语段的表达特点——语言简洁、条理清晰、用词准确。通过两篇文章的对比阅读，学生掌握了说明性文章的阅读方法，了解了表达特点。

2.关注课本中的"名著"，鼓励孩子们整本读书、完整阅读

教材中许多课文出自于名家和名著，但由于篇幅的限制，只能节选一部分作为课文进入语文课本。在讲授这些课文时，教师的目光不能仅停留在节选片段上，而是要引导学生关注整本书及其作者。这样一是能提升学生的兴趣，让他们跳出文字，了解到背后鲜活的故事和作家本身；二是为了能够让学生全面了解文章背景，更深入地走进文章进行阅读和理解。因此，在教学时，教师可以有意识地把学生往这方面进行引导，例如学习《景阳冈》时，就可以介绍更多《水浒传》中的人物故事；学习课文《少年闰土》时，当学生被文中主人公少年闰土的机智勇敢、见多识广吸引时，就可以引导学生研读《故乡》，去了解更多的鲁迅作品的内涵。总之，通过这样的训练，由课内课外延伸拓展，学生学习语文的渠道拓宽了。不仅听、说、读、写能力得到综合发展，还提高了探究能力和实践能力，有效地培养了学生勇于创新精神，学生的语文素养得到提高。教师们通过理论学习，观念得到转变，创造意识普遍增强，逐步改变自身思维习惯和教学方式。课堂上，对学生进行阅读培养的意识越来越浓，不仅提高了学生的阅读能力，还使教师的教学水平和研究水平得到提高。

3.增加读书机会,充分利用校内图书资源

小学图书馆的教育功能十分全面,在素质教育中发挥着很重要的作用。课堂教学对学生而言整体是浓缩的,会让部分学生感觉到枯燥,而图书馆丰富的藏书可以为学生提供拓展阅读,让他们接触到书本上没有的文学、艺术、科普等知识,拓宽知识面,从而不断提高自身素质,成为全方位发展的人才。图书馆能为天性活泼好动的小学生提供更多好书,满足他们求知的欲望,为他们建设多层次、多元化的课外阅读生活,让课外生活不仅仅停留在追逐和游戏方面,有了更多课外读书的时间和机会。

(1)把读书课纳入课表,让图书馆的作用最优化。学生平时上课没有太多时间到图书馆阅读,读书课的设置正好弥补了缺憾。孩子们利用这节课可亲自挑选自己喜爱的图书浏览,课上读不完借走继续读,因此,读书课成了连接课堂教学与课外阅读的桥梁。为鼓励孩子们多读书、读好书,各班评选出"读书之星""读书小博士",他们凭证获得每次可同时借阅 2 册的奖励,对有强烈读书要求的学生每次借阅可放宽到 3 册,每当这时孩子投来羡慕的眼光时,我们就不失时机地鼓励他们说:"孩子要努力,你也能行的!"现在大多数学生每学期可以借阅二十余册图书,图书资源达到了最优化的使用。

(2)寒暑假亲子读书活动,资源共享。每学期寒假暑假开展两次"亲子读书"活动,活动中家长介绍家庭中如何教育培养孩子养成良好的读书学习习惯的经验,学生介绍读书心得,通过家长与学生之间的互动,使家长对读书学习重要性的认识更加深刻,有利于家长协助教师教育学生,激发学生的读书热情。我们的图书馆对家长是开放的,家长可以使用学生的图书借阅卡,借阅适合自己阅读的图书,我们的图书馆不仅为学生服务,也是一个为家长提供的资源共享平台。

(三)综合提升策略

语文学科的各项基本素养从来都不是单独存在的,阅读和表达、表达和写作之间的关系都是紧密相连的。想要培养学生的阅读能力,就不能忽视其他核心素养的培养,要将阅读教学和语言表达训练、习作训练相融合,让学生得到全面有效的发展。

1.将阅读能力和语言表达能力相结合

(1)阅读教材,训练提升。低年级的课文以生动、形象、直观为主,配合课本上丰富的插图,能够提升学生的阅读兴趣。这个年龄段的学生非常喜欢展示自己,教师就可以抓住这个契机,让学生自己动手画一画课文中的场景,或是用手工做一做课文中的人物、动物,并把制作过程讲给大家听。学生对于自己的作品是最熟悉的,也是最感兴趣的,此时教师可以相机指导学生说话时的有序性:例如用上"先……再……然后……"等表示顺序的词,甚至还可以教给学生"总起—分述—总结"的方法用于叙述。通过这样的训练,学生懂得了说话也要按一定的顺序,学会了方法,发展了语言。

高年级学生的语言表达能力训练依然可以依托于教材,在学习课文时,注重培养学生对于课文的理解并用提问和回答的方式,让学生将自己的理解表达出来。在训练的过程中,教师要改变传统的随机语言表达教学模式,在教学设计上下功夫,帮助学生实现语言经验分类、序列化表达。例如在课堂回答问题之前做出要求,对于问题的回答应表达出1、2、3这样的分层,另外,在分层表达的基础上进一步序列化,例如在表达人物外貌、神态、动作的大类下,可以将外貌描写进行精准性细化表达,最终形成高效的类化和序列化的"语言模板",让学生在学习语文知识的同时能够形成习惯,在日常课内外交流时能够自然而然、条理清晰地表达。

(2)拓展阅读,充分联想。巧妇难为无米之炊,学生要想做到流利地与他人进行交流沟通,必须具有一定的积累。换言之,有一定的语言输入才会有足够的语言输出,而阅读是很好地进行积累的过程。对此,仅仅是书本上的课文对学生而言远远不够,教师要注重拓展阅读、课外阅读,引导学生抓住其中感兴趣的部分,将自己的联想或二次创作转化为分享的方式进行表达。依托于阅读的语言表达,让学生有充分的积累材料可以运用,对学生而言大大降低了语言表达的难度。

例如在执教一年级课文《操场上》时,教师直接让学生说一说自己在操场上玩耍的感受,部分学生感到无从下手,但结合课文中给出的部分体育活动,再联想到自己曾经和同学们一起玩耍的场景,就很容易引起学生的共鸣,积极分享起自己的情感体验。甚至部分能力较强的学生还能仿照课文中的断句和节奏进行自己的表述,降低了语言表达的难度,大大提升了学生进行语言表达的热情。

(3)处处留心,融入生活。在生活中处处留心,处处阅读,任何阅读材料都能成为学生积累语言的好帮手。例如,广播电视里的广告语、路边的指示牌、电视剧电影的对白、流行音乐的歌词等等,都可以为学生的语言表达提供素材。

此外,语言表达能力不仅仅和语言相关,教师还应该积极引导学生观察语言的使用语境。只有在一定的语境中合理运用语言,才能够达到有效沟通的目标。随着年级的升高,教师也可以即兴命题,让学生通过即兴演讲的方式改进表达方法,从而达到让学生将阅读积累转化为表达,培养学生表达能力的目的。

2.将阅读能力和写作能力相结合

阅读和作文是相辅相成的,在教学中,教师要注意读写结合,"读书破万卷,下笔如有神",由读到写,读写结合是一个完整的辩证统一。以写促读,引导学生在阅读中积累知识,加强学生读写结合,抓准契机,激活积累,将生活中的点点滴滴记录下来,将自己的情感诉诸笔端,学生作文水平就会很快得到提高。

(1)由读到写,重在积累。《树和喜鹊》是一年级的一篇课文,对于低学段的学生来说,直观、形象、具体是他们的思维特点。因此,在执教这一篇课文的时候,教师可以突出这些特点,用绘本的形式,通过想象画面、情境朗读等多种方式带领学生走进故事,学习语言。同时也可以加入课后拓展,延续创编绘本的方式,让孩子自由创作《花和蝴蝶》的绘本故事,迁移运用语言,将所读用于所写。

而高学段的学生已经有了一部分阅读积累,例如,在执教课外阅读拓展课《走进<水浒>》这一课时,学生课前已经自行读过《水浒传》,对这本名著有了自己的理解。课上,教师先带领学生分析其中几个片段,从人物描写、写作手法等多方面入手,引导学生说说自己的阅读体验。接下来,就可以完全把课堂交给学生,让学生自由分享对书中人物的见解、读书中的收获体会和读书过程中的花絮小事。学生由读书到分享,由分享到记录,由记录到写作,大量的阅读给孩子们的写作奠定了牢固的基础,阅读所做的积累,成了孩子们分享和写作的最好材料。

(2)延续主题,发挥想象。教学六年级上册《草原》这一课时,教学内容侧重于引导学生通过语言文字展开想象,在脑海中再现课文描写的生活情景,深入地理解内容。在教学时,教师可以创设与课文相关的情境,播放展示草原风情的音乐视频《天堂》,将学生带入高远、辽阔的草原中,激发学生对草原的喜爱之情。随后,引导学生深入课文的语言文字,结合音乐视频或者听到的、看到的草原风情进行表达,结合生活实际,例如旅游中你看到了、听到了、感受到了些什么,通过前期的情

境代入,可以有效地帮助学生跟随作者的内心,领略大草原的美丽风光,感受热情好客的蒙古族风情,并将其运用到自己的写作当中。

(3)抓准生活契机,活化积累。积累的材料,如果不能灵活运用,那就如同一潭死水。学生内在的词汇若没有情感驱动,也只能永远保持沉默。情感的大海想要有壮丽的波涛,需要主动去激活,只有让学生的内部语言活跃起来才能够实现。情感与语言是相伴相生的关系,只有在情感的驱动下,学生所写才能有血有肉,学生天真的心灵和绚丽的内心世界才能用丰富的色彩表达。若没有情感的支持,那么写作就成了提纲陈述,没有任何意义。久而久之,学生对习作的兴趣消失了,甚至逐渐开始厌烦,那么我们所说的内部语言的生成和表达能力的提高,也就成为一句空话。因此,在辅导学生写作时,要着重关注学生的情感体验,抓住情感这个契机,活化学生的丰富积累,真正达到"我要写"的境界。如在"三八"妇女节来临之际,我首先利用班会课的时间对学生进行母爱的教育,让学生自由阅读关于母亲母爱的诗篇和散文,在充分的阅读中深深感受到母爱的伟大,激发学生的情感。然后让学生给自己的母亲写一封信:妈妈,我想对你说。学生那流畅感人的语言像流水一样倾泻而出,不需要去抄,去编,都是孩子们的心里话。这样的习作练习使学生由阅读中共鸣到情感内核,他们自己的内部语言就可以生成,表达能力能得以提高,学生习作学习生活才有生命的律动。

(4)学习方法,总结运用。

1)在段落中学习表达细节。在《威尼斯的小艇》一课中,课文运用了"操纵自如""左拐右拐""总能……还""两边的建筑飞一般的往后倒退"等词句进行表达,从正面、侧面多个角度表达船夫的驾驶技术特别好这一内容。此时,教师就可以引导学生总结这一段落中作者运用的写作方法:先概括、后具体;正侧面描写相结合。刚刚学习到新知识的学生此时正是跃跃欲试,教师可以适时引导,出示相应视频,让学生运用刚刚学到的方法,描写滑滑板的场面。

2)在全文中学习整体布局。《大自然的声音》一课中,作者描绘了美妙的大自然的声音,让风、水、动物都成了音乐家。整篇文章构思巧妙,想象生动。学习完课文之后,教师可以引导学生,除了大自然有美妙的声音以外,我们的生活中也有许多动听的声音,这些声音又是哪些音乐家发出的呢?可以仿照课文的形式,以"是厨房的音乐家"为题,充分发挥自己的想象,想一想厨房里的音乐家是谁,她的乐器可能是什么,又发出了怎样的声音,进行总结练笔。在仿照的过程中,既让学生对课文的阅读有了更深入的体悟,同时拓展了学生的写作思路,提升了学生的写作能力。

3)不同体裁,相同内涵。《清平乐·村居》一词描绘了一个农村五口之家的生活画面,作者辛弃疾使用了白描的手法把这家老小的不同面貌和情态以及他们的美好农家生活描写得惟妙惟肖。同样是描绘农家生活,我们的现代语言又能演绎出哪些不同的风格呢?此时教师可以引导学生,使用不同的体裁去表达"农家生活"这一相同的主题,比一比会有什么不同。在轻松的课堂氛围中让学生逐渐体会到不同体裁对于表达和写作的实用意义。

(四)激励评价策略

1.教师要充分运用评价的方式对学生进行激励

教师需要转变教学态度,不能只关注学生的课内阅读,而忽略课外阅读的重要性;只注重纸质试卷考试成绩,而忽视对于核心素养的综合教育。而丰富多元的评价机制,成为教师培养核心素养的好帮手。多元的评价机制能让学生乐于阅读,促进学生良好阅读习惯的形成,更好地提高学生的语文素养。

在建立评价机制时,要注意综合多元评价主体,多主体、多维度、多方式结合共同引导学生,改变之前只有教师一人进行评价的传统模式,将教师对学生的评价、学生自我的评价、对其他同学的评价、家长对学生的评价结合起来,真正落实评价主体多元化。在评价时要注重正面激励的运用,批评是冰冷的,而表扬是温暖的,我们需要更多温暖的力量激励孩子前行,一句肯定、一颗小星、一面小旗,都能让学生感受到教师对他的关注和认可,从而让学生前行的路充满力量。在落实学生自我评价的时候,可以采取量化的方式,将抽象的努力落实在量表上,更有益于学生对自己进行充分认知,并在每周进行相应的小结,关注自己的进步,改正自己的错误,进行自我督促,向着更好的方向努力。而学生之间的评价可以借由评价表的方式进行落实,同学之间进行评价,来源更加丰富,结果也更加真实和全面,伙伴的督促对于孩子而言是莫大的动力。家长参与评价也是多元评价的一个重要方面,由家长介入孩子的成长之中,一点一滴的进步对家庭来说都是弥足珍贵的经历,通过这种方式,教师能更加准确全面地了解孩子,家长能够和孩子心灵相通,

是一举多得的好方法。无论是哪一层面的评价,评价的发展功能、激励功能都得以充分体现,从而起到"推波助澜"之功效。

2.教师要提升自身能力,潜移默化地为学生创设阅读环境

若是想让学生爱上阅读、学会阅读,那么教师自身就必须有过硬的阅读基本功。不但是为了能更好地研究教材、研究文本,引领学生进行学习,而且教师自身的阅读习惯和修养,也会潜移默化的影响到学生。小学阶段的学生多有模仿老师的习惯,教师的一言一行对他们而言都是生活中的教科书,因此于教师而言,需要先自己养成良好的阅读习惯,再将阅读的氛围创设给班级,帮助班级内的每一位学生。教师首先要带头做到远离浮躁,静心读书,一个自己都无法沉心静心读书的老师,是一定不能带出爱上阅读的学生的。作为语文老师,要饱读诗书,用丰富的语言艺术感染学生,让学生沐浴在优美的阅读环境当中。

四、实践效果

本项研究以《义务教育语文课程标准(2011 年版)》为导向,从教材入手,采用灵活多变的教学手段,归纳出提高阅读能力的策略,培养了学生表达能力、写作能力,发展了学生的综合素质;初步构建提高学生阅读能力的途径,即"兴趣培养、课外内容拓展、读写结合、评价激励"。

采用多种方法激发学生的阅读兴趣,并结合课外补充教材,联系实际,拓宽学生的阅读渠道,使学生从中享受读书的快乐,同时从多个途径培养学生良好的读书习惯,读好书、好读书,阅读能力悄然提高,极大地拓展学生的视野,提高了学习效率。课内课外延伸拓展,相互补充,学生学习时空变了,动脑、动口、动手机会多了,不仅听、说、读、写能力得到综合发展,完善了知识结构,还打破学科界限,实现学科渗透,好奇心和求知欲增强,提高了科学研究能力和实践能力,有效地培养了团结合作精神、自主探究精神和勇于创新精神,基本实现全面提高学生语文素养的目标。

编者自在班级内实践各项策略以来,班级内读书氛围明显提升。原本对读书稍有兴趣的学生在整体带动下将书籍融入自己的课余生活,养成了爱读书的好习惯,同时也能带动班级内部分阅读稍显困难的学生共同进步。一改下课乱糟糟的局面,如今学生都会抓紧在校时间从图书馆借阅书籍进行阅读,学生阅读能力的提升除了在卷面成绩上有所体现,也体现在逐步养成了踏实内敛的性格,遇事爱研究,喜欢表达,这对他们而言受益终身。

另外,实践研究推动了学校教学管理观念的转变,完善了教学管理机制。把语文拓展读书情况纳入整个学校教学质量评价机制,把学生读书情况作为教师教学考核评价内容之一,建立家校联系制度,让家长直观感受学生语文能力的发展状况,支持孩子的语文实践活动,教师也在课题研究中成长起来。

五、结语

作为培养学生阅读习惯、提高学生阅读技能的主要渠道,阅读教育的研究具有重要意义。在阅读教育中,教师要尊重学生的主体地位,引导学生独立思考,增强学生的阅读能力,培养学生的阅读习惯;要建立平等和谐的师生关系,以身作则,真正成为学生成长发展的向导;要尊重学生独特的阅读体验,尊重多元理解,引导学生走向自然、社会和生活,让学生真正热爱语文和阅读,明确终身阅读的概念,为其全面发展奠定基础;加强对学生阅读能力的培养,并将其与其他核心素养相联系,为学生打造出高效、整合的语文课堂。

小学生阅读素养提升策略初探

天津市宝坻区景苑小学　潘秀艳

国际阅读素养进展研究项目(PIRLS)表明,"阅读素养是学生从小学开始就应该掌握的最重要的能力"[①]。阅读素养是指个体运用识、记、读、说、思、写等方式对阅读材料进行阅读感知、阅读理解、阅读评鉴和阅读表达所需具备的知识、能力及品格的综合表现[②]。从事小学语文教育多年的我,不仅认识到培养小学生语文阅读素养的重要性,还认识到最重要的是教给学生培养阅读素养的方法,为学生的全面发展和终身发展打下坚实的基础。

一、小学生掌握提升语文阅读素养策略的意义

(一)新课改理念的需要

在大语文教学观的影响下,全国各地中小学纷纷开展了培养学生阅读素养的

[①]汪小爱.浅议培养小学生阅读素养的重要性[J].考试周刊,2019(62):47.
[②]陈淼.从"表现小学语文阅读素养"的视角谈备课[J].小学语文教学,2020(03):48-49.

实验与研究,这为我们的研究提供了很好的借鉴,我们主要在继承上述研究成果的基础上,遵循新课标提出的培养任务,侧重于探讨利用校内校外的一切教育活动等途径,着力培养全面提升学生阅读素养的策略,我们的研究顺应了素质教育的需要,是一个值得深入研究、有研究价值的主题。

(二)学生学段特点的要求

小学阶段是人一生中的教育启蒙阶段,也是人一生中的最佳培养期,要培养学生的学习能力,就应该从这个关键阶段开始。小学生在这个阶段,学习方法还没有形成定势,学习能力不足,存在很大的可塑性,具有较好接受学习策略指导的条件。因此,小学语文教师在教学中要及时抓住这一良机,了解小学生的年龄特征、个性特点,依据小学生的知识水平和学习内容等探索有效的学习策略指导途径,向小学生展示正确的学习步骤,帮助小学生掌握科学的语文学习策略,最终提高学习效率,增强学习能力,改善学习质量。

(三)学生发展的趋势

在教学过程中,常常会有这样的情况出现:学生的智力没有多大的差别,且由同一个老师教授,但学生的学习效果却不尽相同;有的学生学习很勤奋,但学习成绩总是不理想;有的学生学了很多知识,却始终没有一个明了的知识系统和一条清晰的思维线索……上述种种,就好像是费了很大的劲,走了很多路,却始终走不到目的地。其实,究其根源,是教师没有教给他们学习的策略,以至于他们不懂得如何去处理信息,而影响他们的学习效果。

二、小学生预习的策略

《义务教育语文课程标准(2011 年版)》(以下简称《课程标准》)指出:"积极倡导自主、合作、探究的学习方式。学生是学习和发展的主体,要改变过去的传授式学习方式,关注学生的个体差异和不同的学习需求,培养他们的创新精神和实践

---

①中华人民共和国教育部.义务教育语文课程标准(2011 年版)[S].北京:北京师范大学出版社,2011.

能力。①"多年的教学经验证明,"预习"这一环抓得好,才能有效地促成学生的个性展示,绽放班级主体的风采,学生积极融入阅读、倾听、思考、表达等环节,小语课堂百家争鸣的氛围实现了,学生的语文素养才会不断提升。

(一)创新预习内容,让学生兴味盎然

爱因斯坦曾经说,兴趣是最好的老师。美国著名心理学家布鲁纳也认为最好的学习动机是学生对所学知识本身的内在兴趣。兴趣是学生学习的内驱力,是学好功课的重要前提。因此,要想让学生兴味盎然地参与预习,并按质按量地完成预习任务,就必须让学生对预习内容感兴趣。针对高年段学生的特点,我在接手新的班级之初,就对学生们提出了预习的要求,并精心设计了每一课的预习内容,在预习的时候以"预习成果卷"发放到学生手中。我们的"预习成果卷"大致分五个步骤。

1.我读书,明内容——我真棒

高年级的学生,要培养学生一边读一边思考的习惯,而第一遍读课文,就要求学生清楚文章的大概内容。为了帮助学生理解,我会针对每一课,给出概括内容的填空提示。

例如:预习《威尼斯的小艇》时,我给出的提示是:

本文是美国作家_____写的一篇写景散文,它以形神兼备、灵活多变的语言介绍了威尼斯小艇_____,船夫的_____以及_____,展示了这座世界著名的水上城市特有的异国风情。

预习《詹天佑》一课时,我给出的提示是:

这篇课文记叙了_____在修筑_____这段铁路中,不怕_____的重重阻挠,克服各种_____,提前完成修筑任务的英雄事迹。

这样的提示不仅让学生减轻了预习的压力,还可以激励学生预习的情趣。

2.生字新词我知道——我能行

生字

不理解的词

这个环节是让学生通过第一次朗读,找出生字写在相应的方框内,找出不理解的词,用自己的方法写出对新词的理解(可以查字词典、可以查工具书、可以找近义词、可以用组词的方式等)。这样就可以让学生在预习的时候,切实完成对字词的初步掌握,还恰当运用了温故知新的学习方法。

3.我读书,我理解——我思考

这一步骤要求学生再次读书,在感悟深刻的语句后面写出自己的理解,让学生独立走进文本、走进作者,去体验那别人无法替代的心灵独白。在一次次的体验中,孩子们会上瘾,会迷上读课文,迷上读书,真正让学生对预习的这一环节产生兴趣。

4.我读书,我质疑——我愿意

俗话说:不会提问的学生就是不会学习的学生。"发现一个问题比解决一个问题更重要"[1]。因此我鼓励学生预习的时候,思考通过读书明白了什么、有哪些不明白的问题。把不明白的问题写在"预习成果卷"上。

5.我查阅的资料——我快乐

每一篇课文都有其独特的写作背景,每一个作者都有其独特的写作心境,只有真正了解了这些,才会让学生真正走进文本,和作者对话,体会到文章的思想内涵。

---

[1]于永正.语文课堂教学的"亮点"在哪里[J].中国校外教育(理论),2007(01):25.

段落内容

"预习成果卷"的创新点在于:首先,突出学生的主体地位,五个小版块都以"我"为主体设计,可以让学生找到归属感,自觉主动地完成自己的预习任务;其次,预习任务清晰明白,不同层次的学生都适用;第三,鼓励语言"我真棒""我能行""我思考""我愿意""我快乐"的运用,让孩子们内心充满动力,兴味盎然地完成预习,周而复始也不感到厌倦。

(二)创新预习方法,让学生游刃有余

古语云:"授人以鱼不如授人以渔。①"教会学生预习的方法,比监督学生预习更有效果。因此,我在课堂教学中重点指导学生利用以下方法进行预习。

1.朗读法

我经常对学生说的一句话就是:"读书是最好的预习方法。"读书是学生终身学习所必备的基础知识和技能,而课前预习时所要完成的读书任务则务必要做到:对(字音读正确)、通(语句读顺畅,不加字,不漏字)。课文读熟了,也就扫清了阅读过程中的第一障碍,进而能达到"书义自现"。朗读是进行阅读教学的重要保证,也是贯穿于小学阶段语文课前预习的最基本方式。因此,古人提倡的"书读百遍"在课前预习过程中尤为重要,不容忽视①。

2.查阅工具书

学生自己预习新课的时候,都会遇到不理解的生字新词、理解有困难的句段篇章。因此,平时我注重指导学生利用字典、词典等工具扫清字词障碍的方法,利用手中"教材全解"理解句段篇章的方法。一开始,我根据教学需要规定学生必须解释哪些词语,必须理解哪些重点词句;当学生能恰当地运用方法解决的时候,再逐步过渡到让学生按其所需,自己决定。这不仅给学生留有选择的余地,也照顾了学生的个体差异。

3.小组合作法

我接手新的班级,一般都采用小组管理的模式进行班级管理,因此对于一些在预习过程中出现的难题,或是一些有深度、有难度的课文,如节选的古典名著,

---

①李震.课堂引读教学中的问题策略[J].中学语文教学,1998(10):15-16.

我会让学生们以小组合作的方式进行预习。小组成员从不同角度,采用不同的预习方式,结合自己的情感体验共同完成预习任务①。当然,在小组合作预习之初,教师必须指导到位:小组长分配好任务,做好督促检查,确保每一名组员认真完成自己的任务,组织好组员的沟通交流和总结。合作式预习的方式培养了学生的团结合作精神,提高了学生解决问题的能力,也不同程度地提高了不同学生的预习能力。

4.开放法

语文无处不在,任何一个场所都可以学语文、用语文。而开放预习是指指导学生到不局限于课本、工具书以外的大课堂中去寻访、解疑。如图书馆、展览馆、电影、电视、报刊、网络都为学生提供了丰富的学习资源,常见的文字、图片、音像资料等都可作为预习的材料使用。学生在预习实践中,培养了搜索和处理信息的能力。

创新的预习方法,让学生们对语文课文的预习兴趣更浓郁,空间更开阔,真正体现语文来源于生活,又应用于生活。让孩子们在更高、更宽、更广的平台游刃有余地学语文。

(三)创新检查方法,让学生乐此不疲

布置学生预习,就要有相应的检查措施,这样才会督促学生专注预习,提高预习效果,享受预习成果,形成预习习惯,从而乐此不疲地对待预习任务。

1.利用课堂 10 分钟检查

每次新授课文,都会利用 10 分钟检查学生的朗读、对生字新词的掌握程度、课文内容的概括和资料的搜集。个人交流、小组汇报、投影展示、师生问答等多种方式的预习检测,让预习效果好的同学享受到成功的喜悦,让预习不到位的同学找到差距,教师顺势引导,指出预习不到位的同学哪里存在不足,怎样做就能和大家一样乐享成功。例如,个别同学朗读水平低,读起来磕磕绊绊,不顺畅。我就指导他预习的时候给爸爸妈妈读,让爸爸妈妈指导;如果爸爸妈妈不在家,我们就对着录音机读,把自己的朗读录下来,然后听一遍,再把不通顺的地方多读几遍就好

---

①樊瑞科,李进升,闫文柳.中国基础教育研究与探索[M].北京:现代教育出版社,2012.

了。果然,过了一段时间,这些孩子的朗读水平提高了。其实,读不好就是缺乏练习,而且读书不专注,让孩子在有监督的情况下读书,孩子全神贯注,加上经常练习,朗读水平自然提高了。

2.利用家长微信群检查

家庭教育是学校教育的必要补充,是一种不能代替的力量,加上预习大部分在家里进行,因此要争取让家长参与预习的指导。首先,在微信群向家长做预习监督辅导;其次,发布预习优秀的"预习成果卷",为家长们提供样例;第三,针对个别学生的预习情况,和家长进行个别交流;第四,针对某一课,做班级预习"相册",让家长看到学生的进步和自己付出的成果。当然,学生家长也可以把孩子的"预习成果卷"发到微信群中,教师和其他家长帮助检查。这样,家长的积极性被调动起来,自然就更关注学生的预习工作,学生预习的效果水到渠成地提高了。

3.利用"乐教乐学"班级管理平台检查

"乐教乐学"班级管理平台的开放,也有助于检查学生预习任务的完成情况。例如,在综合性学习"轻叩诗歌的大门"这一单元的学习中,因为学生以小组为单位展开学习,他们关注的点和知识只是一个方面,缺乏一些系统的总结。因此,关于描写"四季""送别""节日"等著名诗句的搜集任务,我就在"乐教乐学"平台中提出,让学生把搜集的成果上传到相应的界面,由于面向全体,学生彼此都能看到,孩子们互相检查,互相督促,兴趣浓郁,很多同学上传、修改、上传、修改,直到满意为止,真是乐此不疲呀!

4.利用班级小组组织检查

利用班级小组检查的方式,我是学完一个单元组织一次。让孩子们把本单元中每课预习的"预习成果卷"钉在一起,以小组为单位,做成"预习成果展示册",展示册的封面和目录由组员配合完成。几个小组的同学观看、鉴别、评选,最后评选出三个表现"最佳小组"和"十个最佳表现个人"。学生在这样的评比活动中,有欣赏、有反思、有甄别、有借鉴、有改变、有提高。

5.利用班级"展示台"检查

我们教室右侧墙壁的"展示台"有一个专门的优秀"预习成果卷"展示区,学生闲暇之余,讨论交流之中,成功喜悦感于心内,行动决心外化于形。在一次次更新换代中,大部分孩子都享受过荣耀的幸福,只有个别孩子被展示区拒绝。于是,我利用课余时间,帮助这些孩子分析,找差距,补不足,鼓励他们按照自己的想法用心对待,一定也能把成果展示出来。果然,在我的鼓励和帮助下,那几个孩子分批次地做出了独特的"预习成果卷","预习成果卷"光明正大地荣登宝座,让这几个孩子欣喜不已,一段时间保持着良好的预习状态。可以说,班级"展示台"的检查是一种内在的无形的力量,激励着每一个孩子用心对待预习,用心对待预习中的每一项任务,用心把每一项的预习成果表达出来……

长期的教学实践,我利用这些创新预习的策略,在小语高年段的教学中切实体会到了学生的变化,也成就了一个个课堂教学的精彩瞬间。可以说,预习是一个重要的学习方法,是一种良好的学习习惯,也是一种人生智慧①。真正有质量的预习不仅能极大地提高教学效率,而且能使学生在语言表达、思维能力、情感态度与价值观等多方面得到提高,养成良好的学习习惯,将使孩子们终身受益。我将不断尝试研究,争取在实践中探究总结出更多有效的策略。

三、小学生阅读的策略

2011 年版语文课程标准指出:应加强对阅读方法的指导,让学生逐步学会精读、略读和浏览②。从事小学语文二十多年教学工作的我,深切地体会到让学生学会阅读、掌握阅读策略的意义重大。下面,我主要浅谈一下自己在小学语文阅读教学中,指导学生掌握并运用阅读方法的策略。

(一)指导朗读方法,让学生爱上阅读

《课程标准》要求:"各个学段的阅读教学都要重视朗读和默读。"《课程标准》还明确指出:"朗读能发展学生的思维,激发学生的情趣"③。多年实践,也觉着重视

---

① 熊宁.浅谈小学语文教学中如何培养学生课前预习能力[J].教育,2015(48).
② 中华人民共和国教育部.义务教育语文课程标准(2011 年版)[S].北京:北京师范大学出版社,2011.
③ 中华人民共和国教育部.义务教育语文课程标准(2011 年版)[S].北京:北京师范大学出版社,2011.

学生朗读方法的指导,可以让学生在朗读中整体感知,在朗读中有所感悟,在朗读中培养语感,在朗读中受到情感的熏陶。

1.指导朗读方法

声情并茂地朗读一篇课文,是一件多么幸福的事情。但每接手一个新的班级,学生们一个字一个字往外蹦,而且尾音拉长,实在算不上朗读。这时候,我都从指导学生朗读方法开始,让学生对朗读产生兴趣,逐渐过渡到对阅读的热爱。

(1)指导重读。重读就是学生在朗读课文时,为了体现语句中的思想感情,对句子中某些词语从声音上加以突出的现象。在具体的教学中,我是这样让学生掌握重读的朗读技巧的。

例如,在教学《观潮》一课时,我先把题目写在黑板上,让学生反复读课题后听老师读课题:教师第一次把"观"字重读,第二次把"潮"字重读,让学生体会这两种读法的不同,如果学生体会不到位,让学生反复练习两种重音不同的读法,直到明白把重音放在"观"上,是为了强调"看";把重音放在"潮"上,是为了强调的是"钱塘江大潮"。学生们明白了这一点,便会兴趣十足,未等老师给任何指令,就主动练习读了起来。

这时,课件出示课文第一句:钱塘江大潮,自古以来被称为天下奇观。让学生两两互练,并向同伴说明你把重音放在了哪个词上,为什么要放在那个词上。一时间,读书声、交流声声声入耳,看着孩子们兴奋的神情,我便知道,他们已经基本掌握重读的要领,然后让几个同学全班展示一下,即使学习能力较差的同学也明白朗读的时候应该有轻有重。接下来,课文的朗读主要考察学生们对轻重音的把握,并能表达自己这样读的理由。这样,不仅学会了重读的朗读方法,还练习了表达能力。

(2)指导停顿。停顿,不是一字一顿或一词一顿地点读,也不是高腔怪调地唱读,而是在朗读过程中恰当的间歇①。

首先,指导学生在标点符号处恰当停顿。刚开始的时候,指导学生运用击掌点拍法练习。如:顿号停半拍,击半掌(一张一合为一拍),逗号、分号停一拍,句号、问号、感叹号、省略号等停一拍半,段与段之间停二拍。在每节课课文的朗读中,都反复进行这样的训练,学生就能克服点读、唱读的缺点,慢慢地就掌握了朗读时标点

---

①李学芳.如何培养小学生的朗读能力[J].新课程(小学版),2010(08):25.

符号的停顿。

其次,指导学生句中进行恰当的停顿。课文中的句子,有时为了强调某个语意或某种感情,在句中做恰当的停顿,让读者思考想象,从而达到朗读的语言效果。为了让学生掌握句中停顿的技巧,我采用教师领读、学生画标志的方法领他们入门,然后就是反复练习,让孩子们自己找到其中规律。

例如:他/开始在各大洲之间的联系和对比中/进行考察,在浩如烟海的资料中/寻找大陆漂移的证据。

例如:走完长廊,就来到了/万寿山脚下。抬头一看,一座/八角宝塔形的三层建筑/耸立在半山腰上,黄色的琉璃瓦/闪闪发光。那就是佛香阁。下面的一排排金碧辉煌的宫殿,就是排云殿。

每一课,每一句,都这样练习下来,孩子们朗读时也就注意停顿了。

(3)指导节奏。朗读课文时,根据作品表达的情绪和气氛,适当的快慢相间、节奏变化,可以使读者更好地与作者、作品情感共鸣,使听者受到感染。

例如在学习《观潮》一课时,钱塘江大潮由远及近地向人们袭来:先听到声音,接着出现一条白线,然后拉长、变粗,再变成水墙,越来越近时犹如千万匹白色战马齐头并进。这两个自然段在朗读的时候,节奏要逐渐变快,声调逐渐提高。而最后一个自然段大潮逐渐消失,恢复平静。指导学生朗读语速减慢,声调渐低。

学生掌握不好这个节奏,教师多范读几遍,然后学生练读、展示读,让学生在反复练读听读中内化朗读节奏的技巧。

(4)指导语气。在具体课文内容的教学中,学生在理解句子的基础上,学习用恰当的语气语调朗读,表现自己对作者及其作品情感态度的理解。

例如,在学习《巨人的花园》时,课文中的"有一年秋天,巨人突然回来了。他见到孩子们在花园里玩耍,很生气:'谁允许你们到这儿来玩的!都滚出去!'"让学生在朗读中找到怎么读出生气的语气。

"他想:'今年的春天为什么这么冷,这么荒凉呀……'"学生练习读出困惑的语气。

"'哦!是这么回事呀!'巨人终于明白,没有孩子的地方就没有春天。他不禁抱住了那个孩子:'换来寒冬的,是我那颗任性、冷酷的心啊!要不是你提醒,春天将永远被我赶走了。谢谢你!'"指导学生通过多种形式的朗读、讨论得出这句话要

读出醒悟、自责、后悔和感谢等多种语气,然后以小组的形式互读,进行练习。

2.巩固朗读方法

《论语》中有一句话说得好,"学而时习之"!教师在课上指导学生朗读要重读、要停顿、要有节奏、要读出语气,还应该指导他们如何在读书的时候不自觉地实践,巩固朗读方法,并逐渐形成习惯,自然地读出作品中蕴含的情感。

(1)榜样是最好的老师。首先,遇到精美的篇章片段,教师就声情并茂地范读,让学生领略到朗读的情境,从而产生浓厚的兴趣,自然就有一大批同学自觉进入到热爱朗读的群体,也会产生一部分朗读出色的同学。其次,把同学们分成几个小组,每个小组都有两三个朗读"尖子生",让他们带着本组同学一起朗读,一起练习,一起展示。在集体荣誉面前,每一个同学都会受到影响,提高朗读水平,不同程度地爱上朗读。

(2)学生个性化朗读。阅读是学生的个性化行为,所以,每学完一课,我都会开展"我的朗读最精彩"活动;每学完一个单元,我也会开展"这段文字感动了我"活动。让孩子们在朗读展示活动中绽放自己对文本的理解、对朗读的热爱、对审美乐趣的享受。渐渐地,孩子们的朗读不再局限于课文内容,开始向课外延伸。活动中,一个同学读了刘禹锡的《陋室铭》,下一次活动,就有人读《出师表》《桃花源记》;一个同学读了《三国演义》片段,下一次活动,就有人读《西游记》《水浒传》……

在朗读指导的过程中,学生不期然爱上阅读,由课内延伸到课文,是我始料未及的。所以我深深地体会到:如果说写作是一种创作,那么朗读就是另一种创作。

(二)边读边想,让学生初识阅读

《课程标准》总目标中明确指出:"能主动进行探究性学习,激发想象力和创造潜能,在实践中学习和运用语文"[1]。这说明,阅读只是在朗读中体会到阅读的乐趣还远远不够,还谈不上真正的阅读,我们教师应该让学生们在阅读中理解、想象、再创造,真正让学生走进阅读的大门。

我在语文教学中常常引导学生边读边想象画面,使学生在这个过程中加深对

①中华人民共和国教育部.义务教育语文课程标准(2011年版)[S].北京:北京师范大学出版社,2011.

课文的理解。比如在《长城》一课中,我让学生边读边想象古代劳动人民是如何修筑长城的,不想有的同学落下泪来,哽咽地说:"老师,古代劳动人民太伟大了,那连绵起伏的群山,我们光是在上面走,就觉着很恐怖。可是劳动人民还要背着条石、城砖,还要在上面修建长城!"在《跨越海峡的生命桥》一课中,我让学生想象余震中李博士为不顾家人安危为台湾青年做取骨髓手术的画面时,孩子们纷纷动容,表达出了自己深刻的理解……

(三)圈点勾画,让学生深入阅读

品读一篇文章,善于运用圈点勾画的阅读方法,有助于学生读透文章,让学生身心真正走进作品,彰显他们自己的阅读权利,形成自己的创见,达到既"忘我"又"有我"的境界。

1.名人引领,学生认识圈点勾画的阅读方法

向学生介绍这种阅读方法,不妨从名人的读书故事谈起:几十年来,毛主席每阅读一本书、一篇文章,都在重要的地方划上圈、杠、点等各种符号,在书眉和空白的地方写上许多批语。有的还把书、文中精当的地方摘录下来或随时写下读书笔记或心得体会。毛主席所藏的书中,许多是朱墨纷呈,批语、圈点、勾画满书,直线、曲线、双直线、三直线、双圈、三圈、三角、叉等符号比比皆是。然后课件向学生展示毛主席读书批注的样例,学生立刻蠢蠢欲动,想切身体验这种读书方法,于是教师顺势介绍他们这个年龄阅读时常用的几种圈点勾画批注的符号。

2.教师指导,学生练习圈点勾画的阅读方法

实践是检验真理的唯一标准。我根据具体的课文内容,指导学生练习使用圈点勾画的阅读方法。例如《那绿绿的爬山虎》一课中,我们师生共同自主使用圈点勾画的阅读方法阅读第三自然段内容:我打开本子一看,里面有这次征文比赛获奖的 20 篇作文。翻到我的那篇作文,我一下愣住了:映入眼帘的是红色的修改符号和改动后增添的小字,密密麻麻,几页纸上到处是红色的圈、钩或直线、曲线。首先,我让学生通读这一自然段,圈出自己感受深刻的词,学生交流后确定为"愣住、映入眼帘、密密麻麻、到处"这些词语,让学生在这些词的旁边写上自己的感悟;接着让学生用横线画出自己感动的句子,并在旁边写上自己为什么感动;然后,让学生用自己喜

欢的符号标出朗读的重音、停顿、节奏和语气。这样,学生就初步练习了这种阅读方法,当然,在学生交流、朗读的过程当中,以鼓励为主,激发他们的阅读兴趣。

3.课上阅读,学生实践圈点勾画的阅读方法

当学生初步练习了这种阅读方法,一定要趁热打铁,让学生自己去实践。因此,我和学生一起阅读了《那片绿绿的爬山虎》第三自然段后,我就放手让学生自己用圈点勾画的方法阅读第四自然段。在汇报交流环节,大部分学生能正确运用这种方法,把课文的内容研读得非常深刻,远比我们引领着学生理解效果好得多。我不吝啬赞美的语言,孩子们运用这种阅读方法的兴致更浓了。

4.课外阅读,学生掌握圈点勾画的阅读方法

一段时间后,我不经意地和班里的孩子聊天,你们课外读书的时候,谁在运用圈点勾画的阅读方法呢?不想,班里的大部分孩子都争先恐后地举起了手,有的同学还把阅读成果展示给我看。看着他们错落有致的阅读成果,我心里暗暗欣喜:孩子们有了良好的阅读方法,他们的阅读又上了一个台阶啊!

(四)搭建平台,让学生享受阅读

静静地捧一本书,尽享读书的乐趣,这可能是爱书之人的最佳状态。但是孩子们面对纷繁复杂、充满诱惑的外在世界,能静下心来,品悟书中的春华秋实,真的不容易!这就需要教师时刻注意启发、引领、刺激!我们每学期举办的两次读书大比拼就使学生们乐此不疲。

1.读书分享大练兵

期中考试后,我让学生们把自己读过的书、写过的读书笔记做一下整理,准备以小组的形式向同学们分享读书的乐趣,开展"读书分享大练兵"活动!有的同学朗读自己最喜欢的课内外片段;有的同学推荐自己喜欢的一本书;有的同学分享的读书体会;还有的同学展示自己的读书图片,讲述自己的读书故事……真的令人脑洞大开,欣喜异常!在活动中,学生们互相影响、互相促进。活动后,他们都以更大的热情扬起读书的风帆,航行在古今中外的书籍中。

2.写作成果展示营

每学期末,学生的读书笔记、日记和习作作品,也都会有展示的机会。届时,邀请学校领导、老师和其他班的学生代表参加"写作成果展示营"活动,学生站在自己的作品前介绍、答疑,既享受到了读书写作成功的喜悦,又锻炼了自己的语言表达能力。

大型的读书、写作展示活动,有效地培养了让学生坚持读书、写作的习惯,让他们在读书和写作中享受乐趣。

小学语文阅读策略是一个动态的发展过程,我们语文教师从教材本身出发,以学生终身发展为目标,为新课程阅读教学探索新的路径,提高学生阅读能力、写作能力、初步的审美能力,从而提升语文素养。

四、小学生习作的策略

义务教育语文课程标准总目标中指出,能具体明确、文从字顺地表达自己的见闻、体验和想法。能根据需要,运用常见的表达方式写作,发展书面语言运用能力[①]。说实话,对于中高年级的小学生来说,这一点要求并不高,却成了很多农村师生惧怕的"纸老虎":教师畏难,一直望而却步,不敢深入探究;学生畏难,一直避之不及,不敢主动拿笔。所以学生就靠背几篇范文来应付平日的习作和各种各样的检测,但这样对学生的未来发展绝对起阻碍作用,更不能达到高年级"懂得写作是为了自我表达和与人交流"的目标啊!因此,教给学生习作的策略,让孩子们慢慢对习作产生兴趣,他们笔下的内容就会渐渐"生花"。

(一)乱花迷眼时指导想象、仿写

如果把小学语文课本比作一个百花园,那么每篇课文中的语言就是争奇斗艳的鲜花:有的如清水芙蓉,有的似国色牡丹,有的好像严冬绽放的寒梅,有的仿佛金秋盛开的隐菊……我每次品读那一篇篇美颜如玉的课文,就会有一种心灵被万花抚慰之感,都会生发出无限的感慨和唱叹:我们中国的语文文字这么神奇,不能让他们在这"乱花"中"迷眼",我们应该抽丝剥茧,让孩子们学会运用这些美妙的

[①]中华人民共和国教育部.义务教育语文课程标准(2011年版)[S].北京:北京师范大学出版社,2011.

语言文字,让他们也能挥洒出这如诗如画的作品,该有多好啊!俗话说:"好记性不如烂笔头。"让孩子们背再多的文章,也不如教会他们怎么去写,从哪个角度去写,写什么,如何坚持写下去……于是,我在教学课文中优美句段的时候,都会细心安排仿写环节,激发他们习作的兴趣,锻炼学生的想象能力和习作能力,养成他们看到好词佳句就积累、练写的习惯。

1.学习写作方法,指导学以致用

语文课程标准中强调,写作教学应贴近学生实际,让学生易于动笔,乐于表达,应引导学生关注现实,热爱生活,积极向上,表达真情实感。所以,我认为课文中学习到的写作方法,让学生通过朗读、思考、讨论交流掌握后,最关键的是学以致用,运用这种写作方法把生活中自己关注的事物、景象等写出来。

例如,在教学《观潮》中潮来时的语句时,我先让学生反复朗读,总结出作者抓住"钱塘江大潮"的形态和声音来写,按照由远到近的顺序记叙这些写作特点后,就让学生想象雷阵雨的样子,仿照课文的写法写一写雷阵雨……学生想象力丰富,把学到的写法学以致用,联系生活实际写出了他们眼中独特的雷阵雨。

在教学《猫》《白鹅》《母鸡》一组课文后,让学生了解抓住动物特点,运用总分结构描写自己喜欢的小动物;在教学《颐和园》时,当学生分析出首尾呼应的写作特点时,让学生围绕自己喜欢的一处景点,写一写首尾呼应的开头结尾;在《乌塔》一课,学生了解到作者通过乌塔与"我"、乌塔与"中国孩子"做对比的写法,突出乌塔的特点,就主动运用这种写法写了身边的人……

可想而知,这样练习写作下来,学生不仅熟知各种写作方法,还能灵活运用,写作的时候就不担心他们写流水账了。

2.发挥想象,指导练习补白

小学语文教材中存在很多空白点,给人留下了无限的想象空间。我们教师不妨抓住这些"空白"点进行补白,既培养了学生根据情境进行想象的能力,也能促进学生对文本内涵的进一步理解和感悟,做到读写双赢。

在教学《搭石》一课时,课文其中有这样一段话:上了点年岁的人,无论怎样急着赶路,只要发现哪块搭石不平稳,一定会放下带的东西,找来合适的石头搭上,再在上边踏上几个来回,直到满意了才肯离去。

学生读中理解后,我引导他们联系想象补白:同学们,这个上了点年岁的人,发现搭石不平稳,心里想:＿＿＿＿＿＿＿＿＿＿＿＿＿＿＿;他把搭石摆好,满意后心里想:＿＿＿＿＿＿＿＿＿＿＿＿＿＿＿。

在教学《长城》一课,让孩子们补写古代劳动人民修筑长城的情景;教学《秦兵马俑》时,让学生针对兵马俑神态各异,补写自己想象出的神态、动作;在教学《跨越海峡的生命桥》,让学生补写台湾青年和小钱相见时的画面……

这种基于文本又超越文本的习作训练,不仅使学生很好地积累内化了语言,还让学生享受到了创作的乐趣。

3.掌握描写方法,指导学生把内容写具体

每一篇作品,如果没有运用细腻的描写方法,就不会让人在阅读中与作者感同身受,激起读者的各种情绪,让人不自觉地陷入其中。而让小学生在学习课文的同时,掌握各种描写方法,把自己在生活的所见所闻写得具体,就显得尤为重要。

在教学《白鹅》一课时,作者丰子恺把白鹅的叫声、步态和吃相描写得摇曳生姿,所以我让学生在反复品读中掌握这些描写方法后,继而在课件中出示学生生活中经常看到的猫、狗等小动物,让他们就叫声、步态和吃相中自己感兴趣的方面进行仿写,孩子们眼中的猫和狗立刻就有了画面,写得栩栩如生,让我惊叹不已。重要的是,他们知道从哪些方面去描写自己喜欢的小动物,这真是意外又不意外的收获呢!

在教学《穷人》一课时,课文运用了多种描写方法,使得课文中的人物形象饱满、逼真,我也利用这节课的描写句子进行仿写,让学生们既总结了常用的描写方法,又练写了描写方法,可谓一箭双雕。

4.运用修辞方法,指导把内容写生动

小学常用的修辞方法有比喻、拟人、排比、反问、设问、夸张、对偶、引用等,每每在课文中学习,都会惊叹语言文字怎会如此生动传神。所以,我初衷不变,依然反复让学生在仿写中掌握、运用。但如果遇到大量运用修辞方法的课文教学,我就会不厌其烦地进行专项仿写训练。

例如,在教学《山中访友》一课时,课文中好多比喻、拟人、排比等修辞手法的

经典运用,使得文章生动传神,令人久久不能忘怀! 例如:

老桥,你如一位德高望重的老师,在这涧水上站了几百年了吧?

走进这片树林,鸟儿呼唤我的名字,露珠与我交换眼神。

你好,清凉的山泉! 你捧出一面明镜,是要我重新梳妆吗? 你好,汩汩的溪流! 你吟诵着一首首小诗,是邀我与你唱和吗?你好,飞流的瀑布! 你天生的金嗓子,雄浑的男高音多么有气势。

……

我抓住这些经典修辞的句子,让孩子们一一仿写。有了这些传神的样例,孩子们开阔了视野,他们的仿写都是笔下生花,身边的一些景和物都生动起来。然后我让他们分享给全班同学,使得孩子们又多了很多写作的素材。

他山之石,可以攻玉。学生在课堂上一次次仿写,既积累了写作方法,又探究了语言表达的奥秘,为习作打好了坚实的基础。

(二)山重水复时指导观察、思考

《课程标准》强调,养成留心观察周围事物的习惯,有意识地丰富自己的见闻,珍视个人的独特感受,积累习作素材[1]。

纸上得来终觉浅,绝知此事要躬行[2]。我也认为课上的学习、阅读、仿写,远远不能成就孩子的写作事业,必须让他们课上仿写与课下实写结合起来,才能慢慢爱上习作,爱上生活,养成习作的良好习惯。

针对这两点,思虑再三,我要求孩子们每天写日记,记录每天发生的人和事。可是一段时间下来,我发现很多孩子的日记内容空泛,三言两语草草结束,真的感觉他们到了山重水复疑无路的境地。于是,我和部分家长、孩子沟通,最后调整了日记的形式。我们共同商定以后写成长日记,而成长日记有三项内容。

1.成长日记

即学生每天晚上根据自己的学校生活(课上和课下)、家庭生活和社会生活中印象最深的一件事以日记的形式写下来。要求学生从记录的事情中获得人生感悟

[1]中华人民共和国教育部.义务教育语文课程标准(2011年版)[S].北京:北京师范大学出版社,2011.
[2]杨丽.浅谈三年级学生作文从"无米"到"有米"[J].作文成功之路,2020(28):64.

和做人道理,从而体现自己内心的成长。

2.家长寄语

家长根据孩子当天的日记内容,以及他们完成作业的过程进行评价(要求激励性评价)或提出希望。如果有事情,可以和班主任进行交流,保障了家校的每日沟通。

3.教师寄语

教师(班主任)根据学生的在校表现(课上课下)、完成作业情况、生字词考察情况、写成长日记情况(内容、格式),写上自己的评价语或是对学生的学习建议,即教师寄语。

这三个板块组成了学生提高写作能力的法宝,它是学生、教师、家长共同参与的一项活动。作为成长日记的主体——学生,他们每天用心记录生活内容,每天期待家长和老师的寄语,在习作水平不断进步的过程中,还提升了内心的满足感,一定会乐于参与。家长每天都能和孩子、教师沟通,不再对孩子的学习生活充满神秘感,而且他们通过孩子的日记,可以洞悉孩子的内心世界,从而指导孩子学习、做人和做事。作为语文教师的我也不再苦于学生无话可说,可以根据他们的日记内容进行观察的指导,告诉他们了解应该从哪些角度去认识生活、体验生活。同时,也让他们根据生活中的事件进行思考:自己从中有没有获得体会,有没有受到启发,有没有懂得一些道理,有没有总结一些经验,有没有取得一些教训……我想,学生成长日记在家长和老师的引导下,习作水平才会切实提高,学生内心也会随之成长,同时在老师和家长的坚持下养成坚持写日记的好习惯。

一段时间的坚持,家长反映孩子们写日记时不再蹙眉发呆。我也发现他们的日记内容丰富了,能从不同视角观察生活,记录生活;他们的表达技巧纯熟了,精美的好词佳句如雨后春笋,比喻、拟人等修辞手法的运用信手拈来;他们的表现手法细腻了,语言、动作、神态等描写手法的运用出神入化;他们的表现风格精致了,幽默的、理智的,还有的同学写起了连载小说和穿越剧……①而学生们自己也说他们爱读书了,不惧怕写作了。我情愿做麦田的守望者,在每天的坚持中,守候着孩子们的进步与成长……

---

①王建红.文章本天成,妙手偶得之——详记成长记录本的运用[J].新作文(小学作文创新教学),2018(05):19-21.

(三)沉醉无归时指导汲取、借鉴

有一次,在图书室翻阅一本中高年级的优秀习作选,看着自己学生的同龄人写出的一篇篇脍炙人口的佳作,习作特点和风格与课文中学到的迥然不同,尤其是开头结尾的设计更值得学生借鉴。头脑中立刻生出必须让学生阅读这些更贴近他们习作的习作,和孩子们提及,个别孩子们纷纷表示平时已经在读,而且很享受这种阅读体验,真的给我一种"沉醉无归"的感觉,所以我们师生共同商定下安排。

1.每天按时坚持阅读

每天中午阅读一篇佳作,从中找出自己喜欢的好词佳句写在积累本上,遇到自己欣赏的开头结尾或其他好的写作方法,也随时积累。

2.选择和自己学习相关的主题篇目进行阅读

每天中午阅读的篇目,要和自己学习的课文主题相对应,从而进行比较积累,这样的积累更能提高学生的欣赏能力和评价能力。例如四年级学生学习语文上册第一单元关于"大自然的神奇"这一主题的课文时,就让学生连续阅读关于描写祖国山河的佳作;学习第二组关于观察和发现的趣事,就让学生阅读这类的习作;学习第三组关于童话的课文,就让学生去童话作品中去遨游……汲取课文里面没有的精华,借鉴其他小作者成功的写作经验,从而拓宽他们的写作思路,培养孩子们比较阅读、欣赏的能力。

3.教师每天中午批阅

小学生对待一件事情的热度,即使意义再大,没有监督程序,也超不过一周。所以,关于布置给他们阅读积累的任务,我每天中午都会及时给他们批阅,随时表扬做得好的同学,对不认真、应付的同学耐心指导;定期展示学生们的优秀积累本;家长会上也让各位家长欣赏、评价。一系列的措施使得学生们越来越重视这项工作,再次品评学生们的日记、习作,真的有一种如沐春风之感。

(四)登高远眺时不忘修改、锤炼

王安石反复思考"春风又绿江南岸"这句诗中"绿"是用"到""过""满""入"的

故事,贾岛反复推敲"僧敲月下门"的"敲"是用"推"好,还是用"敲"好的故事,都让我们深切地感受到:写是习作的关键,那么评、改则是提高习作的"神器"①。稳扎稳打的习作指导、练习,让学生们能在生活中捕捉到习作的内容,也能用优美的语言表达出来。但是,不能忽略的是,小学生再坚定的习作信心、再完美的习作作品,也会有这样那样的表达问题、描写失误,所以,必须让学生们学会修改,从而锤炼自己的习作造诣。

1.全班共评,指导评改

最初,教师选择一篇适合评改的习作,印发给全班同学,先让学生通读,指导学生从欣赏和批阅两个角度进行评改:先找出该习作中好的写作方法和优美的好词佳句,用曲线标出,并在旁边做上标注;然后从标点、字词句使用等方面,在习作上运用修改符号进行调、删、增、改,如果修改符号不能完全表达清楚,也要在旁边批注;接着引导学生从格式是否正确、书写是否整洁、中心是否突出、选材是否典型、文章的段落是否清晰、过渡是否自然、开头和结尾是否照应等方面进行评改;最后指导学生如何写鼓励、期待性评语。这样有步骤、有计划地进行指导和训练,逐步提升学生的习作评改能力。

2.学生自评,教师评价

叶圣陶先生说:"文章要自己改,学生学会了自改的本领,才能把文章写好。"因此每篇习作,我都要求学生运用学到的评改方法进行自评,我对每一个学生的自评情况进行评价,并选出典型的自评作品,全班展示交流。学生自评的兴趣就被激发出来,评改的效果越来越好。

3.学生互评,共同提高

学生互评主要采用两人互评和4~6人小组互评两种形式。

两人互评一般是同桌互相评改,两个人比较熟悉,没有交流障碍,他们在评改的过程中互相交流,互相促进,互相提高。在写评语时也会贯彻鼓励、期待性原则来写评语。

4~6人小组互评,我按学生的习作水平及评改能力将学生分组,由小组长负

①陈海云.小学作文教学与评价策略研究[D].上海:上海师范大学,2010.

责,组织学生讨论修改。要求他们先由一名学生朗读自己的习作,其他同学认真听读,发现问题,做好记录,待习作读完,由小组长组织同学按老师事先出示的评改要求逐一核对,进行评改。一组同学评改完毕,会使不同的学生都有不同的提高,更好地达到了评改的目的。学生掌握了习作的方法、练习写作的方法、评改的方法,就会在实践中慢慢领悟到习作的基本规律,充分激活自我的内驱力,使得习作成为他们心灵和精神的追求,抒写生命中的芳草鲜美,落英缤纷!

预习策略、阅读策略、习作策略如小桥流水般浸润到每一堂语文课,让学生潜移默化地形成提升阅读素养的语文能力,进而提升学生的语文素养。

小学语文读写结合
教学策略探究

天津市逸阳梅江湾国际学校　刘阳

　　语文课程是一门学习语言文字运用的综合性、实践性课程。语言文字的运用更体现在阅读与写作中。阅读和写作教学是小学语文教师每天都要面临的问题。阅读,即通过眼睛看文字,通过口诵读文字,是一个对文本信息的加工和处理的过程,是语言理解的技能。阅读教学的主要目的是培养学生运用阅读策略、获取文本信息、体会文本情感以及学习语言知识,从而提高理解能力。写作教学则是以阅读文本为媒介,在教师的指导下,采用教学策略,引导学生与文本内容建立联系。写作是一个收集、加工、输出信息的整体系统,学生在一定生活经验和知识积累下,把握写作规律并具有驾驭语言文字的能力。因此,读写结合的有效落实是提升学生语文素养的关键。

　　叶圣陶老师曾说过,"学生须能读书,须能作文,故特设语文课以训练之。最终目的为:自能读书,不待老师讲;自能作文,不待老师改。老师之训练必做到此两点,乃为教学之成功"①。阅读和写作作为小学语文教学中的两大模块,看似独立,其实相辅相成、互相促进。阅读可以帮助学生厘清逻辑关系,积累写作素材,学习写作技巧,而写作则是学生在阅读的基础上进行自我检测和评价的主要途径。阅读可以助写,写作能够促读;读是写之始,写是读之成。在阅读教学中将文本结构

---

①叶圣陶.叶圣陶语文教育论集[M].北京:北京教育科学出版社,1980:137.

的分析、语言知识的传授和写作知识的学习以及写作技能的训练融为一个有机整体，在培养学生阅读技能的过程中提高写作技能和说话技巧；同时通过在阅读教学中的表达、习作训练，提升学生对文本的理解能力，实现以读促写、以写促读、读写融合。

陈先云先生曾说过，"统编语文教科书强调的是阅读与表达并重。在重视培养阅读理解能力的同时，加大语言表达在教科书内容中的比重，实现阅读理解和语言表达在内容上的均衡，以引导语文教学重视表达，促进学生语言运用能力的提高"。统编教材十分重视书面表达，即习作训练。以习作能力发展为主线，组织独立的习作单元内容，是统编教科书体系结构上的重要突破，这样的编排旨在改变多年来语文教学实践"重阅读轻习作"的状况。

一、阅读是写作的基础

叶圣陶先生说："阅读教学之目的，我以为首在养成读书之良好习惯。教师辅导学生认真诵读习课本，其意乃在使学生渐进于善读，终于能不待教师之辅导而自臻于通篇明晓。课外更读选木，用意亦复如是。果能善读，自必深受所读书籍文篇之影响，不必有意模仿，而思绪与技巧自能渐有提高。我谓阅读为写作之基础，其意在此。若谓阅读教学纯为作文教学服务，则偏而不全矣[①]。"阅读是吸收，写作是表达，只有阅读方法得当，写作能力才会得到提高。

(一)重视课堂阅读的训练

《义务教育语文课程标准(2011年版)》明确指出："要培养学生具有独立阅读能力。在主动积极的思维和情感活动中，加深理解和体验，有所感悟和思考，受到情感熏陶，获得思想启迪，享受审美乐趣。"田本娜老师也提到，"读写结合应当侧重阅读研究，使阅读教学为作文教学打下基础。读写结合应侧重阅读训练，必须在读上下功夫"[②]。

[①]叶圣陶.叶圣陶语文教育论集[M].北京：北京教育科学出版社，1980：137.
[②]田本娜.小学语文教学研究[M].天津：南开大学出版社，1998.

1.明确学生在阅读教学中的主体地位

语文课程的性质、地位决定了语文教学要以学生为本的观念。"学生是语文学习的主人。""学生是学习和发展的主体。"阅读教学要使学生掌握阅读方法,必须要学生处于教学过程的主体地位,才能在阅读实践中学会阅读。教师要对学生们的学习状态、学习能力、知识储备进行充分的了解,在此基础上站在学生学习的角度设计课堂教学问题,引导学生对课堂上教师提出的问题进行探究,选择适合学生认知规律的方法展开阅读教学。比如《语文课程标准》中对低年级学生要求学会默读,对中年级学生要求初步学会默读,而对高年级学生要求默读有一定的速度,默读一般读物每分钟不少于 300 字。

2.加强阅读方法的指导

(1)指向阅读功能的阅读方法。读写教学过程中的阅读主要功能是发展学生的阅读能力。除朗读法外,默读法中还有精读法、略读法、速读法。

所谓"精读",就是要对词句、篇章读得精细、深入,不仅要读明白,而且要懂得、理解,能够欣赏和表达。如果想达到欣赏和表达的水平,必须要经过"初读—再读—精读—悟读"的过程。如统编教材五年级上册第 3 课《桂花雨》一课中"这里的花再香,也比不上家乡院子里的桂花",这句话包含三层含义,在学生们初读后仅仅能感受到第一层:这里桂花的气味没有家乡的香。在教师引导下,经过反复阅读最终能体会出第二层含义:不管这里桂花的香味是多么得香,也比不上我们记忆中家乡院子里的桂花香;还有第三层含义:尽管这里什么都很好,但是和家乡比起来,它还是不能代替我们自己的家园。

阅读书籍需要"精读",也需要"略读"。精读就是练习运用课上学到的阅读方法进行阅读。略读是在教师的指导下熟能生巧地阅读。

随着阅读能力的提高,学生们还要掌握"速读",在不降低阅读理解、不丢失信息的前提下,迅速从文字中提取到有用信息的一种读书方法。

(2)指向阅读过程的阅读方法。学生阅读一篇文章在认识上要经过感知语言、理解语言、鉴赏语言、记忆语言、运用语言的过程,在阅读过程中,不同阶段有相应的阅读方法,如预习法、理解法、鉴赏法、批注法、评论法、记忆法、练习法等。

(3)指向素材积累的阅读方法。小学语文教学中,阅读教学是学生学习语文知

识、进行知识积累的重要途径。语文课本是最好的习作老师,很多课文都具有代表性,是写作的最佳范例。教师要善于挖掘教材中的训练点,加以点拨、引导。把学生的写作指导渗透到日常的阅读教学,通过扎实开展阅读教学,强化学生的写作。

统编教材中收录了许多经典文学作品,对提高学生的理解能力和表达能力都有积极的促进作用。因此,借助课文阅读积累写作素材使学生在提高自身阅读水平的同时,为后期写作奠定基础。吴汉平老师也曾提到,"从读文本、说文本到议文本,在不同层面的学生都得到了发展,也引领着学生立足现有的阅读水平体验着快乐的模仿到创作的心灵之旅,读写结合之中,有效落实了语用"[1]。

以统编教材四年级下册《猫》一课为例。《猫》是老舍先生写的一篇状物抒情散文,文章结构严谨、条理清晰,以风趣亲切、通俗晓畅的语言细致、生动地描述了猫的古怪性格和满月小猫的淘气可爱。全文字里行间流露出作者对猫的喜爱之情。教师在教学时可以引导学生通过阅读感知文章中语言文字的魅力,厘清文章脉络,学习作者描写猫的方法和写作技巧。《猫》在写法上与其他文章不同,全文没有一处描写猫的外貌,没有一处描写猫的生活习性,而是抓住猫的性格,通过一个个事例写出了作者眼中猫的特点,将一幅幅鲜活的画面呈现于读者眼前,为学生开展写作提供了素材,给学生带来了启发。

(二)基于语用的读写结合教学实践

"语言的建构与运用"是语文核心素养的第一条,也是最重要的一条。最主要的内涵一是语境,二是交流,切合了语文学科"综合性""实践性"的特点,"以读促写,以写促读,读写相融"的"读写结合",有效体现了"学以致用",有效探索了培养学生良好的言语习惯、合理运用语言能力的途径,这样的教学必然会提升学生的语文素养,为学生的可持续发展奠定坚实的基础。

1.读写结合课堂要具备课程意识、课程观

语文课程观是对语文课程的理解与认识。在语用学理论和语用观的指导下,"读写结合"的探索日趋繁荣,但这些"读写结合"的研究也存在问题,如吴汉平老

---

① 吴汉平.基于语用的读写结合教学:理解、反思与实践[J].语文教学通讯,2015(5):50-51.
② 吴汉平.基于语用的读写结合,让教学从课堂走向课程——以《那片绿绿的爬山虎》第二课时教学为例[J].语文世界(教师之窗),2017(1):82-83.

曾提到"'读写结合'以语言习得为本位,忽视了学生情感与精神世界的提升。[②]"因此,正确的语文课程观对语文课程建设具有重要的指导意义。在读写结合的课堂中,教师要树立正确的课程观、课程意识,要更多地关注教学的价值问题,关注"教学究竟是为了什么目标的问题"课堂上,教师应具备的课程意识包括以下几方面。

(1)目标意识:读写结合的教学目标的设定要指向学生,教学内容要选择与设计要指向语文课程语用的目标。

(2)过程意识:在课程实施中,过程意识促使教师在选择读写结合内容、运用教学策略、营造课堂氛围等教学行为时能自觉地考察这些教学行为对学生写作知识生成、写作情感培养、写作技能发展等方面的意义和价值。

(3)资源意识:教材只是课程实施的一种文本性资源,教师不仅要创造性地使用教材,更要善于结合学生实际,联系生活经验开发多种课程资源,以提升学生写作能力与语文素养。

(4)评价意识:教师不仅关注学生的学业成绩,更要从"以学生发展为本"的理念关注读写结合课程实施中对学生写作能力终身发展的评价和意义。

2.落实语文要素,在读写结合中习得语用经验

统编教材的一大特色就是"人文主题"与"语文要素"双线并进。落实"语文要素",得先从读懂"语文要素"开始[①]。语文要素的提出使统编教材单元训练重点变得清晰而明确。阅读方面的语文要素,如"复述课文内容""借助具体事物抒发感情的方法""体会静态描写和动态描写的表达效果"等,大多指向语用能力的培养。

统编教材五年级上册第六单元人文主体舐犊之情,流淌在血液里的爱和温暖暖,要注意体会场景和细节中蕴含的感情,语文要素是用恰当的语言表达自己的看法和感受。

学习《慈母情深》时,落实语文要素设计读写结合训练时是这样安排的:

师:默读课文,边读边思考:课文中哪些词句能表现出"慈母情深"?你从中体会到了什么?可以在书中画下来并写出自己的感受。

生:我从"连破收音机都已经卖了被我和弟弟妹妹们吃进肚子里了。""母亲掏衣兜,掏出一卷揉得皱皱的毛票,用龟裂的手指数着"……这些语句中体会到作者

---

①刘仁增.落实"语文要素",先从读懂开始[J].小学语文教师,2019(04):28-31.

家境贫寒,母亲对我们的爱,对我读书的支持。

　　生:从"母亲说完,立刻又坐了下去,立刻又弯曲了背,立刻又将头俯在缝纫机板上,立刻又陷入了忙碌……"四个"立刻"写出了母亲的艰辛,同时与慷慨地给我钱买书形成了对比。

　　生:"背直起来了,我的母亲。转过身来了,我的母亲。褐色的口罩上方,一对眼神疲惫的眼睛吃惊地望着我,我的母亲……""那一天我第一次发现,母亲原来是那么瘦小!"从这些对外貌、神态的描写,感受出作者对母亲的感激、崇敬与热爱之情。

　　师:同学们都能够从不同的场景中,抓住作者对人物细节的描写来体会文章表达的情感。如果我们将这篇文章拍成微电影,让课文中的文字变成一幅幅画面,你想选取哪些镜头?

　　在学生充分谈对不同镜头下场景的体会、对不同细节描写的感悟后,学生心里肯定正涌动着浓浓的爱的暖流,此时让学生将自己心中对母亲的感动、感激写下来。

　　这部分读写结合环节,"品读"是途径,"体悟写法"才是目的。通过品读达成教学目标,通过对语言的细细品味,意在积累语言,感悟写法,达到体会不同场景细节描写的目的,确保了语文要素的落实。

3.立足语文课堂的读写结合

　　(1)以教材文本为模版的读写结合。"有效实现读与写的密切结合,以此为基础,培养和发展学生的语文素养,是目前小学语文课堂教学改革的一大亮点①。"小学生由于自身认知能力、知识基础和表达能力的诸多限制,写作学习成为他们语文学习难点。语文统编教材的编写在继承、弘扬中华优秀传统文化与革命传统,遵循语文教育的基本规律,选用的文本既突显了经典性,又兼顾了时代性,重视选择思想格调高、语言形式美、值得诵读涵咏的作品,且题材多样,涵盖古今各种文体。这些文本都是值得学生学习写作的模板。

　　在指导思想上,阅读教学的基本任务是"培养儿童看书报的工作旨在完善学生话语的组织、和谐和清晰能力和认真阅读的习惯,致力于的读书方法和激发学

---

①陈玲.如何利用读写结合发展小学生的语文素养[J].新课程(综合版),2019(05):22.
②高慧莹.小学语文教学法[M].北京:北京师范大学出版社,1982.

生的读书兴趣"②。因此,深刻理解课文精髓,以文本为模板可以采取仿写、缩写、续写、改写等写作指导。统编教材中的诗歌,如冰心的《繁星》、艾青的《绿》等都体现了作者运用语言文字的魅力。学生在充分学习语言、体会情感的基础上进行仿写。

如:写鲜花

"好像红色的墨水瓶打翻了,

到处是红的——

深红、浅红、粉红、

橘红、朱红、桃红……

红得发紫,红得耀眼"

统编教材中选取了很多经典童话,童话类文章有很多留白之处,可以安排学生进行续写或改写的练习;一些小说类的文章比较长,可以安排学生练习缩写。对于一些含义深刻的文本还可以安排学生练习写读后感。总之,教师在课堂上应有效地应用读写结合方式,制定教学目标和任务,引导学生在读中写、写中读,科学合理地进行读写训练,以提升学生的语文素养。

(2)重视写作方法指导的读写结合。读写结合教学中"写"的训练,即是教授学生写作的一般规律和方法。如在统编教材五年级上册第七单元的语文要素是"初步体会景物的静态美和动态美"。《鸟的天堂》设计了这样的思考题"课文分别描写了傍晚和早晨两次看到'鸟的天堂'的情景,说说它们有哪些不同的特点。用不同的语气和节奏读一读相关段落"。单元习作要求有一点 "注意写出景物的动态变化,使画面更加鲜活"。不难发现,第七单元的训练序列是从能够说出并读出景物的静态和动态到体会静态类和动态美,最后是体会描写,逐步在阅读与表达中训练和落实语文要素。

在教学《鸟的天堂》时,学习傍晚和早晨两次看到"鸟的天堂"不同情景后,可以设计一个写作训练,练习写一写运动场上夜晚和白天不同情景下静态和动态的美。将"写"落实到学情,使读写结合的学习更加自然、更加扎实。

(3)立足写作视角,拓宽阅读广度。在读写结合教学时,教师要打破语文教材的局限,鼓励学生拓展自身的知识视野,从广阔的课外阅读中积累写作知识和写作素材,同时鼓励学生将课上学到的阅读方法在丰富的阅读资源中灵活运用。提高学生写作水平很重要的一点是要引导学生进行拓展阅读, 鼓励学生多阅读、多

思考、多练笔。通过循序渐进的阅读帮助学生积累知识,鼓励学生在博览群书中积累丰富的语文素材,掌握各种表达技巧和方法,在吸取经典文化精华的同时转为己用,提升写作能力。如四年级写观察日记前向学生们推荐阅读《昆虫记》;写"我和××(童话或神话人物)过一天"的习作前向学生推荐阅读《中国童话故事》《中国神话故事》等;五年级写"我想对父母说"的习作前先推荐学生阅读《爱的教育》。引导学生摘抄文章中描写的精彩句段,思考文章蕴含的丰富哲理,使学生在潜移默化中提高阅读能力和写作水平,促进语文素养的提升。

4.创设读写结合实践点

(1)圈画"批注点"。阅读中发挥学生的主体地位,尊重学生的阅读体验,鼓励学生将自己的阅读体会和真实想法批注在文本旁。阅读批注时,选择好批注探究的中心问题,选择合适的专题引入,设置良好的情境,激发学生的阅读兴趣,给予学生充分的阅读时间。指导学生可以从重点段落、疑惑处、留白处、兴趣处进行批注。

(2)仿写"迁移点"。叶圣陶先生说:"语文教材无非是个例子,凭着这个例子要使学生能够举一反三,练成阅读和写作的熟练技能[①]。"小学生生活阅历少,作文素材积累不足,刚接触作文时会感到头疼和枯燥,不知道写什么。仿写有助于学生掌握写作规律,是帮助学生打开读写迁移之门的金钥匙。

1)开门见山,仿"凤头"。古人称好文章的开头为"凤头",就是说开头要精巧、新颖,要有创造力、震撼力、吸引力,让读者一见钟情。很多课文中的开头是很好的迁移仿写范例,如统编教材四年级上《猫》一文的开头:"猫的性格实在有些古怪。"这句话真切地道出了作者对猫的喜爱之情,为全文做好了情感铺垫。学完此文,很多学生都会用这样简洁而情真意切的开头引起下文。

找出独特的开头,让学生认真揣摩和模仿,教师只要稍加点拨就能引导学生自觉运用到作文中,久而久之学生写的开头一定会大有长进。

2)仿典型手法。如王广云老师提出的观点,即"教师可在学生阅读文本之后,引导学生进行仿写训练,可以是围绕文本主题,也可以是选择文本中较为经典的句型,让学生将文本中运用到的写作技巧,运用到自己的写作中,从而让自己的仿

---

①何盛英.谈小学中年级习作教学的指导策略[J].读写算,2020(31):69-70.

写变得更加生动、精彩"①。《三月桃花水》一文通过诗化的语言,展示了一幅美丽的乡村春水图,是学生练习拟人、排比修辞方法的典范。上课时,可指导学生抓住关键词,体会到水的清澈、明洁,我这样引导学生:作者连用了三个"我看见……",写出了桃花水仿佛有了生命,长了眼睛。请你发挥想象,想象明镜似的桃花水还能看见什么。学生的文字给了我惊喜:"它看见村庄上空,很早就升起了袅袅的炊烟;它看见水鸟钻出水面,翅膀上像是镶了几颗晶莹的水珠;它看见蜻蜓低飞,尾巴稍稍点着水面,停歇在草叶上……"这些文字显现出学生既读懂了这句话的内涵,又读懂了作者表达情感的语言形式。

3)仿典型结构。语文教材中有特色的句式、经典段落以及别具一格的文章结构,都是学生仿写的好素材。

《纳米技术就在我们身边》一课的第三自然段是非常典型的总分结构。课文围绕"纳米技术就在我们身边"这一中心句展开,举了三个事例说明纳米科技就在我们身边,让读者觉得纳米技术虽然陌生却亲切,遥远却触手可及。课上,学生通过表格自主学习,理清文章的结构后,我这样引导学生:纳米技术在生活中广泛应用,课文从"食、行、住"角度举例,你能否结合查找的资料,尝试选择三个例子,运用总分的结构,说明"纳米技术就在我们身边"?教师要善于把握语言的形式,作为范例,激活学生的思维。这样,学生才能自觉投入情感,享受语言文字的趣味,逐渐破解写作的密码。

(3)补充"留白点"。留白是指创作者在艺术创作中有意留白,产生此处无声胜有声的效果,给欣赏者无限想象的空间。在小学语文教材中,有许多课文都出现了故意的"留白"。通过补白,可以引发学生情感上的共鸣,培养想象力和创造力,更好地进行写作训练。

1)巧用心思,补空白。统编教材语文四年级下的《繁星》(七一)这首诗巧妙留白,给读者无限的想象空间。上课时,可引导学生思考有哪些回忆在冰心心中永远不会漫灭呢?教师可以利用多媒体播放儿歌,出示儿时的温馨画面,让学生主动回忆,发挥想象,续写诗句。学生写下了这样深情的诗句"月明的园中,共尝美味的月饼;藤萝的叶下,安睡在母亲的怀中;母亲的膝上,享受蒲扇的清凉……"

---

① 王广云.随文练笔,让小学语文写作"丰满"起来[J].教书育人,2019(22):60.

挖掘课文空白，引导学生修炼作文基本功，并内化为学生的能力，有助于从"读得进""记得住"顺利过渡到"用得上"。

2)局部仿写，续精彩。如孙倩老师提出的观点，即"在写作片段练习中让学生能够抓住重点进行描写提升了他们的写作构思能力，在进行片段练习时教师要让学生抓住写作要素进行找到精彩点，让他们写出重点突出的段落"[①]。教学茅盾的《天窗》时，学生关注到文中关于"想象"的部分写得尤其精彩。想象的内容是无穷无尽的，除了书上的内容，可以提议学生仿写一段想象内容来补充想象的留白："除了下雨、睡觉时，还有什么时候，天窗会成为唯一的慰藉呢？你能不能仿照课文第 5 自然段写一段？"接着引导学生回想作者的写作思路，出示了几个场景激活他们的思维，让学生抓住特点观察，发挥想象，把看到的、想到的写下来。学生有例可循，写起来自然得心应手。有些学生的文字让大家击掌叫好："你会从那小玻璃上面的一个月亮，想象到月的阴晴圆缺；你会从月亮上那团灰色的影，想象到这也许是善舞的嫦娥，也许是捣药的玉兔……总之，月的新奇有趣，立刻会在你的想象中升华。"这样的练笔设计自然巧妙、落雪无痕，让学生有更加深刻的理解和感悟，让语言的"种子"充分释放能量。

(4)改写"转换点"。小学中高年级的学生，在作文训练中，注重仿写训练，让学生从之前的句子仿写过渡到片段模仿，在辅导过程中，发现单纯地给学生提出仿写内容和要求，部分学生仿写的内容会比较俗套，例如让学生仿写歌颂母爱或父爱的句子，很多学生都会这样写，"父爱如山，母爱如水""父爱如山，让我们有所依靠；父爱如海，能包容我们所有缺点；父爱如灯，能照亮我们前行的方向"等句子。为了避免出现以上几种情况，我们在进行实际的仿写训练时，可以充分利用教材中比较好的片段和内容，进行相应的改写训练。

《乡下人家》是一篇描述"乡村生活"的精读课文。那些简朴的农舍前挂满瓜架的是青、红的瓜，朴素而艳丽的是各色的花，屋后是一片青翠的竹林，母鸡带着小鸡们在林中悠然地觅食，鸭子在小溪中嬉戏……文章语言富有生活情趣，容易使学生产生情感上的共鸣。这篇课文中有许多好词佳句，教师可依据当前学生接触到的好词好句进行相应的片段练习。例如，文中这样一段"鸡，乡下人家照例总要

---

①孙倩.小学习作片段练习方法[J].小学生作文辅导(上旬),2017(02):54.

养几只的。从他们的房前屋后走过,肯定会瞧见一只母鸡,率领一群小鸡,在竹林中觅食;或是瞧见耸着尾巴的雄鸡,在场地上大踏步地走来走去。"

学生模仿该片段后,进行描写其他动物的改写。在此期间可以列出几种动物,让学生先说一说他们对这些动物的习性有什么了解,让学生说一说自己的认识,打开学生的思路。对课文中比较好的句子或是词语,进行相应的"改"训练,一方面能够帮助学生从多个角度掌握不同的句式表达,另一方面也能够让学生更好地将语文教材利用转移到作文教学中,降低了教师写作教学的备课压力,同时也提高了课堂教学效率。我们也知道学生觉得写作文难,其中比较关键的因素就是因为学生觉得没有相应的素材进行积累。所以,教师在进行作文训练的过程中,通过"改写"训练相结合的方式,能够帮助学生加强积累,提高自身的语言表达能力。

(5)续写"扩展点"。所谓续写,就是通过发挥学生合理的想象,运用已经学习的写作手法,把故事在合理的范围延续讲下去,写成一篇事件完整、逻辑合理、故事情节连贯的文章。这样的写作类型是把故事情节不完整的材料补充完整的一种写作形式。这样的写作形式,主要是用于训练学生的合理想象能力,培养学生创新思维、语言运用表达能力。

进行续写形式的小练笔,续写的"扩展点"是关键,比如上完《田忌赛马》这一课之后,就可以联系学校开过的运动会,要求学生接着以《田忌赛马之后的启示》为题进行续写。要求学生展开丰富的想象力,延续故事情节,但是要合情合理,注意人物的语言描写与心理变化的描写。续写时可以写原文人物的外在表现特点,也可以根据思想、策略进行合理发展描写。这样的续写一般要与原文体裁以及语言表达上尽量保持一致,要以课文作为续写材料。这种续写是以篇后扩展形式的续写,可以给学生一些情节上的指导,比如可以在设计《田忌赛马》中齐威王预先知道了田忌的计划,续写出比赛经过,以及双方的战术调整。此次续写用既有的限制规范学生按照合理的推理进行写作,有利于学生规范锻炼习作方向,又锻炼了逻辑思维能力。

再如,学生可以结合故事情节进行续写,进而呈现出完整的习作片段。有些课文也可以作为续写练习的素材,如四年级上册《普罗米修斯》中可以对"许多年来,普罗米修斯一直被锁在那个可怕的悬崖上"情节进行续写,根据宙斯派来了其他

神对普罗米修斯进行摧残的经过进行续写,这样按照课文的样式进行续写,有利于学生理解课文。

总之,续写找准"扩展点",大胆想象,前后连贯,浑然一体,内容又不重复、拖泥带水。语文写作教学是小学阶段语文教学实施的重点内容,学生的写作能力培养也是一个循序渐进的过程。

(6)评写"精彩点"。小学生身心不成熟,写作训练对于他们来说是一个不小的挑战,而且随着学习任务的增多,小学生需要时间去适应。因此,小学语文教师在进行习作评改时要注意过程性评改,要以鼓励性的评改为主,要善于发现作文当中的精彩点。同时,教师不能对学生习作的评改太随意,评改学生的习作要注重过程,不要太在意结果,平等对待学生,应该采用多样化的方式和评改语言进行习作评改。新理念下的习作评价,在淡化统一、尊重个性的基础上,应体现多元评价。

1)学生自评。《我的心儿怦怦跳》是统编教材小学语文四年级上册第八单元的习作,启迪孩子写一件事,能写出自己的感受,把最想和别人交流的怦然心跳的事写下来。要求学生对照自己绘制的"心跳图",反复自读习作,对照习作评价表,逐字逐句细细评改,并自我评价精彩点。对自认为满意的、精彩处可用自己喜欢的符号做上标记。这一环节不过多地受时间限制,有助于孩子养成良好的习作评改习惯。

2)小组互评。组成四人小组,一人当小组长,由作者先描述自己的习作情感变化图,然后读自己的习作,其他三人用心倾听。如何盛英老师所提到的,即"让学生在班级中朗读自己的优秀习作,其他同学点评该同学习作的优秀之处。对于习作中出现的优美语句、好词等则采用投影展示的方式,并署上小作者的姓名,全班同学齐读"[①]。小组长结合《我的心儿评评跳》习作评价指标,组织小组成员依次交流自己的感受并提出评改意见。

3)教师评价。教师评价的一种方式为书面评语。杨应霞老师认为"教师在此过程中要主动引导学生应用欣赏的目光阅读别人的作文,以诚恳的态度修改自己或别人的作文"[②]。例如,教师在评改学生的习作时,可以在学生写得好的地方做标记,打上红勾,写上表扬的话语,表示学生写得非常好,没有其他的错误。例如:"你观察很细致,写的也非常好,字迹很工整,看字就知道是一个爱干净的孩子,老师

---

①何盛英.谈小学中年级习作教学的指导策略[J].读写算,2020(31):69-70.
②杨应霞.小学语文教学中习作素养的培养途径[J].课程教育研究,2020(41):70-71.

相信你能写得更好",像这样的鼓励性评改意见可以有效增强学生的写作积极性。此外,小学语文教师还可以运用分级的方法,如优秀、良好、及格,用笑脸来表示写得很好、用哭脸表示需要努力等,不但能增强学生对评改语言的阅读欲望,还可以有效地提高学生的写作热情,保护他们的写作信心。总之,小学习作评改发现"精彩点"是关键,要有效地提高学生的写作热情,培养学生评改习作的习惯,提高他们的写作水平。

4)现场评价学生榜样习作,让孩子进一步优化自己的习作。例如:以学生习作《第一次自己睡》为例,习作作者自评和互评后,现场由老师现场评价习作。

第一步:把同学习作的心情变化图投影在电子屏幕上,由习作作者自己向大家描述。

第二步:同学朗读自己的文章并自我评价。

第三步:老师对着投影,圈、点、批、注,现场点评。

【现场点评】这篇习作先运用对比的修辞手法,直接点出"我"害怕自己睡,紧接着描述了一次自己睡害怕时候的经历。本篇习作写清楚自己睡这件事情的同时,还生动地写出了自己心儿怦怦跳的感受。文章叙述条理清楚,用词准确,心理描写非常细致,抓住情绪和环境的变化,写出了真情实感,让人读来如临其境,这些都是本篇习作的精彩点。

习作评价应该是多元、多环的。这样评价旨在帮助孩子明白,要在叙事的过程中写出自己的内心感受;要选取不同的角度,用好词佳句来表达感受的独特之处。找到精彩点,最大限度地激发孩子的习作热情、表达欲望,并在宽松、愉悦的氛围中分享自己的所思所感。

二、重视课外阅读的补充

提高学生阅读和写作的能力很重要的一点是加强课外阅读。语文教学中,课外阅读是有效的拓展方式,可以对于课堂教学内容进行延伸,进而提高语文教学效果。

（一）选择恰当的课外阅读材料

由于学生自身的学习水平以及知识接受能力存在很大不同，在进行教材的选择上，要按照学生语文阅读能力的不同，根据因材施教的选择原则，为学生选择适合的课外阅读材料。按照课外阅读内容来分大致可以分为三类。

1.知识性作品

介绍各种自然科学知识、应用知识、国防科学以及各种传记、传奇、游记等，均属知识性作品。这类作品能开拓学生视野，丰富知识，启发联想。

2.文学性作品

文学性作品大都是作家对生活、社会、自然和人性的思考，形象地反映生活，表达作者对人生、社会的认识和情感，以唤起人的美感，给人以艺术享受。可以推荐学生们阅读经典名篇的小说、诗歌、散文、杂文、日记、传说、回忆录等。

3.趣味性的作品

很多有创意、令人称赞回味的作品更加能俘获读者的心，阅读起来也更加有吸引力。

（二）开展丰富多样的课外阅读活动培养阅读兴趣

课外阅读要激发学生的阅读兴趣，从阅读形式上可以采取自主阅读、同伴共读、师生共读、亲子阅读等阅读方式；从阅读方法上可以采取课本剧表演、朗读大赛、读后感展示、故事会等。统编版五年级教材中有冯骥才先生写的《刷子李》一文。文章语言朴素，具有浓郁的"天津"风味，幽默传神，极富表现力，无论是人物语言还是叙述语言，均情趣盎然，简洁传神。学习课文后，老师可以向学生们推荐冯骥才先生的《俗世奇人》进行课外阅读。一段时间后召开了《俗世奇人》读书交流会，"泥人张""贺道台""苏七块"等各式奇人在学生们兴趣盎然的交流中活灵活现。冯骥才先生新颖的写作视角、多变的艺术手法、细致深入的描写、挖掘生活的底蕴、咀嚼人生的回味的文学特点，也给学生心中埋下了优秀文学素养的种子。

课外阅读是丰富语言积累、提高理解能力和语言表达能力的有效途径。低年级学生从阅读绘本开始到中高年级开始进行整本书的阅读，就需要阅读兴趣的培养。教师对于书籍的推荐、读书交流会中小伙伴对书籍的推荐，都会引起学生的阅读兴趣。定期利用班队会的时间举办读书分享会、图书漂流活动能够激发学生的阅读兴趣。

(三)培养良好的课外阅读习惯

良好的课外阅读习惯是指学生在课外能主动地、有选择地去进行阅读,并在阅读过程中对信息加以鉴别,以促进自己语文素养的提高和身心健康发展的一种自觉的行为习惯。良好习惯的形成还需要在课外阅读过程中,教师、家长的指导和培养,使学生在多次、反复的训练中形成一种习惯,从而自主、独立地去阅读课外书籍。夏晓环老师曾提到"在小学语文读写结合教学中,老师要打破语文教材的局限,鼓励学生拓展自身的知识视野,从广阔的课外阅读中积累写作知识和写作素材, 同时鼓励学生将课上学到的阅读方法在丰富的阅读资源中进行灵活运用,从而提高自身的理解能力、思维能力、审美能力,使学生获得全面的素质发展"[①]。

在每个接班初期的家长会上要争得家长们对学生课外阅读的支持,随后教师每天要规定一定量的课外阅读任务,通过微信群打卡、读书计划打卡等各种手段,对学生课外阅读进行监督,"强制"学生完成。这种"强制"在良好课外阅读习惯尚未形成之前,效果显著。通过"强制",使学生达到"知行合一"。具体指导过程中可分为两步。

1.反复训练

叶圣陶先生曾说过,"要养成一种习惯,必须经过反复的历练"。这就是说,反复训练是养成良好的课外阅读习惯的最根本保证。教师要经常向学生介绍古今中外爱读书的典型事例,启发学生爱读书;或由教师介绍名家名篇,使学生领略文章语言的无穷奥妙;或让爱读书的学生现身说法,以此培养学生读书的兴趣,把读书看作是人生的一大乐趣。经常组织开展多读书的活动,激励学生爱读书、多读书,形成良好的风气,久而久之,爱读书、多读书的良好习惯就会养成。

2.检查可见的书面材料,如读书笔记

培养学生随时把阅读中学到的知识,如好词好句、精彩片断、想法、体会、悟出的道理等记录下来,以便在今后的阅读和写作中运用。为了激励学生认真做读书笔记,教师要经常组织展览、评比、介绍经验等活动,鼓励学生长期坚持写读书笔记,这样更有利于形成习惯。经常使用工具书也是一种良好的阅读习惯。

---

①夏晓环.核心素养下小学语文读写结合教学探究[J].课外语文,2020(31):99-100.

专题 **14**

小学生语用能力提升的途径与教学模式

——统编教材三年级上册教学探索

天津市静海区运河学校　王欣

　　《义务教育语文课程标准(2011 年版)》中最核心的词语就是"语言文字的运用",听、说、读、写都是"语用"的体现①。语文是一门综合性、实践性都很强的语言文字运用课程,教师要充分理解并体现新课程标准的理念,使语用教学真正落到实处②。阅读写作是语文教学的重点,读写结合是当前语文教学推崇的一种教学方式,目的是通过两者的结合来提高和锻炼学生的语言综合运用能力,从而全面提升学生的语文素养③。新教材强调读写均衡,教学中,教师要把读和写有机结合起来,做到以读促写、读写结合、读中学法、写中用法,通过读写训练提升学生的语用能力。

---

①中华人民共和国教育部.义务教育语文课程标准(2011 年版)[S].北京:北京师范大学出版社,2011.

②蔡冬云.小学语文语用能力的培养策略[OL].2020-01-06. http://blog.sina.com.cn/u/5837497521.

③李晓婷.如何以课文为范文来指导学生读写结合[J].名师在线,2020(28):9-10.

一、小学生语用能力提升的意义

阅读与表达是语文教学的两大支柱,也是提高学生语用能力的关键。"阅读铺路,由读到写"这一编排原则,在统编教材中体现得非常充分,这样编排意在引导学生将阅读中学习到的表达方法用于自己的习作实践①。

(一)阅读与写作的关系

语文教学提倡阅读和写作两个方面的有机结合。"读书破万卷,下笔如有神",读的书越多,积累的就越多,自然也就会写出好文章,这也充分说明了阅读和写作的关系。可以说,没有阅读就没有写作,脱离阅读就无法写作。阅读是写作的基础,写作源于阅读中的感受、体会和积累。因此,在教学过程中,教师要将阅读长期植根于写作的沃土,让阅读很好地服务于写作,才能有效提高学生的写作水平,进而提高学生语用能力②。

(二)专家对阅读写作的重视

叶圣陶先生说过:"阅读和写作都是人生的一种行为,凡是行为必须养成习惯才行。""阅读是吸收,写作是倾吐。""倾吐能不能合乎情理,显然与吸收有密切的联系③。"崔峦先生也说过:"在我们的语文教学中,一方面要加强阅读教学,另一方面要加强读写联系,做到读写渗透,读写结合④。"两代语文教育大师的卓见都说明,读和写是相辅相成的,只有把二者有机、智慧地统一起来,并进行方法指导,学生的阅读写作能力才会提高。

---

①陈先云.国家统编小学语文教科书教学指导——工具性与人文性兼顾:用好统编教科书的若干建议[M].北京:语文出版社,2019.

②张连国.以读促写 读写结合——浅谈阅读如何服务于写作[J].黑河教育,2015(06):42.

③叶圣陶.叶圣陶语文教育论集:对于国文教学的两个基本观念[M].北京:教育科学出版社,2015,2:42.

④王金红.挖掘教材,捕捉读写结合训练点[EB/OL].[2020-11-22].http://www.fx361.cc/page/2021/1222/9257090.shtml.

（三）课标对阅读写作的要求

《义务教育语文课程标准(2011年版)》指出："在作文教学中,要引导学生把从阅读中学到的基本功,运用到自己的作文中去。"[①]学习语文的最终目标是应用,对学生本身来说,写作就是一种运用知识的综合考验,因为一篇文章中需要学生展示的能力很多,有遣词造句、谋篇布局、修辞手法的运用、段落安排的使用等等,这些都是学生在平时的学习过程中需要掌握的,阅读教学的实质就是为了发展学生各种能力而进行的一种操作演练[②]。读写结合是提高学生语文能力的必由之路,阅读教学中,教师要激发孩子们阅读的兴趣,指导学生进行读写结合训练,有利于提高小学生语言文字的理解能力和运用能力。

（四）师生对阅读写作的需求

关于阅读写作的教学,老师们也许有一个发现,阅读课上孩子们往往能侃侃而谈,习作课上反而抓耳挠腮,少言寡语,不知如何选材、如何下笔。

结合课题研究,结合学校实际情况,我们课题组对于孩子们的阅读写作问题成员进行了问卷调查。我们选取本校2018、2019级两个班的学生,对学生实际学情进行了重新调研。2018级学生是我们学校第一年招生,属于招收本地学生范围,这些孩子属于单证,乡村进城或拆迁进城。第二年招生的2019级学生都是外来务工人员随迁子女。问卷结果显示,这些孩子中相当一部分孩子的阅读量较少,阅读能力、写作能力以及家长孩子对阅读的重视程度与城区孩子相比还有一定的差距,表现在三个方面。

(1)从学生层面来讲,是本区城乡差异导致阅读写作能力的不同。大部分孩子被动阅读与写作的倾向比较严重,没有形成坚持独立阅读的良好习惯,更没有形成在阅读中摘录和写感悟的良好习惯,只处于老师要求学生完成阅读任务,学生才被动完成的状态。

(2)从家长层面来讲,家长和孩子们都认识到阅读写作对于自身语文素养提高的作用,但由于家长不会指导或很少有时间对孩子们的阅读与写作进行指导,

---

①中华人民共和国教育部.义务教育语文课程标准(2011年版)[S].北京:北京师范大学出版社,2011.
②富裕实小艳丽.聚焦统编教材落实语文要素[OL].2019-12-12. http://blog.sina.com.cn/fywyl.

只是少数家长能够督促孩子按老师要求高质量完成写作或对孩子进行写作指导。

（3）从教师层面来讲，在理解新教材、落实语文读写要素上还有待进一步学习和提高。在以读促写教学中，老师们一般都会对学生作文进行讲评，并围绕教材、学生接触到的阅读材料，布置有关练习题，但课上读写练习还没有占据较大的比例，阅读教学指导还存在随意性和盲目性，没有完全按照语文要素落实到位。

通过此次问卷的调查分析，得出了一个重要的结论，那就是学生的写作能力与城区相比是有差距的，还有待进一步提高。在今后的教学过程中，教师要抓住时机安排多种形式的读写训练，指导阅读写作的方法，并加强训练，才能循序渐进促进学生不断进步、成长，以达到提高学生阅读写作能力的目的。

综上，基于阅读与写作的关系，基于专家对阅读写作的卓见，基于课标对阅读写作的要求，基于师生对阅读写作的需求，教师在教学中一定要落实读写要素，做到读写结合，提高学生运用语言文字的能力，进而不断提高自身语文素养。

二、小学生语用能力提升的途径

（一）理解读写要素，教和学有目标

"语文要素"是我们解读统编语文教材时出现的高频词，也是我们在使用部编语文教材时必须紧扣的关键。部编语文教材在语文要素的揭示上用心良苦，即将语文素养的各种基本因素，包括基本的语文知识、必需的语文能力、适当的学习策略和学习习惯，以及写作、口语训练等，分解成若干个知识点或能力点，由浅入深，由易及难，分布并体现在各个单元的导语、课文提示或习题设计之中。巧妙的设计，关注了学习方法，聚焦了能力生长，利于学生学习，也为教师的教和学生的学指明了方向[1]。用好"语文要素"这把钥匙，就能精准地打开部编语文新教材，真正让老师的教和学生的学在课堂中落地生根[2]。

要想做到读写有效结合，首先就要对各学段读写要素有一个明确清晰的了解，

---

[1] 吕虹.部编语文教材落实语文要素的三个角度[J].教学与管理,2018(08):28-30.
[2] 富裕实小艳丽.聚焦统编教材落实语文要素[OL].2019-12-12. http://blog.sina.com.cn/fywyl.

这是教学的前提。课题组成员在梳理各学段各年级语文要素的基础上,整理出联系紧密的读写要素,做到心中有数,为阅读写作教学做好铺垫。

表 14-1　不同学段语文教学的读写要素

年级	读的要素	写的要素
三上	感受童话丰富的想象。 体会作者是怎样留心观察周围事物的。 借助关键语句理解一段话的意思。	试着自己编童话、写童话。 仔细观察,把观察所得写下来。 围绕一个意思写习作。
三下	走进想象的世界,感受想象的神奇。 了解课文是怎么围绕一个意思把一段话写清楚的。	发挥想象写故事,创造自己的想象世界。 观察事物的变化,把过程写清楚。 收集传统节日的资料,交流节日的风俗习惯,写一写过节的过程。
四上	体会文章准确生动的表达,感受作者连续仔细的观察。 了解故事起因、经过、结果,学习把握文章的主要内容。感受神话中神奇的想象和人物形象。 了解作者如何把事情讲清楚。 通过人物的语言、动作、神态体会人物的心情。	进行连续观察,学写观察日记。培养学生进行连续观察、写观察日记的能力。 选择一个感兴趣的神话或者童话人物,想象自己与他过一天会发生的故事,进一步鼓励学生大胆想象,乐于表达。 写一件事,把事情写清楚。 "记一次游戏,把游戏过程写清楚",写出想法和感受,还有当时的心情。
四下	表达对动物的喜爱之情。 了解课文按照一定顺序写景物的方法。 从人物的语言动作等描写中感受人物品质。	学习作者如何写出动物的特点。 学习按游览的顺序写景物,培养学生描写景物的能力。 《自画像》,学习用多种方法写人。
五上	阅读简单的说明性文章,了解基本的说明方法。 初步体会景物的静态美和动态美。 根据要求梳理信息,把握内容要点。	搜集资料,用恰当的说明方法把某一事物介绍清楚。 学习描写景物的变化。 根据表达的需要,分段表述,突出重点。
五下	通过课文中动作、语言、神态的描写,体会人物的内心。 学习描写人物的基本方法。	尝试运用动作、语言、神态描写,表现人物的内心。 初步运用描写人物的基本方法,具体地表现一个人的特点。

续表

年级	读的要素	写的要素
六上	阅读时能从所读的内容想开去。 了解文章是怎样点面结合写场面的。 体会文章是怎样按中心意思来写的。	习作时发挥想象，把重点部分写得详细一些。 尝试运用点面结合的写法记一次活动。 从不同方法或选取不同事例表达中心意思。
六下	了解作品梗概，把握名著的主要内容，就印象深刻的人物和情节交流感受。 体会文章是怎样表达情感的。	学习写作品梗概。 习作时选择合适的内容写出真情实感。

从上表我们发现，读写方面的语文要素，不同学段内容不同，不同学段读写要素逐渐深入扩展，不同学段同一读写要素的要求逐渐提高，螺旋上升。教学中，教师要根据语文要素的要求，找准不同学段不同单元不同课文的不同切入点，有的放矢，在学文学法的同时指导学生锻炼思维，积累语言，提高写作能力。

(二)依托教材资源，读学有机结合

叶圣陶先生说："通常作文，胸中先有一腔积蓄，临到执笔，拿出来就是，是很自然的①。"由此可知，多阅读，从阅读中得到"写作的榜样"，这是作文教学的实质。事实上，作文所需的遣词造句、布局谋篇以及观察事物、分析事物的能力在很大程度上也正是依赖于阅读。因此，我们在教学过程中要注意阅读教学对作文教学的积蓄作用和榜样作用②，指导学生在阅读中学习写作方法。

1.利用课文阅读指导学方法

叶圣陶先生在《评〈读和写〉，兼论读和写的关系》中提到：读的时候，需要自觉地联想到文章的写作思路，对之后的读写有很大益处。所以在阅读教学过程中，教师要充分解读文本，在此基础上进行写作技巧的训练。读写既然是小学语文教学中的主要内容，教师就要参与其中。在这个过程中，让学生懂得从阅读中获取信息，提升思维与审美体验，同时借助读写结合方法，使得教科书、学生及文本之间

---

① 叶圣陶.叶圣陶语文教育论集：论写作教学[M].北京：教育科学出版社，1980.

② 读说写结合，教文育人[OL].2012-07-11. https://www.doc88.com/p-611600414733.html.

进行有效对话。教师带着小学生将阅读、分析文本作为语文教学的基础，让学生理解文本结构，便能够进一步理解这篇文章的写作技巧或其他特色，进而提升小学生的写作能力①。

课文是写作的范例，通过对精美范文的学习，可以使学生从作者创作思路的"原型"之中得到启发，获得规律性的写作知识，获得语言和语感的积淀，为学生写作找到拐杖和依靠。

统编版三年级上册第五单元是习作单元。本单元的人文主题是法国罗丹的一句话，意在指导学生认真观察，掌握观察的方法，用眼睛发现生活中的美并把观察所得运用一定的技巧表达出来。本单元语文要素是体会作者怎样留心观察周围事物，把观察所得写下来。读懂了本单元的设计意图，就能准确提取语文要素，让教学有了"靶心"。在教学过程中，教师要依托精读课文学习作者的表达方法，结合习作例文运用阅读方法，做到读中学法，以读促写，写中运用方法，不断提高学生运用语言文字的能力。

本单元第一篇课文《搭船的鸟》，作者以儿童的视角对翠鸟进行了静态和动态的描写，这是对动物的动态和静态的观察。在课堂上让学生充分读文，感知作者的细致观察和描写方法之后，教师可以出示孩子们熟悉的一种小动物图片。首先引导学生对小动物进行静态的观察，并用上文中描写翠鸟的方法说一说。其次在学生充分交流后，教师可以出示动态的视频，观察其一系列动作的变化，然后指导学生进行表达训练。对刚进入三年级的孩子们来说，就是给他们一个例子。按此写作，而课文就是例子，让学生根据课文描写方法来描述一种小动物，有了学习课文的基础，学生描述起来并不算太难。

再比如《金色的草地》也是以儿童的视角，写草地一天中不同时段的变化，这是对植物连续性的观察。学文后，教师引导孩子们汇报交流在生活中连续观察的一种植物，比如观察蒜苗的生长过程或是豆子的生长过程，让孩子们一边观察，一边记录植物的生长变化，课上交流表达，学生也参与其中，在记录整理完善观察成果的同时促进了学生语言表达能力的提高。

---

① 叶圣陶.叶圣陶语文教育论集：评〈读和写〉，兼论读和写的关系[M].北京：教育科学出版社,1980.

2.利用课后阅读题指导学法

语文要素是体现在每篇课文的练习题中的，这些题目是根据理解与积累、行为与运用、拓展与实践这三个维度来设计的，分别渗透在课后练习的各种题型中，帮助引领学生快速把握文章主题，理解文章含义。教师在课堂教学时，首先就要深入地分析教材，把握好教材的主旨内容以及相应的训练点，再结合实际情况展开教学，有针对性地落实语文要素，促进学生语言文字的发展①。

《搭船的鸟》课后第一题"读课文，想想作者对哪些事物作了细致观察，说说你是从哪里看出来的"，本道题了解作者观察了哪些方面，是帮助学生从整体上了解课文内容。

(1)释题引入。看到这个题目，你想说什么？引导学生质疑问难，引入对本课内容的学习。

(2)探究交流。在整体感知部分，让学生围绕课后题自主探究、合作交流：围绕搭船的鸟，作者对哪些事物做了细致观察。

(3)汇报交流。在互动交流中整体感知课文内容，指导学生学习观察和观察方法，为完成本单元习作做好铺垫。

在学习中，学生们由质疑问难到自主探究再到合作交流，随着课文学习的深入、思维的发展，孩子们也积累了观察事物的方法。

《金色的草地》课后题第二题的设计把对文本内容的了解转向对某一事物某一观察角度的具体分析，抓住某一时间段对某种事物做更加深入和细致的观察。在学习草地变化这部分时，我的设计是：①学生自由读课文；②指名说草地在早晨、中午、傍晚各是什么颜色的；③草地怎么会变色？自主探究，合作交流；④探究交流草地变化的奥秘，抓住重点词句交流分享；⑤齐读欣赏。这段教学内容安排在第二课时，通过品析感悟重点段落，让学生了解草地变化及其变化的原因，学习作者留心观察、细致观察的品质，为完成单元习作做好准备。

3.利用课后读写题锻炼表达

教材为学生练笔提供了很多机会，一些课文后面安排了学习本课表达方法的

---

①刘岱雯.如何用好课后练习题，落实语文要素[J].华夏教师,2020(07):89–90.

小练笔,加强读写结合,学用结合。用好读写小练笔,既能拓展对文本的阅读,又能把所学方法运用到写作中,提高学生写作能力。在平时的教学中,我们要深入地分析教材,把握好读写要素,做到以读促写、读写结合,切实落实语文要素,促进学生语文能力发展。

以三年级上册为例,本册书中有很多读写结合的习题,我梳理了一下,课后读写方面的习题大致分为五种。

(1)照样子,依文学样。课后读写类型第一种是照样子写句子,训练学生遣词造句能力。课文是很好的阅读范文,课上通过品读交流感悟语言,学习写法,并让学生运用所学方法仿写简短的句子,达到让学生积累语言、锻炼思维的目的。比如《花的学校》课后第三题安排了品味表达并进行句子仿写的练习。可结合文章第五自然段的学习指导学生想象花儿放假的情景,比如"清风一吹,它们会伸伸懒腰;蝴蝶一来,他们跟蝴蝶一起翩翩起舞;蜜蜂一来,孩子会奉上香甜的花粉",让学生照样子说一说,再写下来。写完后,引导学生交流欣赏评价,重点关注是否展开了想象,锻炼学生的语言表达能力。《秋天的雨》课后第三题安排了句式仿写。课上品读后可引导学生结合自己的生活经验和阅读积累,说说秋天的雨还会把哪些颜色分给谁,比如把橙色给了柿子、把绿色给了橘子等。模仿课文语句练习,拓宽了学生思路,指导学生达到讲练结合,把语言变成书面文字,完成了从输入到输出的转变,提高了学生语言运用能力。

(2)小练笔,依文学法。课后读写类型第二种是小练笔,这是对段的书写训练。比如《铺满金色巴掌的小路》,学习课文围绕一种景物进行细致描摹,也可以学习"阅读链接"对多种事物进行简略描写的写法。学文后让学生结合自己的观察,写一写在上学或放学路上看到的景色。《富饶的西沙群岛》课后小练笔提供了四幅图画,有海里美丽的珊瑚、多彩的鱼、可爱的海龟,海上飞翔的海鸟,要求学生选择一幅图,用几句话来写一写。可以指导学生写些什么(事物的颜色、样子、静态、动态),还可以引导学生怎么写,回顾文中的表达方法,用"……像……,有的……有的"句式围绕一个意思选择一幅图片写几句话。《大自然的音乐家》课后题围绕"厨房是一个音乐家,鸟儿是一个音乐家"写一段话等。教学中,教师在阅读中指导写作方法,学后安排片断写作训练,让学生迁移运用学习方法,提高了学生的语言运用能力。

（3）讲故事，依文创编。课后读写类型第三种是复述故事，比如童话故事《在牛肚子里旅行》，课后第三题要求画出它在牛肚子里旅行的路线，再把这个故事讲给别人听。这是锻炼学生语言表达的题目，需要学生在对文本概括总结的基础上，根据文本内容画出路线图，再加上红头心情的词句、青头动作的词句，以丰富自己的讲述内容。在这一过程中，指导孩子们抓主要情节，抓关键词句对文章进行再加工、再创造，锻炼了学生的思维表达能力。

（4）练表达，发展思维。比如《胡萝卜先生的长胡子》课后有一道题是根据课文内容猜测还可能发生的故事情节，《金色的草地》课后题要求说出自己观察到的事物的不同变化等等，这些题目都对学生进行了语言表达能力方面的训练。

（5）感动瞬间，依文拓展。在教学过程中，一些文本内容会触动读者的心弦，引发读者对学习、对生活中一些事情的思考，教师要抓住契机，根据课文内容安排读写结合练习，促进学生语言思维的发展和心灵的净化，从而让学生感受积极向上的健康的精神力量。如《掌声》一课，在感受了掌声的动人故事外，让学生回忆学习生活中遇到的一件事情。题目可以是"相信你，一定行""鼓励的眼神""不要骄傲""一次抚摸""大伟伟真棒"等，以事件或人物或语言为题书写一次感动的经历。写作练习中，孩子们畅所欲言，真情自然流露，我不禁为他们一个个小小的心思而感动着，为他们积极、健康、阳光的心态而赞叹着。

从这些习题中，我们不难发现，无论是说，是讲，还是写，都以文本为依托，做到了学用结合。对于课后习题的处理，我们课题组老师一致认为要以课后题为切入点，把课文和课后习题中的语文要素统整落实。用好读写小练笔，既能拓展对文本的阅读，又能提高学生写作能力，做到以读促写，读写结合，有针对性地落实语文要素，提高学生语用能力，促进了学生语文素养的发展。

4.利用交流平台积累方法

交流平台的设计进一步强化了语文要素，并对语文知识进行梳理总结，提炼阅读写作方法。交流平台对语文教学有很重要的引导作用，既在单篇课文中进行了体现，又对单元课文进行了整合，对于学生写作有重要的指导意义[①]。

[①]王维常.浅谈小学语文部编教材"交流平台"板块的教学价值和策略[J].好家长,2019(48):146.

统编三年级上册第五单元在两篇精读课文之后,安排了交流平台和初试身手两个板块,目的是进一步体会作者细致的观察,梳理总结留心观察的好处,让学生学习多种感官进行观察的方法,这两个板块我的安排如下。

(1)自学交流平台,感受观察发现的乐趣。

(2)利用交流平台师生活动交流,明确观察的好处:有观察就会有发现,留心细致观察可以对事物有更多更深的了解。

(3)以两篇精读课文为例,师生交流,哪些观察给你留下了深刻的印象?作者是怎样细致观察的?

(4)师生交流小结:作者观察了一种事物的不同方面,注意到了事物的变化,观察时融入了自己的思考。在以后的写作中,我们要学着把这种方法运用到自己的文章中。

利用交流平台板块,师生再次总结复习了本单元写作方法,指导了学生的写作实践。

5.利用初试身手小试牛刀

试着运用从课文中学到的方法,利用交流平台中总结的方法在初试身手板块中大显身手,独立练习写作,锻炼表达。

(1)结合初试身手板块,交流生活中你观察了什么,是怎样观察的。本环节启发学生思维,让学生畅所欲言,教师鼓励学生交流发现的乐趣、观察的乐趣。师生交流小结:观察时要调动多种感官,要细致观察,除了看一看,还可以摸一摸、尝一尝、闻一闻。

(2)片段练习,写出自己观察所得。

(3)交流评议,从以下几个方面进行评价指导:是否对事物或场景进行细致的观察,是否观察事物或场景的某一方面的变化,是否用多种感官进行观察,观察时是否融入自己的思考。

(4)修改片段,为独立成文打下了良好的基础。

初试身手板块让学生尝到了习作的快乐,激发了学生独立写作的兴趣。

6.利用习作例文迁移运用

完成习作是学习方法运用的具体体现,是例文学习的延伸和拓展,也是写作技巧的灵活运用。课上要给学生时间自由表达,自由创作。在设计三上五单元习作时,我分以下几个板块。

(1)审题指导——指导学生明确习作主题。本次习作主题——我们眼中的缤纷世界。眼中是指什么?缤纷是什么意思?世界包括哪些方面?交流后小结本次习作的内容主题:印象深刻的一种事物、一处场景、一处风景,可以是校园里的,可以是大自然的,可以是人们的生活等。

(2)素材收集——指导学生筛选习作内容。结合书上三幅图片内容拓宽学生思路,通过师生互动交流明确习作需要的素材。以风景、场景类的描写为例,在教学中,我以思维导图的形式对本次习作素材进行了指导。

1)大自然的风景:花草树木、风霜雪雨、虫鱼鸟兽、山川河流等自然风景,校园里的花园、花草冬青,丰富的课外活动(课间操、升旗、运动会、足球赛、社团活动、劳动课、文娱活动等),充实的语文实践活动(阅读分享、故事会、古诗比赛、识字比赛、课下读书画画等)。

2)人类的活动:大街小巷的人、干活劳动的人、商铺店铺的人、早晨锻炼的人、广场做小生意的人、上班上学的人等。

(3)方法引领——指导学生多角度、有创意描写观察所得。

首先学例文,明方法。通过习作例文学习习作方法。学习例文《我家的小狗》,通过互动交流,师生明确这篇文章之所以具体生动、亲切感人,最重要的一个原因是作者抓住了小狗的特点进行了细致的观察:不仅观察了小狗的外形,而且留心小狗行为的发展变化,不仅用眼看,还用心去揣摩。在今后一定要注意留心观察,学习作者这种观察动物的方法。学习例文《我爱故乡的杨梅》,让学生明白可以从不同的角度观察事物,细致观察事物某一方面的不同变化。

其次巧总结,创意用。通过例文学习总结写作方法:多种感官参与观察。视觉:用眼睛看,看形状、大小、颜色;触觉:用手或其他部分去接触、去触摸,感受其光滑与粗糙、冷与热、轻与重、柔软与坚硬等各方面的不同;嗅觉、味觉:用鼻子闻气味,用嘴品尝味道,用心感受香味的浓与淡、味道的苦与甜,味觉和嗅觉往往并用;听觉:用耳朵听声音,感受自然界的声音,感受人类社会的声音,用声音激发读者的想象。

最后按顺序,条理请。指导学生有序表达,根据时间、空间、事情发展变化写出

事物或场景的发展变化,根据总结的写作方法准备有创意地表达观察所得。板书构思提纲:写什么、怎么写(开头结尾中间写什么,分几段或哪几个方面,是否多角度描写,用什么修辞)。

(4)自主习作——在教师指导下学生独立完成习作。

(5)交流评价——根据习作要求师生共同评价交流。

(6)自主修改——根据师生评议,自主修改习作,使之更完美。本环节教师指导学生利用习作例文学方法,学表达,并运用学到的方法独立完成习作,在交流评价的基础上修改自己习作。在这过程中,学生由学语言到用语言,提高了学生语言运用能力。

(三)依托实践活动,激发读写兴趣

《义务教育语文课程标准(2011年版)》指出:"应拓宽语文学习和运用的领域",而且增加了"语文综合实践活动",整合了语文学科课程和活动课程的特征,是一种以活动为载体、以学生为主体、以学习语言形成语文能力为内容、以全面提高语文素养为目标的实践活动"[1]。所以,我们要根据孩子们年龄特征选取适合的方式方法开展语文实践交流活动,提高学生语文素养。

结合本校一、二、三年级孩子们的具体情况,开展了多项语文实践活动。

1.自信表达阅读课

根据我校一到三年级孩子年龄特点,阅读课的目标是多读少写,减少孩子们用眼时间,并逐步提高阅读的要求,拓宽阅读的内容和形式。第一步读童话故事,在群里发送朗读录音。第二步读寓言故事,总结故事内容或从中明白的道理,语音发送群里。第三步给大家推荐一个好故事或一本好书并说明理由。第四步读故事总结内容,听故事进行评价。随着阅读要求的深入,孩子们在养成阅读习惯的同时,阅读能力也在悄然提升。

疫情期间,有一节阅读课的形式是语音上传,内容是结合一道练习题介绍自己的爸爸或妈妈。爸爸妈妈是孩子们熟悉的家人,每天陪伴在自己身边,所以有话可说。阅读课开始了,孩子们争先恐后介绍自己的爸爸或妈妈,一个个童稚、饱含

感情而又自豪的声音在我耳边响起,一次次欣喜、感动与愉悦在内心翻腾,孩子们相互交流,家长们相互倾听学习。他们虽然相熟但因疫情而不能相见,却能跨越时空,通过"云"网络彼此聚会在空中这个大广场,向大家展示着不同的爸爸妈妈,不同的爱。从孩子们的介绍中,我们可以看到有爱心的妈妈、会做美食的妈妈、朋友式的妈妈、忙碌的妈妈、辛苦的妈妈、时尚漂亮的妈妈、对孩子照顾无微不至的妈妈、相亲相爱的妈妈和女儿、充实忙碌的妈妈、温柔漂亮的妈妈,学习娱乐型的爸爸、和蔼而又严厉的爸爸、勤于工作的爸爸、忙碌但爱孩子的爸爸、爱动物的爸爸、勇士爸爸等等。课上,孩子们交流分享,家长们倾听学习,老师评价指导,孩子们在分享中锻炼了自己的语言表达能力。在形式和内容不断更新的阅读活动中,孩子们积累着阅读方法,培养着阅读能力,形成着阅读素养,也践行着学校阅读教学的初衷。

2.共同交流分享课

学校重视培养学生的阅读习惯,提升学生阅读水平。在阅读方面针对学校、学生实际情况,每学期开学初开展识字和认读比赛,每学期中期开展读书分享活动,学生大多积极参加,或感情朗读,或交流感悟,或推荐好书,分享着阅读的快乐。学生在养成读书习惯的同时培养了阅读能力,有益地辅助了课堂教学,也解决了家长期待孩子读书的愿望。

3.课外阅读打卡练

为培养孩子们阅读兴趣,提升语言运用能力,达到以读促写的目的,要求孩子们每天坚持阅读打卡记录,简要说出或写出阅读后的感受。开始时发送微信群里,老师监督;接着打卡完成,自我监督;随着大部分孩子习惯的养成,改为学生自己记录阅读情况或是自主完成阅读,采用月末总结学期评选的方式。

4.线上朗读展示评

为达到以读促写,提高学生语用的目标,在坚持每日阅读的基础上,开展了线上朗读展示。从作品选择到配音,到诵读,再到评比,家长全程参与,学生积极参加,锻炼了大胆自信表达和评价感悟能力。

5.图书漂流随时学

学校提倡师生共读,要求每班设有图书角,统一张贴标志,孩子们把自己喜欢

的书带到学校,有班级管理员负责借阅登记,孩子们相互借阅、传看,在通过阅读获取和积累知识的同时也传播着友谊。

6.佳句摘抄勤积累

教师要注意指导学生品读、摘抄优美语句,建立"语言宝库",培养语感,积淀语言。学生学习语言文字是从范文开始的,是从课外书中汲取的。教师要充分利用教材和拓展的语文资源指导学生积累语言、运用语言。本册选取的课文文质兼美,在阅读过程中指导学生选择摘抄优美的语句,感受语言文字的优美,积累感悟语言。在拓展延伸阅读中,结合年级、年龄特点指导孩子们摘录带修辞的优美语句,摘录描写人物特征的动作、神态、语言、心理等的语句,并在习作中有意识地加以运用,在积累感悟语言的同时,提升了学生语言审美和运用能力。

7.实事节日悟心灵

一年中的节日有很多,正是对学生进行教育的良好契机。春节、元宵节、儿童节让孩子们书写心中的快乐;妇女节、父亲节、教师节以手抄报形式,书画结合,表达感恩感谢之情;清明节缅怀先烈,立志争当新世纪好少年;端午节讲爱国故事,厚植爱国情感;建党百年之际,孩子们唱出心中的敬意,诵出心中的感谢,讲出心中的英雄,书写爱党爱国的决心,立志听党话,感党恩,跟党走。活动中,孩子们听、说、读、写,有益提高了语言文字运用能力,也受到了思想的启迪、心灵的净化。

8.校园活动展风采

我校积极落实课程计划,实施素质教育,除开设各社团活动课程外,还积极开展了风筝节比赛、跳绳比赛、足球比赛、包粽子比赛、古诗文比赛。活动前,孩子们积极报名,认真准备;活动中团结合作,奋勇争先;活动后总结提高,抒发感受。活动激发了孩子们极大兴趣,使语言文字的训练融入有趣的活动,孩子们喜欢参与,也有兴趣表达真情实感。

语文实践活动是语文教学活动的有益的、必要的补充,能够激发兴趣,培养思维,拓宽视野,陶冶情操,全面提高学生语文素养。充满智慧的教师在抓好语文课堂教学的同时,要认真布置好语文实践活动,使语文实践活动真正地动起来、活起来,让学生在实践活动中积累知识、增长能力、提高素养。

三、小学生语用能力提升的教学模式

在教学中,结合《以读促写,落实语文要素》课题研究,课题组成员积极实践,大胆钻研,互动交流,写出了研究中自己的发现、反思、经验教训,总结出精读课文读写结合课例教学模式和习作课例教学模式。

(一)精读课文读写结合教学模式

1.问题情境,直入主题

教师必须根据教学目标、教学内容和学生的实际情况设置一定的情境并提出有针对性的问题导入新课。这种情景加问题式的导入缩短了学生与文本、与教师的距离,利于形成最佳的情绪状态,使学生成为真正的学习活动主体,并积极主动参与教学。

以三上五单元两篇精读课文为例,本单元语文要素是指导观察,导入环节紧紧围绕语文要素、教学目标、学习主题进行。马老师《金色的草地》导入:出示情境图片,我们见到的草地都是绿色的,为什么题目是金色的草地呢?让我们走进课文,一探究竟。学生的注意力一下子被抓住,师生一起去研究发现草地的变化。刘老师《搭船的鸟》导入:设置翠鸟图片,以寻鸟启事的方式把学生带入焦急的情境,激发学生投入观察翠鸟特点的学习。

情境问题式的导入方式能抓住学生的关注点、兴趣点、学习点,简单明了,直奔主题。

2.品读交流,学文学法

导入后在整体感知课文内容的基础上,抓住关键语段品读交流,学习优美语言,积累写作方法。在这一环节,我们的做法是以课后题为依托,抓住重点段落,通过师生品读交流,在学习文本的过程中指导学生感悟积累写作方法。马老师《金色的草地》抓住草地的变化及变化的原因。刘老师《搭船的鸟》抓住翠鸟的外形及捕食,引导学生互动交流,学习作者观察到了什么,是如何观察的,哪些地方体现了作者的细致观察,引导学生一步步落实语文要素的要求,为写作练习做好铺垫。

3.写作练习,学法迁移

课文就是范文,学习为了运用,师生通过品读交流,学习写法之后,安排写作练习,达到学以致用的目的。《金色的草地》描写草地变化的一段,学文学法后,马老师引导学生交流如果写向日葵、写含羞草,可以写什么、怎样写。指导学生写含羞草碰触前后的变化、写向日葵日出日落时的变化等,还可以让学生写昙花一现前后的变化等。《搭船的鸟》学文学法后,刘老师安排了片段描写练习,根据视频资料观察描写小猫花花的外形和玩耍的动作。这样的安排让学生先说后写,降低了难度,拓宽了学生思路,提高了学生语言文字运用能力。

4.师生评价,落实目标

这一环节是在学生完成写作后,师生进行交流评议,巩固写作方法,指导孩子们独立完成写作。课上,两位老师根据本单元本课语文要素的要求提出习作评价的具体要求,先自己修改,然后班内交流,师生评价。这样,学习方法得到了有效巩固,语言文字运用能力得到了提高。

5.小结提高,延伸拓展

课后的总结环节,教师要引导学生落实到语文要素的角度上来,比如《搭船的鸟》老师引导学生总结:作者通过仔细观察,抓住了描写颜色的词语来写翠鸟的美丽,使用准确的动词来表现翠鸟捕鱼的动作敏捷和技术高超。《金色的草地》引导学生总结:通过仔细观察,作者发现了门前草地的变化及变化的原因,这都是作者仔细观察的结果。罗曼·罗兰说过:"世上不是缺少美,而是缺少发现的眼睛"。课下同学们继续观察一种动物或植物,修改自己的作品。在总结环节要引导孩子们梳理本课重点知识点,落实语文要素的要求。

(二)习作单元教学模式

为了让学生把课上学到的方法灵活运用到自己的写作中,在课题研究时,我们对单元习作也进行了研究交流,总结出习作课例的教学模式。

1.情境导入,激发兴趣

课程伊始,教师用幻灯、录音、课件、视频或图片等,带学生入情入境,有利于学生情感的激发,也有利于活跃学生的思维,并让学生积极主动地参与教学活动。

靳老师执教三上六单元习作《这儿真美》时,根据习作内容的要求、目标,利用祖国优美风景图片导入。

(1)你一定去过许多美丽的地方,并从心底发出了感慨:这儿真美啊!请同学们分享自己去过的美丽的地方,并说一说,它们美在哪里吧!(投影展示图片,自由分享)

(2)在我们的家乡、在我们的身边也有许许多多景色优美的地方。我们如何把眼前的美景用手中的笔描绘出来呢?今天我们就一起来上一节习作课《这儿真美》。

王老师执教三上八单元《那次玩得真高兴》时,出示玩耍图片,直奔主题,这节课我们也来聊一聊"玩什么"的话题。

(本环节两位老师选取孩子们熟悉的或是亲自看到过的或是亲自玩过的情境图片进行分享交流,把学生带入情境,明确习作主题,激发孩子们学习兴趣,做到了学中有目标)

2.实例分享,素材引领

本环节是继引入环节之后,师生互动交流,分享与主题相关的活动或故事,引领学生拓宽并积累写作素材,开阔学生写作思路。

靳老师执教三上六单元习作《这儿真美》时,师生互动交流可以写哪些地方,具体写哪些内容。

校园真美:环境美丽、活动丰富、书声琅琅、文明礼仪

公园真美:繁花似锦、树木葱郁、桃红柳绿、娱乐健身

乡村真美:果实累累、天高云淡、鸟鸣虫唧、田野金黄

王老师执教三上八单元《那次玩得真高兴》时,师生互动交流。

(1)老师介绍自己儿时最高兴的事,拉近与学生的距离。

(2)介绍教材图片示例,了解小伙伴最高兴的事。掰手腕、和爷爷钓鱼、和妈妈坐过山车、和妈妈爸爸参观动物园,感受玩耍的快乐。

(3)说出自己最高兴的事。以"我最高兴的那次是玩什么"开头,把你最高兴最开心的事和大家分享,接龙完成并把印象最深的那一次说得具体些。说出什么时候的事(时间),跟谁一起玩的,在哪玩的,玩(干的什么)的什么,你的心情(内心感

受),练习把事情说清楚。

(本环节从孩子们熟悉的美景或是玩过的活动说起,指导学生梳理选择习作素材,为独立完成习作打好基础)

3.例文指导,以读促写

本环节在学生整理出写作素材后,给出习作例文,指导学生分析交流总结写作方法,为独立完成习作进行方法指导。

靳老师执教三上六单元习作《这儿真美》时:①回顾本单元精读课文重点段的写作方法,小结提高;②交流积累的描写景物的词句,运用到文章中。

王老师执教三上八单元《那次玩得真高兴》时:①出示范文《丢沙包活动》,指导学生交流怎样把玩的过程写具体写出规则;②写出活动时动作、神态、心理的词语;③抓住具有新鲜感的词语使过程更具体;④师生交流日常积累的各类词语;⑤总结写事小妙招。

(本环节通过总结或学习例文指导学生借鉴其写作方法,为独立写作做好铺垫)

4.初试身手,学法迁移

本环节是在前三个环节的基础上,给学生时间,让学生自主完成写作。

靳老师执教三上六单元习作《这儿真美》时:

你们试着运用从课文中学到的方法,围绕一个意思在"习作卡"上描写一段景物吧! 可写书上提示的,也可写自己熟悉的一个地方。

操场后面的小花园真美……

秋天的树林就像一幅色彩斑斓的图画……

一到池塘边,我就被眼前的景色吸引住了……

王老师执教三上八单元《那次玩得真高兴》时:

孩子们,现在你们运用所学方法描写一个活动过程的片段,把玩的过程写具体,让大家感受到快乐,注意标点符号要正确。

(本环节要求学生运用所学方法,运用积累的词句,自主完成习作主体部分)

5.分享交流,目标评价

本环节是在学生完成写作后,根据习作要求,师生进行交流评议,落实语文要素,巩固写作方法,给孩子们写作指导。

(1)学生写完后自己读一读,当堂修改,教师要提出具体的修改要求。

(2)小组分享交流,教师提示,看看是否按习作要求完成,觉得好的句子可以用波浪线画出来。

(3)班内展示交流,根据习作的具体要求,师生对优秀作品进行评价并展示,指导学生习作。

(本环节根据习作要求和教学建议,学生自己修改,注意不要拔高要求,先小组评价,然后班内评价,评价要围绕习作目标、语文要素进行)

6.小结提高,延伸拓展

本环节要根据语文要素,根据习作内容、目标,从写法技巧上进行总结,并开启下节课的学习内容。

通过研究、实践、交流,课题组老师们总结出了精读课文读写结合课例教学模式:问题情境,直入主题——品读交流,学文学法——写作练习,学法迁移——师生评价,落实目标——小结提高,延伸拓展。总结出习作课例教学模式:情境导入,激发兴趣——实例分享,素材引领——例文指导,以读促写——初试身手,学法迁移——分享交流,目标评价——小结提高,延伸拓展。

老师们积极践行"读写结合"课例教学模式,并在不同年级积极推广,在基本模式不变的基础上不断改进、提高、丰富读写结合教学模式的内涵,有益指导了师生的阅读写作教学实践,教学模式也得到了学校领导的充分认可。

教学中,教师要转变观念,做到是用教材而不是教教材;运用课文语言而不是教课文语言;要以语言文字训练为中心,课堂上真正做到以读促写,读写结合,授学生"渔",而不只是授学生"鱼",着力解决孩子们"学"与"用"脱节的问题。教师要统整单元教学设计,以语文要素为出发点和归结点,以精读课文为依托,以习作练习为实践基地,以课外活动做辅助,有意识地根据教学目标、教学内容精心设计多样化的课堂读写练习,做到以读促写,读写结合,发展学生语言、锻炼学生思维,提高学生语用能力,培养学生向着语文素养的目标不断前进。

小学语文"图文并茂"式
日记写作教学初探

天津市武清区杨村第十七小学　王静

一、问题提出

　　小学语文教学重在培养学生的语言运用能力，通过多种教学方式与手段，不断刺激学生对语言的敏感度，让学生能灵活运用所学的语言文字是每个小学语文教师的首要任务。写作能力是学生认知能力、情感发展、语言文字表达水平等综合能力的体现。《义务教育语文课程标准(2011 年版)》(以下简称《课程标准》)指出：写日记是训练写作的方法之一，也是积累写作素材的主要形式。叶圣陶先生曾说过，"我们从日记练习写作，这就跟现代语文教学同其步趋。由此锻炼得来的写作能力，必然深至着实，决不会是摇笔展纸写几句花言巧语的勾当"①。新世纪的基础教育课程改革启动历经十年，《课程标准》对写作目标做了准确定位，在"教学建议"中明确提出，"第一学段定位于'写话'，第二学段开始'习作'，这是为了降低学

---

①黄菊初.叶圣陶语言教育思想概论[M].北京：开明出版社,1998.

生写作起始阶段的难度,重在培养学生的写作兴趣和自信心"。在第一学段首次提出了"写话"的概念,写话就是"写自己想说的话"①。低年级学生的写话虽说篇幅不长,但写话时要用字组成词,再用词连成句,再把句子连成段。一词一句要根据表达的内容,通过思考去组织语言,再用文字写下来。所以写话对于学龄初期的孩子来说,绝不是一件简单的事。因为难,学生对写话就容易产生畏难情绪,而这种畏难的负面情绪会影响表达水平。这个时期的写话教育核心是"培养兴趣",是一种语言训练方式,就是把平时想表达的东西写出来,我们也可以简单理解为"学习和练习写话"。为了使这种表达更完整、更具体、更充实,教师以教材为载体,指导学生准确使用语言文字进行合理表达,这就是我们的日记教学。我们常说"生活即语文",那么"让日记融入生活"就是对这句话最好的诠释。这个时期的核心是,通过写话的训练让学生学会记录生活。

统编语文教科书等正式的教学资料也只是在某一学段简单地介绍了一下日记的特点和写法,对于其具体的写作要求、写作频率、课程保证和如何持续性发展等重要问题没有提及②。在我国对写作的研究比较多,也取得了丰硕的成果,但关于指导学生写日记和日记教学的文献却很少,相对于作文的研究,日记教学研究就显得薄弱了许多,而小学低年级日记教学的研究就更是寥寥无几。另外,在国内,有关小学生日记教学的文献很少。

黄春梅对日记教学写作进行系统理论和实践探索,她对小学生(1—6 年级)日记教学进行了一些科学的调查、分析与研究,寻找适合当前小学生日记教学的一些策略和方法。那么,如何引导小学低年级段学生写日记顺利起步,"图文并茂"日记形式如何定义,采用怎样的教学策略、评价原则与方式,此教学过程存在怎样的问题等,本文就上述问题结合教学实践进行了初步的探讨,希望能够对小学低年级段日记教学有些许借鉴。

①中华人民共和国教育部.义务教育语文课程标准(2011 年版)[S].北京:北京师范大学出版社,2011.

②黄春梅.小学生日记教学的思考与实践[D].上海:华东师范大学,2006.

二、小学低年级"图文并茂"日记教学实践探索

(一)基本概念界定

1.日记

《现代汉语词典》定义日记是"每天所遇到的和所做的事情的记录,有的兼记对这些事情的感受"。日记的基本类型有生活日记、观察日记和随感日记。在日记的具体写法上,大致有备忘式、纪实式、随感式、研讨式等,几种方式也可综合运用①。

2."图文并茂"日记形式

本教学实践采用的"图文并茂"日记形式是要求学生在日记本的右侧来撰写文字,左侧就右侧的文字内容配以图画或照片形式。但随着学生们不断创新,"图文并茂"的日记形式更加多样化与自由化。

3.小学低年级日记划分及教学目标

黄春梅把小学期间学生的日记写作划分了三级五段:三级指低年级、中年级、高年级。低年级又细分成小学入学到学拼音前阶段,学拼音阶段、学会拼音到二年级阶段,另外还有中年级段(三、四年级)和高年级段(五、六年级)①。本研究与上述划分稍有差别:低年级包含一、二、三年级,实践教学只讨论从学会拼音到三年级阶段。为了明确每个阶段的日记表现形式、特点、要求、策略和评价等不同的侧重点和针对性,本研究将实践期间又划分为三个阶段。

第一阶段:从学会拼音到小学一年级阶段。掌握日记基本格式,写完整、正确的句子,建立句子的概念,渐渐培养对写日记的兴趣和信心。这是一个起步阶段,要给孩子们充分的时间。从日记内容和辅以的绘画或图片,都不做具体要求,学生

---

①黄春梅.小学生日记教学的思考与实践[D].上海:华东师范大学,2006.

们可以想写什么就写什么,想画什么就画什么,想怎么画就怎么画。这种图文并茂的日记形式是幼儿园绘画课的延续,辅以简短的句子,是一种合理的过渡。另外,这种形式还可以促进孩子们对所学拼音、简单词汇的应用。

第二阶段:小学二年级阶段。继续建立完整句子的概念,鼓励孩子们将语文课中所学的词汇和优美的句子应用到日记中,能将一件小事情简单地叙述清楚。随着孩子们认知水平的增长,他们掌握的词汇和语言表达能力也有所提高,再加上经过一年的日记写作训练,孩子们的书面语言表达能力有了明显进步,在日记中拼音的使用也减少了很多。有些孩子遇到不会写的字,请家长帮忙,日积月累,这样也扩大了自身的词汇量。日记中的图画和照片的针对性也有了很大提高,形式不仅限于左图右文。

第三阶段:小学三年级阶段。经过将近两年的坚持,大部分孩子们对写日记已具有信心。这个阶段可以继续培养学生留心观察周围事物与乐于书面表达的习惯,训练学生流畅地表达,力求生动,不断强化学生的表达欲望。对字数仍不做具体要求,只要能较清楚地叙述一件事情即可。

每个学期设定 5 次命题日记,主题来源于当天经历的事情。比如,拔河比赛、观"感动中国"有感、"母亲节"等。经过两年的训练,孩子们已学会有意识地关注自身的成长,关注生活的变化,而且学生随着年龄的增加,视野越来越开阔,胸怀也越来越大,不只是关心身边的小事,还能把眼光放远,开始关注社会现象。他们成长的烦恼、喜悦与困惑会从日记里反映出来。他们与日记一同成长,迈向成熟。至于"图文并茂"的日记形式,已经发展得丰富多彩,除了左图右文、左文右图、图文环绕等,还有学生请家长帮忙针对一篇日记制作成小视频,形成电子文档发布到班级博客等。

(二)教学实践对象

本教学实践历时近三年,从一年级学完拼音到三年级结束。教学实践对象为天津市武清区杨村第十七小学现三一班学生,共 40 人。

(三)"图文并茂"日记形式的教学实践

1.教学策略

(1)创造民主宽松的氛围,自由地撰写。一二年级写话的定位有两点:一要重"趣",一定要让学生对书面表达有兴趣;二要重"易",打破传统的认为写话就是要写一段话的观念,一定要让孩子们容易写,让他们放胆写,哪怕只是一两句话。要让学生树立"有话则长,无话则短""日记是我手写我心"的观念。写日记是提高小学生写作兴趣的一种极好的练笔方式,但目前有很多低年级学生面临的最大困难是不喜欢写、不会写、没内容写等问题,把它当成一种负担。学生习作能力的培养一定要从小抓起。教师可采取一些激发学生兴趣的方法,由易到难,循序渐进地帮助学生养成写日记的习惯。

"染于苍则苍,染于黄则黄",作为教师,为学生创造写日记的宽松、民主的氛围,鼓励学生写真话,让学生们自由创作、自由联想、自由撰写,这样他们智慧中的潜能才能被激发,展开敏捷的思路,流畅地表达。孩子们的作品虽然粗糙,配图也参差不齐,但很可爱,他们的真实、淳朴、幼稚常常让我忍俊不禁。评语中真诚的赞美和耐心的指导更让学生体验到了学习过程的快乐,每天打开日记看老师的话成为孩子们的一种精神需求。写属于自己的日记,已成为孩子们学习生活中一件快乐的事。随着时间的推移,学生日记的篇幅逐渐增大,会写的字逐渐增多,格式上的错误越来越少,而且渐渐有了一些精品之作。每天把优秀的日记和进步较大的日记选出,请小作者们在全班宣读(经小作者同意后方可实施),学生的那份自豪感可想而知。每学期学校组织编写优秀作文集,主题为《我写我心》,实践班的小学生自然也不甘示弱,他们的优秀日记也被选入其中。学生们看到自己的作品被印成了书,自己也变成了小作者,那份成就感是任何物质奖励也替代不了的。这样一来,学生们既尝到了成功的喜悦,又体会到了写日记的乐趣。

图文并茂的日记,是富有情趣且张扬学生的个性写作。低年级主要是以看图写话为主。有一次,我在看电视的时候偶然发现,一位香港的小学生写的日记左侧是照片,右侧是文字,后来我就鼓励学生去尝试,没有照片就把主题画下来。学生收集各种富有情趣的图片贴在日记纸页上的左角或者右角,再在图的旁边配上文字。这些图片可以是从某个报刊上、书上和其他地方剪来的,也可以是自己觉得很喜欢的照片,比如小时候的照片、出去旅游的照片等。由于学生比较喜欢画画,这种图文并茂的日记形式给了他们很多快乐。他们创设丰富多彩、各具特色的日记形式,调动了巨大的写作热情,而且能拓宽他们的生活视野,提高情感领悟,培养多方面的能力。教学中,我们在借鉴的基础上,融入孩子的想法,形成了个性化日记,初见成效。

图 15-1　学生日记

（2）依从教材,开凿资源。"巧妇难为无米之炊",再聪明的学生如果没有一定的词汇量,也难写出精品之作。著名特级教师管建刚说:"指向写作的阅读,才是作为专业的语文学习者的阅读本质所在"。多年的教学实践积累中,"选准练笔点,读写结合,进行语言文字的运用训练"对提高学生语言运用能力和写作文能力很有帮助。低年级段写话的要求:在写话中乐于运用阅读和生活中学到的词语;对写话有兴趣,留心周围的事物,写自己想说的话,写想象中的事物。

积累语言是学习语文的基础。小学语文教学要重视语言积累,积累语言是学

习语文的基础,因此我平时教学中非常重视语言的积累,从最简单的词语、词组到句子、段落的积累,循序渐进地提高。

教学片断一:用"非常"这个词说一句话,为防止学生造句人云亦云,句子干巴,我适当引导:"我们为什么非常高兴?"请把"我非常高兴"后面的句号改成逗号,再把高兴的原因说出来,学生的思路瞬间打开。为避免思维定式,我顺势启发:"非常"还能和哪些词交朋友?学生说得更热烈了,积极发言,勇于表达自己的想法。这样的训练拓宽了学生的思路,逐步培养了学生多方位思考的习惯,思维的丰富性、深刻性、创造性显著提高。

教学片断二:

我们以( )和( )都是( )为例,以例句为先导:

(1)苹果是水果,

(2)香蕉是水果,

(3)苹果和香蕉都是水果。

(4)自由思考,练习说话。

( )是( )。

( )是( )。

( )和( )都是( )

从教材中选准训练点,要求以身边熟悉的事物为例,引导学生进行仿说、仿写,对学生的语言运用和发散思维很有很大的帮助。

教学片段三:二年级上册《日月潭》的教学中,我以图文结合的方式让学生加深对句子理解,入情入境朗读,使学生阅读兴趣浓厚。

首先出示句子:小岛把湖水分成两半,北边像圆圆的太阳,叫日潭;南边像弯弯的月亮,叫月潭。

师:请同学们找出文中的重点词。

生:小岛、湖水、日潭、月潭。

师:同学们读一读这些词,并想日潭、月潭是什么样子的?

生:像圆圆的太阳,叫日潭。像弯弯的月亮,叫月潭。

师:那我们补充一下句子:小岛把湖水分成两半,北边……南边……

师:说得太好了,那我们看看日月潭的样子。(出示日月潭的视频)大胆想象,讲述你心中的日月潭。

最后完成课堂练笔:如果你是小导游,请把日月潭介绍给大家! 这一教学片段通过让学生先提取词语,再提取词组,然后提取句子,看图想象说话,最后完成课堂练笔。层层深入,让学生在读书的过程中,学习语言并积累语言。

运用语言是阅读的重点。我们在积累语言的基础上,还要学会运用语言,我们可以借教材巧妙引导,采用多种表达形式,鼓励学生写日记。

1)替换仿写。例如在二年级下册《找春天》4—7 自然段的教学片段中,首先老师范读并指导朗读。

师:孩子们,文段中哪些事物代表春天来了? 把你找到的事物说给大家听。

生:小草、野花、嫩芽、小溪。

师:同学们真会学习,准确地找出了他们,请你认真观察(出示小草的图片)。早春小草像什么呀?

生:像弯弯的眉毛。

师:把小草比喻春天的眉毛,这样比喻好吗? 好在什么地方?

生:非常生动、形象。

师:那早开的野花、树木的嫩芽、解冻的小溪又像什么呢? (出示图片、图文结合理解句子)

生:早开的野花是春天的眼睛,树木的嫩芽是春天的音符,解冻的小溪叮叮咚咚是春天的琴声。

师:春天太美了,让我们带着春天的喜悦,美美地读一读吧!

师:春天真美呀,闭眼想象,春天还有哪些景物呢?

生:可爱的燕子,温暖的春风……(出示燕子图片)。

师:同学们睁开眼睛看谁来了呀? (燕子)小燕子从南方飞回来了,告诉我们春天来了,春天来了,他带着消息,它是春天的什么呢? (补充句子):小燕子,从南方飞回来了,那是春天的……吧? (信使)(出示杏花图片)师:同学们,观察这是一株怎样的杏花? 它是春天的什么? (补充句子)……那是春天的……吧!

师:代表春天的事物还有很多,你能仿照课文的句子来说一说吗? 我会说:……那是春天的……吧?

让学生仿照课文例子进行拓展、仿说、仿写,可充分激发学生说写兴趣,满足

他的表达欲望,使他们爱说爱写。

2)借助插图,利用关键词、示意图等变化形式的讲故事、编故事。例如二年级下册《蜘蛛开店》,我们要细化落实讲故事和编故事这个教学目标,可以按照猜故事—读故事—讲故事—编故事的教学思路展开教学,根据教学内容创设情境,在第三环节讲故事中,根据思维导图讲故事。第四环节编故事,我们可以创设情景,出示情景图片一:继续给蜈蚣织袜子,说什么、想什么、干些什么?出示情景图片二:停业休息的蜘蛛会想什么、说什么、干些什么?出示情境图片三:私人定制,做自己喜欢的事,蜘蛛会想什么、说什么、干些什么?展示三张图片后学生们交流说话后选一个情景写一写。根据教学内容创设生活化的情景,是学生练习习作的突破口,他可以带领学生走进生活愉悦的情境中,体验到快乐,使学生有话想写,有话可写。

又如:二年级的时候,教师就要引导学生尝试由填词到仿写整句话,例如二年级下册《语文园地二》小练笔《照样子,写一写你的一个好朋友》。根据例句,老师介绍具体要求:"要说明谁?长什么样子?我们经常做的事。"例句重在启发学生的思维,让学生先在班里找到一个好朋友,认真观察他的外貌,回忆生活中发生的事情。学生们对此话题颇感兴趣,积极分享他们和小伙伴之间发生的难忘的事。交流汇报时,最令大家难忘的是李丽分享的故事:我的好朋友李华,圆圆的脸,可爱笑了,笑起来两个小酒窝特好看。在武汉新冠疫情暴发的时候,我俩让家长帮我们把零用钱都捐给了灾区。这个故事感动了大家,这时我顺势引导学生模仿写话,完成课堂小练笔。以上是一二年级选准训练点由启发填词导训练说、写整句、整段话。

3)好词好句摘抄。语文课时,我们还可以把一些好词好句摘抄在后黑板上,并让学生积累在自己的小本上,鼓励学生在写日记时尝试使用,但不做硬性规定。孩子们的创作才能总会给出意外的惊喜。比如,在《爷爷和小树》这篇文章中使用了"暖和""撑开""绿色的小伞"等词,上课时稍加点拨,学生明白了词语的意思。结果,班里的一位清秀的、稍感内向的小女孩交上来了这样一份日记。

2019 年 3 月 12 日　晴

今天的天气真好啊,天气很暖和,有一点儿风,给人春风拂面的感觉。今天,语文老师给我们讲了一个故事,老师讲得很生动,我们都认真地听。

放学以后,爸爸接我回家。我看到路边的小树穿上了冬装。虽然树叶落了很多,小树仍像一把撑开的小伞,可爱极了。

看完之后我喜出望外,也让我再次认识到词汇和句子的积累是必要的,学生对知识的认知是有差异的,不要刻意做统一要求。下面这篇是家长和孩子合作完成的。

2019 年 3 月 12 日　晴

我是一棵树,长在杨村第十七小学的校园里。我的名字叫壮壮,我每天看着小学生们愉快的学习、活动,心里有说不出的美慕,我真想和他们做朋友。

今天下午十七小可真热闹呀,小学生们在老师带领下,提着桶,端着盆向我们涌来。天哪,太好了!他们是给我们浇水来了。我太高兴了,一个冬天没喝水,可把我渴坏了,今天,我一定要喝个够,补补营养,好在这春天里长出茂盛的枝叶。

哗,哗,哗,一盆盆、一桶桶甘甜的清水倒在我的根下,我的身体感到一阵阵清凉。这时一个大个子同学,端着一盆水,提起脚跟,使劲把水从高处往下倒,哦,原来他想给我洗澡呀!我听到其他同学大声喊:"李明轩,高一点儿,再高一点儿。"他们可真关心我呀!谢谢老师和同学们,是你们让我变得生机勃勃,让我对未来充满希望。

春天的太阳照呀照,春天的风吹呀吹,我浑身上下充满了力量,我不停地向上挺着身子,我要使劲地长,长成一棵参天大树。

孩子的日记构思奇妙,角度新颖,语言清新活泼,用拟人化的手法写出了人与树的和谐。尤其是文章的结尾升华了主题,将思想性提高了层次。

(3)感悟生活,挖掘素材。照理说,日记应该是一种自由的文体,写不写、写什么都应该由作者自己做主。这种写作完全应当出自于学生的内在需要和欲望,是一种主动行为,是一种自得其乐的个人行为。但要想让学生把日记写好,在起始阶段光靠他们短暂的兴趣和有限的自觉是不够的。所以,在学习写日记时常常需要老师的指点。低年级的学生对日记素材(或主题)的感知是比较弱的,因此,每天给他们一些简短的提示,比如,你受到老师的表扬了,心里怎么想;你过生日了,家人怎么为你庆祝,你的心情如何;今天你在学校里的开心的事情或不开心的事情是什么等等。学生记下了一天中最有意义的事,心里也是格外高兴,自然不会为没主题可写而感到发愁。下面是学生的几篇小日记。

2019 年 5 月 5 日　小雨

今天早上,天空下起了蒙蒙细雨,地上的小草都喝足了水,挺直了身子,好像长高了很多。树叶上的灰尘都被雨水给冲掉了,就跟《送元二使安西》这首诗中写的"客舍青青柳色新"描述的景象一样。

(评语:你看到了雨中美妙的童话,绘出一卷清新秀丽的春雨图。)

2021 年 4 月 5 日　晴

自从我出生以来,每天早晨我都能吃到妈妈为我做的营养美味的早餐。每个清晨,她总是第一个悄悄起床,麻利地把早饭做好,然后盛到碗里晾着,到时间才叫我起床。而我不太清楚她每天在忙些什么,总觉得这是理所当然的事。直到那天,我才隐隐知道了妈妈那从不外露的爱。

那天早晨,妈妈和阳光一起把我叫醒,我不大情愿地穿好衣服,洗漱完毕,坐到了饭桌旁。一股香味迎面扑来,我瞪大眼睛,发现此时桌子上已经摆好了两碗鸡蛋汤,红色的番茄,黄色的鸡蛋,汤面上点缀着几片绿色的香菜叶。我高兴极了,因为我最爱喝鸡蛋汤了,但妈妈不让我天天吃,她为了让我营养平衡,每天的早餐总是换花样,尽管有时我并不爱吃。看着这碗诱人的鸡蛋汤,我胃口大开,径自拿起筷子就吃,当我用筷子挑起那一团团淡黄色的蛋片时,不经意间看到了妈妈的那碗却清汤似水。我赶紧放下了已经挑起的鸡蛋片,把筷子伸进妈妈的碗里,我使劲去捞那几缕鸡蛋丝,可它们却像故意气我一样一次次从筷子上滑下。我想起来了,以前妈妈也总是把鸡蛋给我,我还问过妈妈,记得她说:"鸡蛋吃多了不好,科学的吃法是一个人每天最多吃两个鸡蛋为最好。""可是,妈妈的碗里连一个鸡蛋都不够,为什么都放到我的碗里呢?"想到这里,我顿时明白了,这就是我的妈妈。我知道,几个鸡蛋对我们家来说不算什么,妈妈也不是舍不得吃,而是在每一件小事上,她首先想到的是她的女儿,这就是无私的母爱。我的眼睛湿润了,嗓子里像是堵了块东西似的难受。我赶紧趁妈妈还在忙碌时从我的碗里捞出了几团鸡蛋片放进了她的碗里,然后快速吃完了饭。看着妈妈一口一口吃下那些鸡蛋片,我偷偷地笑了,同时我也看到妈妈那带笑的脸上挂着的晶莹泪珠。

我至今忘不了那碗色香味俱佳的鸡蛋汤。

(评语:读了你的文章,我仿佛看到了那幅温馨的生活场景图,你用朴实自然的语言为读者呈上一篇犹如一碗色香味俱佳的鸡蛋汤般的美文。一碗鸡蛋汤折射出浓浓的母爱,一碗鸡蛋汤见证了孩子的成长。文章切入精巧,富有新意,带给读者更多的是感动……)

(4)关注人性,育德于教。低年级的学生正处在身心发展的起始阶段,对学生的人性化教育显得尤为重要。因此,教学生写日记时,带领他们跳出课堂,跳出学校的小圈子,扩大生活外延。如:在家如何孝敬父母长辈?在学校如何与同学和睦相处?在生活中如何爱护环境?在社会上如何关爱残疾人?深奥的道理他们不懂,简单的事告诉他们如何去做,做完引导他们记录下来,长此下去,学生自然也就有了分辨真假是非的能力了。下面这篇日记是一个孩子的真情流露。

2020 年 5 月 16 日　晴

那天,妈妈向大家宣布一个消息,再过两天,就是她的生日。妈妈说,今年生日要在姥姥家过,而且她要过一个"特别"的生日。

朋友们,你们都有自己的生日吧!在你过生日的时候也一定收到过很多礼物吧!我想,妈妈生日那天,肯定会有许多漂亮礼物,既然是个特别的生日,肯定还有特别的礼物——五彩的灯光、带音乐的生日帽、盛大的舞会、动听的生日歌大合唱,还有插满蜡烛的十八层大蛋糕……

在我热切的期盼中,两天终于过完了。今天我高兴极了,围着妈妈转个不停,并且不停地问:"妈妈,什么时候开始庆祝生日呀?"妈妈说:"一切都准备好了,现在就开始吧!"我马上在桌旁坐好,只见妈妈一边报着菜名一边把香喷喷的饭菜端上桌。我看着端上来的菜,都是姥姥姥爷平时最爱吃的,就好奇地问:"妈妈,今天不是您的生日吗?"妈妈说:"对呀,是妈妈的生日呀,怎么,有什么不对吗?""既然是您的生日,怎么没有您最爱吃的菜呢?"我急切地问。妈妈笑着说:"今天是我的生日,可是我出生的那一天就是姥姥的'难日'呀!所以,妈妈不仅要做好吃的饭菜给姥姥姥爷吃,而且还有礼物送给他们呢!"妈妈边说边取出礼物——一件是姥爷需要的老花镜,另一件是给姥姥捶腿的健身锤。"你们看!"妈妈打开大蛋糕,几个红色的大字跳进了我的眼帘:祝爸爸妈妈身体健康!妈妈的生日在动听的生日歌大合唱中结束了。

晚上,我躺在床上,回想着白天的事。我想:妈妈的生日过得真特别呀!我长大以后也要像妈妈一样疼爱父母,做个孝顺的好女儿。

(评语:带着一份好奇读完你的文章,一种渐入佳境的感觉油然而生,不禁为

你巧妙的构思拍案叫绝。文中人物的语言细腻生动,将浓浓亲情挚爱融入字里行间,真实并且有很强的感染力。完整的叙述、清晰的条理、生活化的语言都是这篇文章的优点,可以说得上是以小见大、平中见奇。)

(5)重视阅读,课外阅读课内化。"读书破万卷,下笔如有神。"从小到大这句话耳熟能详,所有学生都知道这句话,它所展示的正是阅读和写作之间那种从量变到质变的关系。《课程标准》明确规定小学阶段学生课外阅读总量不少于145万字,背诵优秀诗文160篇,所以让我们的孩子一定多读书、多积累。实践告诉我们,大量阅读古今中外文学名著,既可以扩大学生的生活视野,拓宽知识面,又可以引发学生的写作欲望,还可以逐步丰富他们的语言、词汇、写作素材。因此我结合学校组织的读书漂流活动,组织学生在班级开展读整本书的活动,首先为孩子推荐快乐读书吧提供的书籍,还为孩子精选适合他们的历史故事类、科技类、童话类等书籍。为了创造阅读气氛,每天我组织学生在晨读安排读古诗词,每月组织一次诗词展示大会,孩子们兴趣浓厚,踊跃参加。每周安排三节课的课外阅读,每开启一本书的阅读时,我们都有一个推荐会,我引导孩子如何去阅读。首先了解这本书的目录、作者及大概内容。每读完一本书,我们都开展阅读展示会,展示会的内容丰富多彩,有交流喜欢的词语、句子、讲故事、人物特点、说说自己的收获和感悟、演课本剧等形式,孩子们不仅积累了词汇,而且丰富的知识,可谓一举两得。

2.评价原则与方法

(1)评价原则。首先,严格地说日记是一种私人写作,它其实是一个秘密。当孩子们把自己最纯真、最真实的内心世界展现在我们面前时,教师需要以一种平等、真诚的个体施以帮助和情感上的影响,是思想和情感上的交流,不应该用量化和等级来衡量。另外,每一个孩子对学习、生活中的事情的关注点是不同的、多元的,因此,孩子们的日记也是五花八门,多姿多彩的,我们无法用统一的标准来衡量,这也同样告诫我们在欣赏日记时不要量化和划分等级。

其次,要尊重每一个孩子。日记是写给自己看的,当孩子们有信心拿出来呈现给你,就说明对你充满了极大的信任。所以在给日记写评语时,要尊重孩子的隐私,平等而巧妙地给他们的日记提供建议和帮助。

第三,孩子们在日记的起步阶段,需要教师更大的宽容和更多的帮助,因此在批阅日记时应是更多的鼓励。对优等生严一点,对写日记的学困生宽一点。在教师的指导方法上体现出层次性而非一致性。

(2)评价方法——综合性评价。修改日记是写日记的一个重要环节,学生日记第一稿时,难免有一些疏忽,不那么完善,就是大作家也是需要反复修改的,文章总是越改越好,老师应指导学生逐渐学会修改文章。由于班级人数较多,所以对于日记的评价方法是采用家长和教师综合评价。每天晚上,学生写好日记后,请家长先做第一次修改和评价(包括字、词、语句、简单评语等)。第二天日记讲评课上,教师再对交上来的日记进行第二次评价(题目与内容的一致性、语句的简洁性、主题的新颖性等)。在此过程中,不要向学生提过高要求,设立一些底线就行了。要求学生改正错别字、病句,把句子写正确,做到文从字顺。诸如篇幅、主题、技巧等要求顺其自然,不给学生人为的压力,注意评语的激励性,营造一种民主的气氛,给学生信心,鼓励孩子们写真实的情感,大胆写,养成好的写作习惯。

其实修改日记最简单的方法,就是文章写好后,让学生念给自己听,请耳朵做先生,日记一读不通的、不顺的、不妥当的,都可以发现。在日记讲评课上,老师鼓励学生交流习作,并相互提出修改意见。城区小学班容量大,教给学生修改作文的方法,既可以把老师从繁重的批改任务中解脱出来,还锻炼了学生的修改能力,何乐而不为呢?

三、反思与建议

上文阐述了对低年级段小学生日记教学的策略和评价问题,在对相关内容进行阐述梳理过程中,对日记教学实践进行了反思并提出以下的建议。

首先,写日记对提高小学生的写作能力,塑造他们的人格,培养他们的情趣能够起到很大的作用,这已经得到教育界的肯定。但是,从《语文课程标准》和各版本的小学语文教材来看,日记教学并没有得到应有的重视和相应的地位。因此,希望《课程标准》和语文教材的编写者尽快进行相关内容的修补,能够给小学语文教师在日记教学过程中以具体的指导。

其次,从学校和教师角度来看,学校要给日记教学足够的重视,组织教师积极进行日记教学实践,结合本学校的具体情况编写日记教学的校本教材及进行校本课程建设,把日记教学落到实处,切实提高孩子们的写作水平。

第三,多渠道展示学生的日记。语文承载着中华民族五千年的灿烂文化,也从根本上深层次地体现着汉民族的思维方式,而交流是促进和加强民族文化的有效手段。小学生的语言积累同样离不开相互交流,孩子们可以在交流中看到自己的不足,由此产生一种紧迫感;或在交流中看到自身的价值,由此更加激发起创作的热情;或在交流中开阔视野,拓宽语言积累的素材。教学中采用多种方法指导学生进行语言交流。

(1)课堂日记。在教学中,改变以往那种让学生回家独立写日记的做法,而是把日记引进课堂,让学生集体写日记。学生在良好的环境中,在特有的气氛中,进行着"合作日记",学生和老师既是作者又是读者。学生在交流合作中实现了相互沟通、相互学习,达到了资源共享。这样做,丰富了语言,促进了积累。

(2)办手抄报,设计完成班级日记集、个人日记集。让学生利用课余时间阅读大量课外书籍,观察周围事物,自己收集、整理资料,然后指导学生设计报头和正反面,编排内容,让学生充分发挥自己的创造才能,培养学生的审美能力,最后让学生把自己选好的内容、设计好的正反面绘出来、写出来,让学生自己感受劳动成功后的喜悦。同时,把那些办得有特色的小报在班内交流。

老师、家长和孩子一起整理班级日记《我手写我心、我笔抒我情》,同学们轮流将自己的日记写在本子上,大家互相传阅、分享,记录美好的童年生活。

日常教学中,我们要注重对学生加强课内外阅读,关注语言积累与运用,重视阅读方法策略的引导,凭借教材的优势,充分利用各种课程资源,激发学生写话的欲望,变学生"我要说、我要写"。这样,不仅加深学生对文本的理解,而且大大提高学生说话写话的能力。老师以教材为支点,创设情景,搭建写话平台,孩子们不断积累,大胆创新,这样便形成了不同风格的个人日记集。老师、家长和孩子一起努力,集思广益,帮孩子们整理了一本本精美的集子,记录着每个孩子的成长足迹,带着孩子们自己的特色,融入他们的创意。每个成长瞬间都是那么精彩,每个故事都是那么动人难忘……手捧孩子们的作品,满满的自豪感和幸福感。

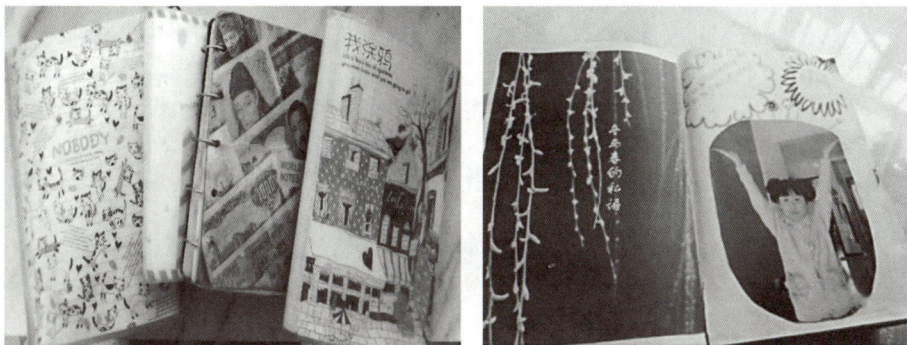

图 15-2　学生日记集

孩子们的日记集,风格迥异。喜欢绘画的孩子就把所见所想用画画的方式记录下来;爱好摄影的孩子,边欣赏美景边拍摄,精美剧照跃然纸上;擅长书法的孩子,日记书写工整、规范;打字有基础的学生则喜欢用电脑记录生活……

图 15-3　学生个人集

当代著名诗人郭沫若写过这样一句诗:"胸藏万汇凭吞吐,笔有千钧任翕张。"这句诗道出了积累对表达的重要意义。表达,无论是说还是写,都是为了使听者或读者了解自己的思想、观点、感情。而要想让别人正确理解自己的思想,除了自己的思想正确、深刻之外,一个十分重要的条件是要表达得准确、鲜明、生动。孩子们已经学会选择自己喜欢的方式准确、生动、鲜明地表达出自己的感受。

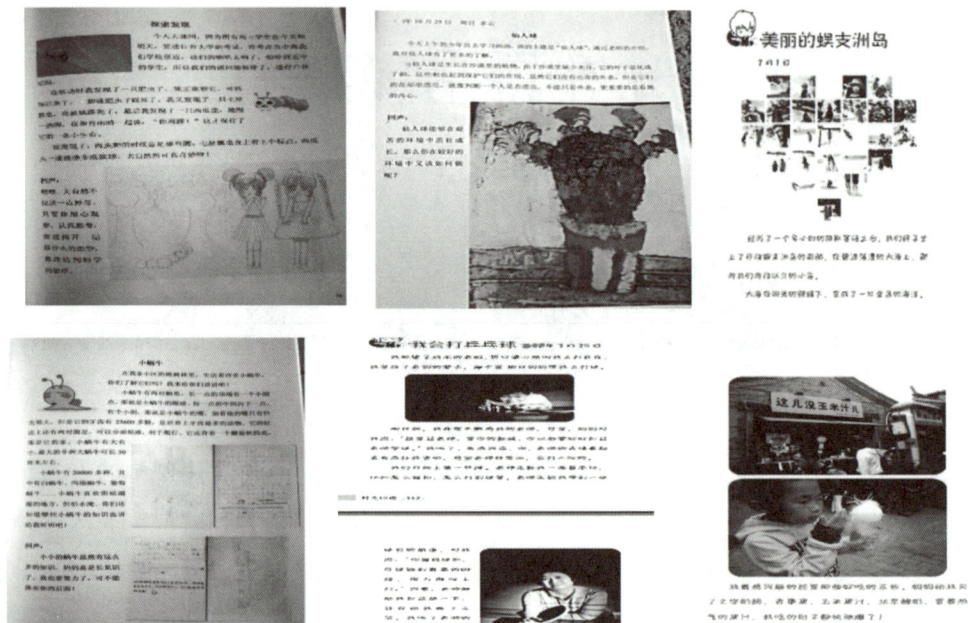

图 15-4　学生作品

（3）投稿。鼓励学生向各级各类刊物投稿，对外交流。近年来，我的学生积极踊跃投稿，有多篇作品在各级各类习作竞赛中获奖。其中，杨子腾等同学荣获国家级奖励；高佳婧同学的习作发表在市级刊物上。通过投稿，不但获奖的同学受到莫大鼓励，还给周围同学带来了极大震动，使学生的写作处于良性互动中。

（4）创建班级博客。我们的班级博客"让我们一起成长！"，让更多的人关注到学生的作品，使学生明白日记不仅是个人的行为，也是与他人交流、分享快乐的一种方式，从而激发他们的写作内驱力，提高写作自信心。

几年来，在班级博客上传了孩子们几百篇原创的小说、诗歌和童话故事等，受到领导、家长等朋友的广泛关注。每一个读者的中肯评论，褒奖也好，提出建议也罢，都激励着孩子继续努力，认真写日记。

图 15-5　班级博客

四、多元评价　赏识激励

《课程标准》指出："在评价时要尊重学生的个体差异,促进每个学生的健康发展"。作为一名低年级教师,更好深入地了解学生,敏锐地发现他们的闪光点,懂得用赞赏的语言去激励学生,学生才会越写越爱写,越写越会写。

(一)激励性评价

认真看学生日记,对学生的日记写激励性的评价语言,哪怕一个词、一个句子写得好,也要做上记号和写上批语。切忌轻易否定学生的日记,不用一把尺子衡量每个人,让学生保持积极的心态、饱满的热情和强烈表达欲望,要让他们把日记当作和老师进行书面的心理交流。

(二)多讲评展示

对于孩子们的日记,偶尔读读优秀的日记,偶尔全班同学都来读,让全班同学都有机会表现自己。在教室班级文化栏内专设一个"日记飘香"或"聆听花开的声

音"的日记展示栏。在老师的"赏识"的笔迹和符号中,学生的日记不知不觉通顺了、具体了,也丰富了。学生也从老师的赏识中找到写日记的快乐。

最后,从家长的角度来讲,利用工作之余要多带孩子拥抱自然,了解社会,用心观察身边的人和事,开阔他们的视野,搜集丰富的素材,帮助孩子养成良好的写日记的习惯。

五、结束语

"日记教学"实践一步步地走到了今天,笔者还在为这项工作的进一步完善而不断地努力探索着。在陪伴孩子们写日记的过程中,真切地感受到一种力量——成长的力量。我相信,孩子们观察、感悟、表达的能力会越来越强,他们会在这一过程中感受到更多学习和进步的快乐,他们充满智慧的童心定会随着日记教学探索的不断深入而无限放飞。

小学语文不同学段课程资源开发研究

天津市西青区实验小学　张爱丽

　　语文是一门工具性与人文性相统一的学科,通过语文教学提高学生的听、说、读、写能力,提高语文素养[①]。其中,阅读能力起着至关重要的作用。苏霍姆林斯基曾说过,"必须教会少年阅读!凡是没有学会流利地、有理解地阅读的人,就不可能顺利地掌握知识。在小学中就应该使阅读达到完善的程度,否则就谈不上让学生自觉地掌握知识"[②]。但是有些教师认为语文阅读教学就是课上提几个探究性的问题,学生讨论一下,教师总结答案,课下背背课文、课后题就行了。但时间一长,学生对学习语文的兴趣逐渐淡化,甚至讨厌学语文,这就违背了我们语文教学的初衷。随着时代的发展,新教材应运而生,这套教材采用双线组织单元,强化阅读,重视方法指导,加强语言文字运用,是提高学生阅读能力的很好资源。因此,教师要转变教育观,深度钻研教材,挖掘教材资源,实现课堂上教师、学生、作者三方平等"对话"的过程。激发学生学习语文的兴趣,掌握一些阅读方法,爱上阅读,达到独立阅读、提高语文素养的目的。教材中提供了很多方法和途径,其中有一条途径就是开发教材资源,为学生搭建课内外阅读桥梁,积累文化知识,提高学生语言文字运用的水平。

　　纵观小学一到六年级教材,我们不难发现,新教材增加了"和大人一起读"

[①]闫婉婉.特级教师李凤"无痕语文"教学实践研究[D].徐州:江苏师范大学,2014.
[②]苏霍姆林斯基.给教师的建议[M].杜殿坤,编译.北京:教育科学出版社,1984.

"我爱阅读""阅读链接"和"快乐读书吧"等板块,教师要利用好这些个栏目,引导学生进行阅读实践,使课内外阅读有机整合,搭建阅读桥梁,提升阅读能力,开启智慧,增长才干。下面这个表格就是梳理的小学六个年级十二册中出现的阅读开发资源。

表 16-1 阅读开发资源

| | 阅读链接(和大人一起读/我爱阅读) | | 快乐读书吧 | |
	课文	链接内容	单元主题	文体
一年级上册	每个语文园地后"和大人一起读"	共八篇课外短文	第一单元识字	"读书真快乐"
一年级下册	每个语文园地"和大人一起读"	共八篇课外短文	第一单元识字	"读读童谣和儿歌"
二年级上册	每个语文园地"我爱阅读"	共八篇课外短文	第一单元课文	"读读儿童故事"
二年级下册	每个语文园地"我爱阅读"	共八篇课外短文	第一单元课文	"读读童话故事"
三年级上册	5.《铺满金色巴掌的水泥道》	汪曾祺的《自报家门》	第三单元"在那奇妙的王国里"	"中外经典童话"
	6.《秋天的雨》	德国乌纳·雅各布《迁徙的季节》		
	21.《大自然的声音》	叶圣陶诗歌《瀑布》		
三年级下册	5.《守株待兔》	《南辕北辙》根据《战国策·魏策四》改写	第二单元 "小故事大道理"	"中外寓言故事"
	6.《陶罐和铁罐》	《北风和太阳》根据《伊索寓言》改写		
四年级上册	11.《蟋蟀的住宅》	苏联比安基的《燕子窝》	第二单元"很久很久以前"	"中外神话"
	14.《普罗米修斯》	根据袁珂的《神话选译百题》改写的神话故事		
	18.《牛和鹅》	选自李汉荣的《牛的写意》片段		
	23.《梅兰芳蓄须》	田野的《难忘的一课》		
	26.《西门豹治邺》	根据"阅读链接"中的开头将课文改编成剧本		

续表

	阅读链接(和大人一起读/我爱阅读)		快乐读书吧	
	课文	链接内容	单元主题	文体
四年级下册	5.《琥珀》	根据王文利的《琥珀物语》改写的片段	第二单元"十万个为什"	科普作品
	10.《绿》	选自宗璞的《西湖漫笔》片段		
	13.《猫》	选自夏丏尊的《猫》片段 选自周而复的《猫》片段		
	15.《白鹅》	俄国叶·诺索夫的《白公鹅》		
五年级上册	14.《圆明园的毁灭》	闻一多《七子之歌》节选,冯亦同《和平宣言》节选。	第三单元"从前有座山"	"中外民间故事"
五年级下册	2.《祖父的园子》	萧红的《呼兰河传》节选		
	5.《草船借箭》	罗贯中的《三国演义》节选		
	8.《红楼春趣》	林庚的《风筝》		
	11.《军神》	李本深的《丰碑》		
	18.《威尼斯的小艇》	朱自清的《威尼斯》 法国乔治桑的《威尼斯之夜》		
六年级上册	2.《丁香结》	四句关于丁香的诗句	第四单元"笑与泪,经历与成长"	与儿童成长相关的中外经典小说
	4.《丁香》	宗白华的散文诗《杨柳与水莲》		
	5.《七律·长征》	毛泽东的词《菩萨蛮·大柏地》		
	20.《三黑和土地》	陈晓光的诗歌《在希望的田野上》		
	25.《好的故事》	冯雪峰的《论<野草>》 李何林的《鲁迅<野草>注释》		
六年级下册	1.《北京的春节》	斯的《除夕》	第二单元"漫步世界名著花园"	外国文学名著
	11.《十六年前的回忆》	《董存瑞炸碉堡》		
	12.《为人民服务》	吴瑛的《十里长街送总理》		
	15.《真理诞生于一百个问号之后》	《詹天佑》选自《十年制学校小学课本(试用本)第十册》		

通过以上表格分析,我们可以看出统编版教材对于课内外阅读的重视,从一年级至六年级阅读贯穿始终,内容上逐渐丰富,体裁多样。一年级设立"和大人一起读",目的是通过亲子阅读,激发学生初步养成读书习惯。二年级"我爱阅读"激发学生爱读书的热情。到了三至六年级,"部分课文后安排了'阅读链接',提供与课文内容相似或语言形式相似的短小篇章或片段,由课文自然延伸,引导学生拓展阅读、对比阅读,扩大阅读视野"①。"阅读链接"通常是跟课文有联系的,有的是内容主题相似,例如四年级下册 13 课老舍先生的《猫》,链接补充两篇不同作家同题文章,目的是引导学生通过比较阅读体会不同的作家对猫的喜爱,以及状物言情的表达方式不同,进一步体会作家的写作风格;有的是资料的补充,例如五年级上册《圆明园的毁灭》一课,为了让学生更深入地体会文章,补充了闻一多的《七子之歌(节选)》、冯亦同的《和平宣言(节选)》,激发学生不忘国耻、振兴中华的决心;有的是文章片段,例如五年级下册《祖父的园子》,链接的是萧红的《呼兰河传》节选是小说的结尾,目的是激发学生阅读整本书的兴趣……

一至六年级每册书都安排了"快乐读书吧",带动学生课外阅读,使课外阅读课程化。每个读书吧都有一个专题,根据年龄特点,逐年级推荐学生阅读相关题材的书籍,从生动有趣的童话故事、民间故事、神话传说,到整本书阅读中外经典小说,由浅入深,感受读书的乐趣,避免了盲目阅读的误区。

针对以上分析,教师可以充分利用教材中的这些资源,开发拓展,搭起阅读桥梁,培养学生语文阅读素养。下面从低年级和中高年级两大方面开展研究。

一、低年级课程资源开发——从兴趣到习惯

兴趣是最好的老师,做什么事都要从兴趣入手。一二年级的小学生对什么都

---

①人民教育出版社,课程教材研究所,小学语文课程教材研究开发中心.义务教育教科书教师教学用书五年级上册[M].北京:人民教育出版社,2019.

充满好奇心,要抓住这一特点,激发学生的阅读兴趣,树立读书意识。一年级教材每个单元后面设置了"和大人一起读"栏目,旨在搭建一个阅读平台,激发学生阅读兴趣,达到课内外阅读相结合的目的。这里的"大人",主要指父母,也可以是其他家人。二年级教材每个单元后面设置了"我爱阅读",学生在一年级练习的基础上,识字量有所增加,基本掌握朗读的方法,但还需要大人和教师的指导。一二年级每册教材设有一个"快乐读书吧"栏目,设置情境教授基本的阅读方法和基本途径,让学生体会阅读的快乐,产生阅读期待,乐于和大家分享课外阅读的成果[①]。我们可以将这两个栏目进行有机结合,将会取得 1+1>2 的效果。

(一)创设情境激趣阅读

好的情境,引人进入佳境,吸引注意力,例如一年级上册"快乐读书吧"。教材出示了四幅插图,配有不同的文字。图一是亲子阅读的场景,"我经常和爸爸妈妈一起读有趣的故事书",重点引导学生明白,上学了要和大人一起"读"故事书。并通过画面感受亲子阅读的和谐、快乐。这一环节正是引导学生阅读"和大人一起读"栏目中给提供的阅读材料。后三幅图则介绍阅读方法,可以讲给伙伴听,阅读不仅局限于课本里的文章,质疑我们还可以在哪读书呢?学生联系生活实际谈一谈,有的说"可以到图书馆",还有的说"妈妈带我去书店买了一些课外书"……这一环节点明了课外阅读的多种渠道。学习拼音就能帮助自己认识很多汉字,阅读更多的书,激发学生学习拼音的期待。上好第一次"快乐读书吧"就会为学生播下读书的种子,点燃读书的热情。

(二)陪伴是最好的激励

良好的阅读氛围,对调动学生阅读兴趣起到积极作用。"陪伴"是一种有效的途径,可以是亲子阅读、同伴阅读、师生阅读。

1.亲子阅读

苏霍姆林斯基曾说,家庭教育好比树木的根须,供养着教育的树干、枝叶和花

---

①人民教育出版社,课程教材研究所,小学语文课程教材研究开发中心.义务教育教科书教师教
学用书一年级上册[M].北京:人民教育出版社,2019.

果。学校教育的成果是建立在良好的家庭道德基础上的①。这句话说明家庭教育对孩子成长的影响有多大。因此,教育要发挥家长的引领作用,家长就要担负起培育孩子的责任,从小激发孩子的阅读兴趣,耐心指导阅读方法,培养良好的阅读习惯。

一年级"和大人一起读"栏目的设置初衷正在于此。家长可以引读,一年级小学生刚开始学拼音,读起来有困难,大人对孩子在阅读中的困难给予帮助,例如:平翘舌音混淆,b 和 d、p 和 q 不分,通过读既巩固了拼音,又锻炼了朗读能力。有的学生读着会跳行,可以指导用指读或用铅笔指读,时间久了就能克服困难,极大地提高阅读速度;当孩子学完拼音后,拼得比较熟练的时候,可以先让孩子读,圈画出新认的生字,家长及时鼓励孩子的进步。通过采访一些一年级家长总结的经验:固定读的时间,每天会找固定时间亲子阅读;丰富读的方法,分角色读,我读你听,你读我听,指出对方的对错;也可以采用和孩子赛读的方式,比一比谁读得通顺有感情,激励孩子竞争意识,享受亲子阅读的快乐。这样时间长了,既激发学生阅读兴趣,养成良好的阅读习惯,还增进了亲子感情。

2.同伴阅读

新课标提倡自主、合作探究的学习方式,小学生喜欢和同伴一起玩儿,我们可以利用这一特点,引导学生采用两人合作读、分角色读、对读比赛,在读中指出对方的对错,互相监督互相进步,激发阅读兴趣,提高主动阅读欲望。例如:同桌互相给对方读"和大人一起读"阅读篇目或课外阅读内容,看谁读得正确、通顺,还可以说一说读懂了什么。

3.共读引路

一开始教师要利用微信群或微课这样的平台,上一堂简短的共读指导课,将"和大人一起读"这块新内容介绍给家长,并对如何形成家庭阅读氛围、如何与孩子共同阅读等问题展开指导。教师还可以把自己想讲的内容,以文字或课件的形式发送到群里,供家长阅读学习。当然也可以通过一问一答的方式,和家长一起探

---

① 苏霍姆林斯基.给父母的建议[M].罗亦超,译.武汉:长江文艺出版社,2017.

讨。这样,每个家长都能第一时间明确任务,了解方法①。

4.师生共读

教师是学生学习的引路人、指导者,要充分发挥引领指导作用,课余时间经常和孩子们一起读书,一起背诵古诗,给学生讲一些有趣的故事,介绍一些名人读书名言,例如:朱熹曾说读书有三到:心道、眼到、口道。低年级学生还要加一个"手到",就是读书时要集中注意力,看仔细了,嘴就会读正确了,"手到"就是加上"指读",遇到不会的字词要及时问大人或查字典,逐渐达到能自主阅读,养成习惯就可以提高阅读效率,这对学生是一种言传身教。老师流露出来的热情、趣味之情,感染着每一个学生,学生在浓郁的读书氛围中,体会到老师对阅读的重视,从而自觉地进行阅读活动。除了课本上"和大人一起读"提供的阅读篇目,教师还可以为学生提供一些课外儿歌、小故事,利用课余时间通过范读、引读,指导学生学习一些读书技巧,积累语文知识。

(三)搭建展示平台

1.讲故事

在读了一部分故事的基础上,可以定期召开故事会。首先,课下选择要讲的故事,可以分享"和大人一起读""我爱阅读"中的小故事或课外阅读故事,到了二年级可以选择"快乐读书吧"中推荐书目中的故事,加以练习;教师要提前培训讲故事要注意的地方。然后在课堂上展示,注意做好激励性评价,纠正一些错误。最后总结评出班级故事大王,发奖励性小奖品。通过这种形式给学生一个展示自我的机会,又激发阅读动力,增强了竞争意识,开阔视野,锻炼了口语表达能力。

2.朗诵比赛

教师通过课堂范读、朗读指导,学生掌握了一些朗读技巧,如何检验学习成果呢?可以开展一个朗诵比赛,同学们从读过的儿歌、童谣中选择喜欢的一首进行练

---

① 季科平"童真语文"工作室."和大人一起读",读出一片新境界[J].小学语文教学杂志,2017(10):16–19.

习,先小组内进行选拔,再选出代表进行全班比赛,评出优胜奖。激励学生读朗读的兴趣,培养朗读能力。

3.共读分享

在亲子阅读的基础上,为了让学生持续阅读,开展交流分享是很有必要的。其一,让学生分享在家共读的快乐。比如可以播放在家共读的视频,一方面让学生互相学习,另一方面也激发他们读书的兴趣。其二,让学生分享在家共读的收获:可以是新认的字,可以是积累的词,也可以是积累的句子等,根据文本特点而定。其三,让学生交流分享共读中的感悟,可以是共读中懂得的道理①。例如:二年级上册园地一中"我爱阅读"是一篇有趣的科学童话《企鹅寄冰》,学贵有疑,光看题目学生就产生好奇"冰怎么能邮寄呢?"带着兴趣读完后可以提出不懂的问题和大家交流,比如:"南极在哪儿?冰寄到狮子那里变成水,为什么退回来又变成了冰?"通过交流,学生明白了非洲炎热、南极寒冷的气候特点,冰遇热变水、水遇冷变冰的科学常识。

通过一二年级的阅读训练,由教师、家长的"扶"激发阅读兴趣,引导学生提高识字量,掌握一些阅读方法,从中感受到读书的乐趣,逐渐养成自主读书的阅读习惯。

二、中高年级课程资源开发——提高阅读能力

(一)巧用阅读链接

小学三到六年级语文教材中出现了"阅读链接",有的教师只是让学生读一读即可,实际上编者安排这一栏目是有其用意的,目的是"提供与课文内容相似或语言形式相似的短小篇章或片段,有课文自然延伸,引导学生拓展阅读、对比阅读,扩大阅读视野"。因此,如果利用好这一板块,对提高学生的阅读思辨能力、融会贯

通能力,鉴赏能力大有益处。

1.对比阅读

通过对比阅读,能深入、理性地理解课文内容、作者表达方法等异同,感受到同一主题可以有不同的表达方法,以及不同作家的写作风格,更能开拓思路、提高思辨能力。

例如:四年级下册第五课《琥珀》一课是一篇科普故事,介绍了琥珀形成过程以及由此展开的推测。在教学时,让学生比较"阅读链接"内容与课文在表达上的不同,通过思考分析会发现根据王文利的《琥珀物语》改写的片段,直接叙述了琥珀的形成过程,具有科学性、抽象性、印证了课文对琥珀的推测合理性;而课文采用生动的讲故事的形式,作者将科学推测自然地融入故事叙述,更能吸引读者的阅读兴趣,贴近学生的认知心理,增长科学知识。除了这篇课文,还有很多这样的例子。下面可以通过四年级下册的一个表格进行说明。

表 16-2　对比阅读

	10.《绿》	《西湖漫笔》	
相同之处	都写出了绿的丰富和范围之广,都体现了对"绿"的喜爱之情		
不同之处	诗歌,更多的体现了诗人的独特感受	散文,描绘的景象比较写实	
	13.《猫》	选自夏丏尊的《猫》片段	选自周而复的《猫》片段
相同之处	都表达了作者对猫的喜爱之情		
不同之处	描写猫的"古怪"又"淘气"的性格特点	写小猫毛色漂亮,以及家人对小猫的态度	描写猫的外貌和神情、动作表达对猫的喜爱
	15.《白鹅》	[俄国]叶·诺索夫的《白公鹅》	
相同之处	都从鹅的姿态、步态、叫声、吃相进行描写,表现了鹅的高傲、"派头十足"		
相似之处	1.在结构上,都先介绍鹅的特点,再具体描写 2.描写方法上都非常注意拟人手法的运用 3.都善于运用反语表达对鹅的喜爱之情①		

---

①人民教育出版社,课程教材研究所,小学语文课程教材研究开发中心.义务教育教科书教师教学用书.四年级下册[M].北京:人民教育出版社,2019.

通过对比阅读,学生能够了解状物言情可以有不同的表达方式和方法,进一步体会到课文表达方法的独到之处。为学生提供了更多的阅读资料,教给学生今后阅读课外书时不仅局限于一本书、一位作家,可以对比阅读,提高阅读鉴赏能力。

2.资料整合

一篇课文的讲解不能只停留在单篇课文,补充资料能帮助学生深入全面地理解课文主旨,树立单元整体理念,将资料与课文进行整合,达到更有效的教学效果,提高学生融会贯通的阅读能力。

五年级上册第四单元以"爱国情怀"为主题,包括精读课文《古诗三首》《少年中国说(节选)》《圆明园的毁灭》和略读课文《小岛》,中年级的学生已经学会查阅资料、整理资料的学习方法,本单元的语文要素是"结合资料,体会课文表达的思想感情"。引导学生在预习时通过查阅资料,包括课后"阅读链接"里安排了三首诗歌、闻一多《七子之歌》节选、冯亦同《和平宣言》节选背景资料。

怎样利用好呢这些资料?只是读一读,也只是"蜻蜓点水",学生是很难理解的。可以课前布置一项收集三首诗写作背景的作业,在讲解完课文最后一个自然段后,引导学生结合"阅读链接"内容谈感受,使他们明白侵略者不仅毁掉了圆明园,还掠夺了我们的土地,屠杀我们的人民,签订了许多不平等条约,更加体会到圆明园的毁灭是每一个中国人心中的耻辱,要永远铭记。继而再读《少年中国说(节选)》,作为青少年身上担负着"振兴中华"的使命感更加强烈。

案例

师:同学们,通过学习课文,我们了解到圆明园毁灭的过程,真是令人愤怒与痛惜,下面我们就结合"阅读链接"和你查阅的相关资料谈一谈,与课文在表达情感上有什么相似之处?

生:通过学习课文最后一段,我们了解到侵略者是如何肆意毁灭圆明园的,让我感到痛心疾首。我通过查阅《七子之歌》资料了解到这是闻一多先生于1925年从美国学成回国时,所见之处,满目疮痍,怀着悲愤的心情创作的组诗,诗中写到澳门、香港、台湾、威海卫等七个地方都是当时中国被西方列强割据的土地[①],我们课文链接提供了两首,可以看出从 1860 年英法联军侵入圆明园到 1925 年我们国家饱受侵略、欺辱,这七处失地就是铁证,这背后就是一条条不平等条约,这也是对侵略者的一种强烈的谴责。

师:是的,你很会思考!通过查资料,可以帮助我们更深入地了解作者表达的感情,让我们来看看这一个个不平等条约(出示条约资料)。那么,第二首诗和《和平宣言<选节>》,谁来谈谈体会?

生:老师,我通过查资料了解到了《和平宣言》描述的是南京大屠杀之前南京的自然风光与优美生态环境,与此同时,又追溯了日军军国主义对南京进行的狂轰滥炸、烧杀抢掠和大屠杀的战争罪行。这和《圆明园的毁灭》这篇课文一样,都表达作者对侵略者的残暴无耻罪行的愤恨。

师:让我们来看这段南京大屠杀遇难者公祭日朗诵视频。(看后总结)同学们,落后就要挨打,当时清政府的腐败无能造成了侵略者对中国的侵略罪行,他们瓜分了我们的土地,屠杀我们的人民,破坏我们的文化,这些都让我们每一个中国人感到愤怒,作为一个中国人定记住这段屈辱史。知史鉴今,记住:(齐读)不忘国耻,振兴中华,就像梁启超先生《少年中国说》中说的,"少年强则国强"。请大家再读这篇文章,也希望同学们发奋读书,担负起历史使命,实现中华民族伟大复兴的"中国梦"。

"阅读链接"的资料补充,让学生进一步打通了整个单元主题"爱国情怀",了解到为什么梁启超发出"故古今之责任,不在他人,而全在我少年……少年强则国强"的呐喊,激发爱国热情。

3.课外拓展

温儒敏先生指出,新教材格外注重课外阅读延伸,这就建构了"教读—自读—课外阅读"组成的"三位一体"的教学结构。"阅读链接""快乐读书吧"这两个栏目起桥梁作用,拓展阅读,引导学生提高阅读量,提升阅读品位。教师要认真钻研教材,开发课程资源,巧妙设计向学生推荐阅读的书目,同时培养学生阅读兴趣、热情。要给学生阅读的自由空间,不一定每一篇课文都写读书心得体会、读书笔记,

---

①人民教育出版社,课程教材研究所,小学语文课程教材研究开发中心.义务教育教科书教师教学用书.五年级上册[M].北京:人民教育出版社,2019.

让学生感受不到读书给自己带来的负担,而是感受到读书给自己带来的乐趣,这样来激发学生阅读的持续性,慢慢积累,逐渐提高学生的阅读品位以及阅读鉴赏能力。

例如:六年级语文下册第一单元以"民风民俗"为主题,涉及春节、中秋节这些传统节日,还有牛郎织女的传说,我们可以引导学生进行以传统节日为主题的拓展阅读。除了课后的"阅读链接"中斯妤的《除夕》片段,引导学生阅读了解不同地区过春节的习俗也是不同的,还可以推荐阅读汪曾祺的《故乡的元宵》、冯骥才的《花脸》、肖复兴的《花边饺》;关于腊八粥,可以推荐阅读冰心的《腊八粥》,了解到作者借腊八粥寄托自己的不同感情。学生读完后在班里开展一个阅读体会分享会,大家畅所欲言,对说得好的给予鼓励,使每一位学生都获得阅读的成就感。因此,我们在教学中可以打破单篇教学,结合不同的主题和语文要素开展拓展阅读,增加学生阅读量,开阔眼界,提升阅读水平。

(二)"快乐读书吧"形成阅读体系

阅读是看书,但不是一般意义上的浏览,看并领会其内容才是阅读,领会意味着把看到的东西纳入已有的知识经验,使其连成一体[①]。通过纵向分析三至六年级语文教材,我们发现这样一个规律。

第一,每个学期的"快乐读书吧"一般都是与每单元的人文主题和语文要素相一致的,例如,三年级上册第四单元选编的是中外童话,那么在这一单元的后面设立的"快乐读书吧",以"在那奇妙的王国里"为主题,也是引导学生阅读中外经典童话,本单元的口语交际和习作都与童话相关形成了一个单元主题的体系;再如六年级下册"快乐读书吧",以"漫步世界名著花园"为主题,引导学生阅读游历的外国文学名著,这是对本册第二单元外国文学名著单元的拓展和延伸,通过阅读指导学生跟随主人公一起经历旅途中的种种困难和奇遇,一起成长,体验成长的快乐和艰辛,收获智慧和勇气。

第二,每个"读书吧"都有一个主题介绍相关的一类语文题材的文章作品,有自己的一套阅读体系,都是由导语、"你读过吗?"、小贴士和"相信你可以读

[①]余文森.核心素养导向的课堂教学[M].上海:上海教育出版社,2017.

更多"四个部分组成。其中,导语以凝练的语言点明要介绍的读书的特点和主题,激发学生阅读这类作品的兴趣;"你读过吗?"一般会详细介绍一本书的具体的内容;"相信你可以读更多"则简要介绍这一类其他作品的特点形式,主要是推荐拓展阅读国内外名著,提高扩大阅读量,提高阅读鉴赏力。小贴士一般分为两个小板块,点名了本次"快乐读书吧"的阅读要素,目的是指导学生阅读的方法。

第三,随着年级的增长,内容由浅入深,由短篇到长篇,由童话到小说阅读;逐渐过渡到初中做好整本书阅读的衔接。

1.组织导读活动

(1)激发阅读兴趣。"读书吧"活动内容要根据主题而定,采用合适的方法来激发吸引学生的阅读兴趣。

1)利用图片、视频激趣。因为小学生都对一些形象化的、彩色的图片、动画片或视频非常感兴趣。例如三年级上册童话单元,可以搜集一些童话的视频资料,播放精彩的片段,让学生猜一猜这是哪个故事中的情节。然后告诉学生像这样的有趣的、精彩的故事,在书中还有很多很多,大家拿起书来快乐阅读吧!

2)利用趣味活动激趣。小学生活泼好动,喜欢参加一些丰富多彩的活动,在活动中更能加深对阅读的印象。例如,制作小书签、人物卡片、故事介绍卡片,要求不要太高,可以自己准备,也可以小组进行合作。制作读书推荐卡,要结合学生的阅读水平进行个性化活动。

3)利用已有经验激趣。可以先在班级里进行调查采访有哪些同学爱读书,可

表 16-3 读书计划

读书计划								
班级						姓名		
阅读要求	每天阅读至少 30 分钟,没读完一本书都要摘抄好词佳句或写心得体会							
日期	书名	作者	起始页	结束页	读书时长	读书地点	是否完成	自我评价
9.15	《童年》	高尔基	1	30	35分钟	家	是	☆☆☆
……								

以和大家分享读书的体验和有趣的故事,树立读书的榜样,激发同学们的学习欲望。

(2)制订阅读计划。针对要读的书目,确定读书计划。例如一本书一共有多少页,根据实际情况确定想要几天完成,然后平均分配每天的阅读量,制作成读书计划表来督促自我完成,每天完成任务后做一个小评价。

(3)指导阅读方法。结合教材小贴士出示的阅读方法加以指导,例如三年级上册"快乐读书吧"专题是"中外经典童话",读的同时要发挥想象力,把自己融入故事情节,感受人物的悲欢离合,真正领略童话的魅力。例如:在阅读六年级上册推荐的《童年》《小英雄雨来》《爱的教育》这三本书的时候,小贴示推荐可以制作人物关系图和小说的生动情节图,学生带着目的去阅读,激发了他们的阅读兴趣,读懂故事,更深入地理解人物、理解小说的思想内容,对人物的形象理解更加透彻清楚。

图 16-1 《童年》人物关系图

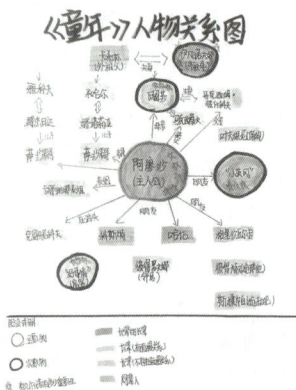

图 16-2 《小英雄雨来》故事情节

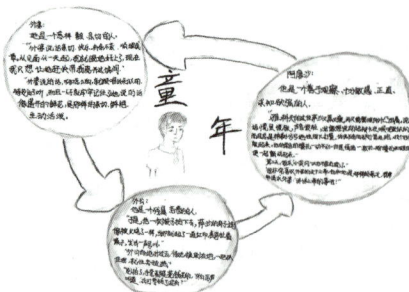

图 16-3 《童年》人物形象图

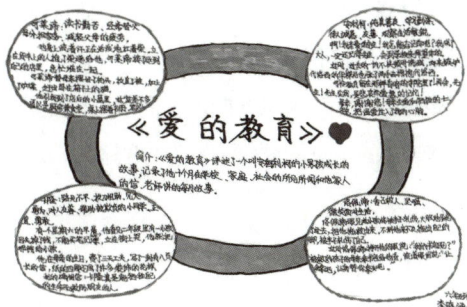

图 16-4 《爱的教育》人物形象图

"教会少年阅读!为什么有的学生在童年期思想灵敏、接收力强、好钻研,到了少年期都变得智能平平,对知识冷漠、怠惰呢?因为他不会阅读"①。因此,还要教给学生一些读书方法,例如泛读、速读、略读、跳读、精读。泛读就是广泛的阅读,阅读的面比较广,包括自然科学、人文历史、小说传记等等,这样能开阔了思路,学生自由选择,调动读书的兴趣。速读,古代有一目十行,也就是说在短时间内阅读更多的文字,可以进行一些训练,例如说让学生进行一分钟计时阅读竞赛,看能读多少字,既能锻炼阅读速度,又能锻炼学生的集中注意力。略读,通常依据教材中的略读课文指导学生阅读方法,一般是从头到尾,抓住重点问题,找关键性的语句来进行阅读,有目的地阅读。跳读,把精力放到整本书的核心,可以结合目录,寻找自己感兴趣的部分,或者是看不懂、有疑问的问题来进行阅读,当读完全篇之后进行融会贯通。精读,可以运用课堂学过精读课文的一些阅读方法,了解作者的生平、写作背景资料,做好读书笔记、批注,还可以进行第二遍,第三遍的反复阅读,达到"书读百遍,其意自见"的效果。

2.利用多种途径激励学生持续阅读

读书贵在坚持,我们开展读书活动不能"虎头蛇尾",教师要及时关注学生的读书进程,激励他们坚持阅读,正所谓"不积跬步无以至千里,不积小流无以成江海"。

(1)要关注学生的阅读进程。可利用课余时间和学生交流,了解他们的阅读进

---

①苏霍姆林斯基.苏霍姆林斯基选集[M].北京:教育科学出版社,2001.

程,可以利用一节课的五分钟到十分钟,引导学生分享读书的感受体会,还可以采用小组或伙伴评价来激励他们共同进步。

(2)分享阅读的记录和方法。利用课余时间让学生说一说,平时做了哪些记录,有什么疑问,是怎么解决的。向同学推荐好的阅读方法,可以进行分组记录,对积极发言者给予奖励。

3.开展读书交流活动

当学生读完整本书之后,我们要有一个检验展示的活动,这样可以让学生从中体会到阅读的快乐和成就感,加强对阅读的信心。

(1)展一展。组织学生先在小组内进行交流读书记录卡,选出优胜者。作为小组代表,在全班进行成果展示,民主选出班级"阅读之星"。为学生搭建一个展示的平台,达到生生交流、生生互评,增强学生的成就感,拓展了学生的视野,丰富了阅读的收获。

(2)赛一赛。将"快乐读书吧"推荐的书目中的常识性问题制作成题库,可以采用抽签的方式,抽到哪个同学就由哪个同学来回答。这样每一个同学的注意力和兴趣都调动起来,同时也是检验他们阅读效果的很好形式。

例如:

①《童年》是苏联作家高尔基的自传体小说三部曲的第一部,另两部是《   》和《   》。

②《童年》的主人公是(   ),你还能说出三个人物及其主人公的关系吗?

③你喜欢《小英雄雨来》这本书中哪个情节?说说为什么。

④你喜欢《爱的教育》这本书中哪个人物形象,说说从哪些情节可以看出。

(3)演一演。在"快乐读书吧"推荐的很多书目,故事情节曲折,人物形象突出,适合表演。可以组织学生自由结组来准备,在班级内进行表演,例如神话传说、童话等等。最后评选出最佳表演奖。这一项活动要提前布置学生准备道具排练,但要注意不要消耗太多时间,

4.回顾总结

可以是将这一段时间的阅读进行一个总结,将学生学习的一些成果资料订阅成册作为一个记录。还可以将学生这一段学习结果、学习过程拍成照片,

制成电子活动册,发到家长群与学生和家长分享,让家长也了解孩子们的阅读的情况,借助家庭教育激励,可以更激发学生的阅读持续性。此外,还可以向学生推荐课外阅读书目,可以是教师推荐,还可以同学直接推荐,交换阅读,扩大阅读面。

三、评价激励落实效果

为了落实阅读效果,激励学生长期阅读的兴趣,可以采用一些评价方法,帮助学生养成反思、总结的习惯,从中提升自我评价、评价他人、互相学习的能力。

(一)奖励性评价

在阅读中取得的成绩进步给予表扬或奖励。语言表扬,诸如"你真棒!""你读得很有感情!"等等;物质性奖励,例如小红花、奖品等等。

(二)朗读卡评价

为了记录学生的阅读成果,可以设计一些朗读卡,以记载学习态度,激励学生形成良好的阅读习惯。低年级、中、高年级有所不同。

表 16-4 是针对一、二年级学生设计的评价表,"和大人一起读"栏目旨在引导学生在家长的引导下阅读文章,因为低年级识字量少,指导借助拼音阅读文章的方法,提出要读得正确通顺。采用五星评价,学会了什么,可以是学会了几个生字、了解了什么故事、懂得了什么道理。

表 16-4　低年级学生评价表

朗读内容		朗读时间	
朗读者	我能读正确	我能读通顺	我学会了什么
大人	☆☆☆☆☆	☆☆☆☆☆	
孩子	☆☆☆☆☆	☆☆☆☆☆	

表 16-5 适合中高年级学生,他们已经有了一定的识字量、阅读经验,可以边阅读边积累一些好词佳句,为写作积累素材。同时记录阅读感受,提高阅读理解能力。

表 16-5　中高年级学生评价表

阅读卡					
朗读篇目		作者		朗读时间	
好词佳句摘抄					
我的阅读感受					

(三)小组评价

以小组为单位,每月统计每个同学朗读卡情况,积分高的获得集体优秀奖,贴上集体阅读章。

结合朗读活动可以每组评出最佳朗读者、"小书虫"等,树立榜样,充分调动起学生的积极性,形成互相比、学、赶、帮、超的读书氛围,同时也增强了集体荣誉感。

四、开发课程资源应注意哪些问题

(一)不能喧宾夺主

要以教材文章为本,以"阅读链接"和"快乐读书吧"为桥,一般在一节课最后 10 分钟时间进行拓展阅读,激发学生阅读兴趣,引起学生思辨地将文章进行迁移,并在比较中产生新的观点和想法,开展课外阅读。

(二)取舍得当,抓住重难点

围绕主题阅读,有目的地阅读,明确哪些需要精读,哪些需要略读,不能漫无目的地眉毛胡子一把抓。意味着不能按部就班地从字词学习开始,经由句式、篇章结构,内容探讨面面俱到。

(三)注意阅读方法的指导

运用学过的阅读方法进行阅读,开展阅读交流,促进阅读思维的发展。切忌盲读、不加选择,一会儿看这类,一会儿看那类,消耗时间,一无所得;切忌死读,不反省,不详察,不思考,要思学合一[1]。这样可以提高读书效率。

许多名人通过亲身实践研究总结出阅读的重要意义。苏联教育家苏霍姆林斯基说过:"让学生聪明的方法不是补课,也不是增加作业量,而是阅读、阅读、再阅读"[2]。美国著名的阅读研究专家吉姆·崔利斯指出,任何投资的回报都比不上投资在阅读上所得到的回报[3]。因此,作为小学语文教师应重视培养学生阅读习惯,必须转变教育观念,摒弃"教教科书"的课程生活,学会"用教科书教",架起一座课内外阅读之桥,根据不同的教学对象对教科书进行开发、创造,凭借适当的教材资源,融合课内外学习拓展延伸,真正发挥学生的主体地位,开阔视野,逐渐养成良好的阅读习惯,开发智力,在思想意识、情感意识、精神境界等方面得到升华。这样对学生来说,将会受益终生。

---

[1]胡适.怎样读书好[M].北京:北京联合出版公司,2017.

[2]苏霍姆林斯基.把整个心灵献给孩子[M].天津:天津人民出版社,1981.

[3]李艳红.试论如何培养小学生良好的阅读习惯[J].品牌(理论版),2009:21.